Jürgen Kaack

Schnelles Internet in Deutschland
Geschäftsmodelle und Fallbeispiele für den Ausbau mit Schwerpunkt Nordrhein-Westfalen

Jürgen Kaack: *Schnelles Internet in Deutschland. Geschäftsmodelle und Fallbeispiele für den Ausbau mit Schwerpunkt Nordrhein-Westfalen.*
1. Auflage 2016 (MittelstandsWiki, Band 1)

Herausgeber: Thomas Jannot, just 4 business GmbH, Bad Aibling
Umschlagbild: alphaspirit – Fotolia
Druck: Books on Demand, Norderstedt
ISBN: 9783946487005

Inhaltsverzeichnis

Vorbemerkung v
0 Zusammenfassung 1
1 Entwicklung von Datenvolumen und Bandbreitenbedarf 4
2 Breitband ist die Basis für eine Smart City 10
2.1 T-City Projekt liefert Erkenntnisse 11
2.2 Die Smart-City braucht eine Organisation 12
2.3 Mit bürgerschaftlichem Engagement zu besseren Ergebnissen 13
3 Vorgehen zur Analyse der Versorgungssituation 15
4 Methodik zur Abschätzung der Bedarfe 24
5 Nutzungslücke bremst die Nachfrageentwicklung 27
6 Ansätze für einen nachhaltigen Breitbandausbau 29
6.1 Technologische Alternativen 29
6.2 FTTB-Ausbaukosten 34
6.3 FTTC-Ausbaukosten 37
6.4 Vectoring als Brückentechnologie 40
6.4.1 Nachteile der Vectoring-Technologie 42
6.4.2 Auswirkungen von Vectoring auf das Marktgeschehen 43
6.4.3 Wie Kommunen zum Vectoring-Ausbau kommen 45
7 Festlegung von Zielen für den Ausbau 47
8 Prüfung der Rahmenbedingungen 51
8.1 Prüfung des Einsatzes von Finanzierungsmitteln 51
8.2 Prüfung der rechtlichen Rahmenbedingungen 53
8.3 Berücksichtigung von Förderprogrammen 54
9 Beispiele für Aktivitäten anderer Kommunen 67
9.1 Geschäftsmodelle für den Breitbandausbau 67
9.1.1 Ausbau mit Zuwendungen (Deckungslücke) 67
9.1.2 Ausbau unter Nutzung vorhandener Infrastrukturen 68
9.1.3 Ausbau mit bürgerschaftlichem Engagement 69
9.1.4 Ausbauoptionen mit Stadtwerken 69
9.1.5 Motivation von Netzbetreibern zum Ausbau 70
9.1.6 Kooperationen mit Infrastrukturbetreibern 71
9.1.7 Netzaufbau in Verbindung mit Sanierungsarbeiten 72

9.1.8 Gründung von Infrastrukturinstitutionen 73
9.1.9 Zweckverbände als interkommunale Aktivitäten 74
9.1.10 Eigenausbau der Betreiber mit Vectoring 74
9.2 Beispiele für umgesetzte Geschäftsmodelle 75
9.2.1 Ausbau mit Zuwendungen (Deckungslücke) 75
9.2.2 Ausbau unter Nutzung vorhandener Infrastrukturen 83
9.2.3 Ausbau mit bürgerschaftlichem Engagement 85
9.2.4 Ausbauoptionen mit Stadtwerken 87
9.2.5 Motivation von Netzbetreibern zum Ausbau 91
9.2.6 Kooperationen mit Infrastrukturbetreibern 94
9.2.7 Netzaufbau in Verbindung mit Sanierungsarbeiten 97
9.2.8 Gründung von Infrastrukturinstitutionen 97
9.2.9 Zweckverbände als interkommunale Aktivitäten 101
9.2.10 Vectoring als Brückentechnologie 103
9.2.11 Fazit und Übertragbarkeit auf Kreise und Kommunen 112
10 Von der Grundversorgung zu Glasfaseranschlüssen 115
10.1 Ein Umstieg auf Glasfaseranschlüsse ist unausweichlich 115
10.2 Die Trennung von Netz und Diensten wäre der Schlüssel 116
10.3 Ohne Nutzung von Synergien wird es zu teuer 117
10.4 Überbrückungslösungen aktiv suchen 118
10.5 Die Bedeutung eines Breitbandkoordinators 118
11 Neue Förderprinzipien für Glasfasernetze 122
11.1 Kriterium „billig“ statt „nachhaltig“? 122
11.2 Die Förderkulissen sind ungerecht 123
11.3 Die Grenzwerte hinken der Realität hinterher 124
11.4 Der bürokratische Aufwand behindert Projekte 125
11.5 Die Fristen bei der Abwicklung bergen Risiken 126
11.6 Ein Ausbau mit Fördermitteln verhindert die Aufrüstung mit Vectoring 126
11.7 Die Förderung der Grundversorgung einstellen! 127
11.8 Alternative Ansätze einer nachhaltigen Förderung 128
12 Maßnahmenplan für die Politik 130
13 Schritte zur Schaffung einer NGA-Netzinfrastruktur 135

Anlage I: Detailbeschreibung ausgewählter Fallbeispiele 137
I.1 Kreis Heinsberg: Infrastruktur für Glasfaseranschlüsse 137
I.2 Arnsberg: Zukunftssicherheit durch NGA-Strukturen 140
I.3 Ennepetal: Breitbandausbau durch überraschende Leerrohre 144
I.4 Erftstadt: das bislang größte Ausbauprojekt in Nordrhein-Westfalen 148
I.5 Erkelenz und Wegberg: Breitbandausbau unter dem Einfluss von Vectoring 153
I.6 Geilenkirchen: Breitbandprojekt für 12 Stadtteile 162
I.7 Haltern am See: erfolgreiche Nutzung der Fernwasserleitung 171
I.8 Kaarst: Breitbandausbau auch ohne Fördermittel 176
I.9 Nettetal: Technologie-Mix 179
I.10 Rheurdt: Ausbau mit oberirdischer Verlegung 185
I.11 Kerken: Breitbandausbau in Streusiedlung und Straßendorf 189
I.12 Olpe: Kreisweiter Vectoring-Ausbau mit Mitteln aus dem Bundesförderprogramm 196
Anlage II: Rechtsgrundlagen und Förderprogramme 205
Anlage III: Glossar 207
Über STZ-Consulting Group 212

Vorbemerkung

Der Autor stützt diese Studie zu den Möglichkeiten und Geschäftsmodellen für den NGA-Breitbandausbau im ländlichen Raum auf seine eigenen Erfahrungen als Berater von Kommunen, Kreisen und Versorgungsunternehmen und auf allgemein zugängliche Informationen.

Aussagen zur weiteren Entwicklung des Marktes, des Kundenbedarfs und des Produktangebotes stellen eigene Annahmen dar und unterliegen im Hinblick auf die zukünftige Entwicklung teilweise nicht vorhersehbaren und unbekannten Einflüssen und Trends. Insbesondere zukünftige technische Entwicklungen und das Verhalten der Marktteilnehmer können den Markt gegenüber den heute absehbaren Entwicklungen beeinflussen und verändern, sodass einige der im Folgenden getroffenen Aussagen vielleicht in dieser Form nicht eintreffen werden. Aussagen zu technischen Lösungen sind im Hinblick auf dynamische Weiterentwicklungen im zeitlichen Zusammenhang zu sehen.

Beschreibungen der rechtlichen und insbesondere beihilferechtlichen Aspekte bei der Umsetzung der Prozessschritte stellen keine rechtlich geprüften Empfehlungen dar (z.B. zur Genehmigungsfrage von Geschäftsmodellen durch die Aufsichtsbehörden, zu Beihilfefragen und zum Vergabe- und Vertragsrecht).

0 Zusammenfassung

Die Bedeutung von digitalen Diensten für viele Bereiche des beruflichen und privaten Lebens steht inzwischen wohl außer Frage, und auch die negativen Implikationen auf die Wettbewerbsfähigkeit einer Region mit schwacher Breitbandversorgung wurden untersucht. Digitale Dienste bedürfen einer leistungsfähigen Breitbandinfrastruktur, sodass sich die öffentliche Diskussion insbesondere mit den Wegen zu einer effizienten Umsetzung des Infrastrukturausbaus beschäftigen sollte. Die Ausgestaltung und der Nutzen von Cloud-Diensten sowie die Fragestellungen rund um Datensicherheit und Datenschutz haben unabhängig davon einen hohen Stellenwert, der zum Teil immer noch unterschätzt wird. Mit diesen Fragestellungen wird sich die vorliegende Abhandlung allerdings nicht weiter befassen. Im Folgenden geht es um die erforderlichen performanten Infrastrukturen, ohne die digitalen Dienste nicht effizient genutzt werden können.

Neben den technologischen Alternativen zur Herstellung eines Internet-Zugangs werden Wege und Geschäftsmodelle zur Verbesserung der Infrastrukturen aufgezeigt, die dann möglich sind, wenn ein Eigenausbau für Netzbetreiber nicht wirtschaftlich ist. Dies betrifft viele ländliche Gegenden, aber auch Randlagen von Städten und Gewerbegebiete. In diesem Fall sind Kreise und Kommunen als Initiatoren und Partner der Netzbetreiber gefordert.

Bei einem über die Jahre stetigen jährlichen Wachstum des über das Internet übertragenen Datenvolumens um über 20 % schaffen längerfristig nur durchgehende Glasfaserleitungen vom Netzknoten bis in die Betriebe und Wohnungen nachhaltig Zukunftssicherheit; andernfalls müsste man die Infrastruktur regelmäßig aufrüsten. Aber die flächendeckende Verlegung von Glasfasertrassen zu allen Haushalten ist unverhältnismäßig teuer und angesichts begrenzter Ressourcen nur über einen längeren Zeitraum überhaupt umsetzbar. Zudem schafft die derzeit gute Versorgung mit Brückentechnologien auf Basis der Kupferdoppelader sowie durch Kabelnetze für die Haushalte und Unternehmen kaum kurzfristige Anreize für einen Umstieg auf einen nachhaltigen Breitbandanschluss. Die generell eher geringe Wechselbereitschaft verhindert eine schnelle Amortisation und insbesondere Netzbetreiber mit einem großen Kundenstamm können mit einem Angebot auf der Basis neuer Infrastrukturen nur marginale Mehrumsätze erlösen, sodass der wirtschaftliche Anreiz in diesem Fall begrenzt bleibt.

Aus diesen Gründen ist in vielen Fällen ein Infrastrukturausbau in Phasen und über einen längeren Zeitraum sinnvoll. Dabei ...

- ist vordringlich zunächst eine verbleibende *Unterversorgung* (< 6 MBit/s im Downstream) zu beseitigen,
- ist, falls möglich, gleichzeitig oder sequenziell *NGA-Fähigkeit* (> 30 MBit/s) sicherzustellen, und schließlich
- ist die flächendeckende Errichtung von *durchgehenden Glasfaseranschlussnetzen* voranzutreiben, die in transparenter Form (Open Access) allen heutigen und zukünftigen Dienstebetreibern bei Interesse zur Verfügung gestellt werden.

Größere unterversorgte Gebiete (< 6 MBit/s) gibt es 2016 kaum noch in Deutschland. Wohl aber gibt es kleinere Ortschaften und Siedlungen in Randlagen, die Mangel leiden. Auch unterversorgte Gewerbegebiete gibt es noch in größerer Zahl, da es für manche Netzbetreiber wirtschaftlich sinnvoller erscheint, hochpreisige Direktanschlüsse für individuelle Geschäftskundendienste in einzelne Betriebe zu legen, als flächendeckend auszubauen.

Am Beginn jedes Breitbandvorhabens steht eine ausführliche Analysephase, in der die bestehende Versorgungslage möglichst detailliert untersucht wird, Bedarfspotenziale abgeschätzt, vorhandene Infrastrukturen identifiziert und Planungen von Infrastruktur- und Netzbetreibern abgefragt werden. Im Ergebnis lassen sich dann die Ortsteile und Gewerbegebiete im Untersuchungsgebiet geografisch und mit Kennzahlen beschreiben sowie beispielsweise in drei Gruppen unterteilen:

- *Gut versorgte Regionen* haben mehrheitlich > 30 MBit/s und in der Regel mehr als einen Anbieter mit eigener Infrastruktur.
- *Schwach versorgte Ortsteile* sind mit mehrheitlich zwischen 6 und 30 MBit/s versorgt, typischerweise nur durch einen Anbieter (z. B. die Deutsche Telekom).
- *Unterversorgte Wohn- oder Gewerbegebiete* verfügen nur über eine unzureichende Bandbreite < 6 MBit/s.

Ende November 2015 traf die Bundesnetzagentur die Entscheidung zum Ausbau der Nahbereichskabelverzweiger im Umkreis von 550 m um die ca. 7900 Hauptverteiler mit Vectoring. Das kann die Wettbewerbssituation unter den Telekommunikationsanbietern behindern – für den Ausbau von weißen NGA-Flecken bringt sie in der überwiegenden Zahl der Anschlüsse keinen Vorteil, da das Umfeld um die Hauptverteiler bereits heute ziemlich umfassend mit NGA-Werten > 50 MBit/s versorgt ist. Zudem finden sich in diesen Gebieten oft auch Anschlussnetze der Kabelnetzbetreiber mit Bandbreiten bis 400 MBit/s. Der 550-m-Umkreis um die Hauptverteiler ist somit in vielen Kommunen nicht nur ein grauer, sondern sogar ein schwarzer Fleck mit mehreren NGA-Infrastrukturen.

Eine Verbesserung der Versorgungslage in schwach und unterversorgten Gebieten kann entweder durch den Ausgleich der Deckungslücke erfolgen, die der Netzbetreiber für einen Ausbau ermittelt (für einen FTTC-Ausbau mit ADSL/VDSL), oder durch die Schaffung von Microduct-Netzen für die Verlegung von Glasfaserstrecken bis zum Hausanschluss (FTTB). Gebietskörperschaften sollten den Ausbau gemäß der Vorgaben der NGA-Rahmenregelung durchführen.

Eine effiziente Umsetzung setzt die langfristige Beschäftigung mit dem Breitbandausbau voraus. Mit einer vorausschauenden Planung und dem Aufbau eines Leerrohranschlussnetzes, z.B. in Verbindung mit allen Sanierungsarbeiten im Straßenraum bzw. in den Versorgungsnetzen, kann verhindert werden, dass in zehn bis 15 Jahren unverhältnismäßig hohe Investitionen in Breitbandinfrastrukturen anfallen. Sinnvolle Schritte können sein:

- die Bestellung eines Breitbandkoordinators für die Gebietskörperschaft,
- die Analyse der vorhandenen Infrastrukturen und der Versorgungslage,
- die Festlegung von Zielen und die Ausgestaltung eines Geschäfts- und Kooperationsmodells für die Umsetzung,
- die Ermittlung des derzeitigen und absehbaren Bedarfs bei Haushalten und Betrieben,
- die Aufstellung eines Masterplans (im Sinne einer technischen Netzplanung auf Straßenzugebene mit Festlegung der erforderlichen Microduct-Strukturen) sowie
- der mittelfristige Ausbau der Anschlussnetze unter Nutzung von Synergien bei Sanierungsarbeiten gemäß Masterplan.

1 Entwicklung von Datenvolumen und Bandbreitenbedarf

Durch die Entwicklung des World Wide Webs in den Neunzigerjahren hat sich das Nutzungsverhalten einer Mehrheit in der Bevölkerung erheblich verändert. Dies betrifft sowohl den privaten Bereich als auch das berufliche Umfeld. Gleichzeitig sind neue Dienste entstanden, die das Internet neben der Aufgabe als Informationsmedium um weitere, zunehmend multimediale Dienste erweitert haben.

In Deutschland nutzen derzeit (2014) laut Erhebung der Initiative D21 76,8 % der Bürger das Internet (Abb. 1). Dies entspricht einem Wachstum von 0,3 % gegenüber dem Vorjahr. Nach jährlichen Wachstumsraten von ca. 3 % in den Vorjahren ist dies der schwächste Anstieg seit 2001. Die Breitbandnutzung ist von 2013 auf 2014 von 58,3 % auf 59,2 % gestiegen. In der Grafik beginnt Breitband bei 2 MBit/s, Schmalband umfasst DSL-light und Modem-Verbindungen.

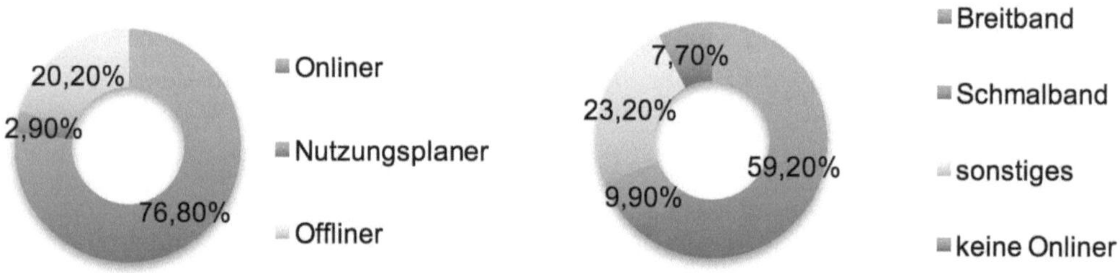

Abb. 1: Internet-Nutzer und Internet-Zugang in Deutschland 2014 (Bild: (N)Onliner Atlas, Initiative D21, 2014)

Im Saarland liegt die Internet-Nutzung bei unterdurchschnittlichen 70,3 %, allerdings mit dem stärksten Zuwachs gegenüber dem Vorjahr in Höhe von 2,9 %. Im Vergleich zeigt die aktuell intensivste Internet-Nutzung (83,5 %) im Stadtstaat Hamburg den weiteren Trend: Selbst bei dieser hohen Rate ist die Nutzung in Hamburg noch einmal um 1,9 % gegenüber dem Vorjahr gestiegen. Die schwächste Internet-Nutzung findet sich in Sachsen-Anhalt mit 67,4 %.

Damit einher geht die laufende Zunahme des im Internet übertragenen Datenvolumens. Abb. 3 verdeutlicht, dass pro Anschluss in Deutschland jährlich um über 15 % mehr Daten übertragen werden. Multipliziert mit dem immer noch zu verzeichnenden Teilnehmerwachstum führt dies zu einem erheblichen Anstieg des gesamten Internet-Datenvolumens in Deutschland. Weltweit steigt die übertragene Datenmenge jährlich um ca. 24 %. Dies gilt sowohl für die letzten zehn Jahre als auch in der Prognose für die kommenden Jahre.

Die Entwicklung in den letzten Jahren zeigt, dass sowohl die Anzahl der Breitbandnutzer gestiegen ist als auch der monatliche Datenverkehr je Anschluss. Eine Studie von Cisco geht davon aus, dass sich das Datenvolumen in Deutschland in den nächsten vier Jahren verdreifachen wird. Laut Marktanalyse 2014 des VATM-Verbandes ist das übertragene Datenvolumen bis Ende 2014 auf 9,3 Mrd. GByte angestiegen – ein Zuwachs um 31 % gegenüber 2013!

Diese Datenvolumen müssen nicht nur über die vorhandenen (Glasfaser-) Backbone-Netze transportiert, sondern auch am Hausanschluss übergeben werden. Da große Datenmengen bei der Übertragung umso länger benötigen, je geringer die verfügbare Bandbreite ist, wächst mit steigenden Volumen gleichzeitig die Forderung nach Anschlüssen mit hoher Bandbreite.

Auch bei der Breitbandnutzung hat sich eine Abschwächung des jährlichen Zuwachses ergeben: Während dem (N)Onliner Atlas 2015 der Zuwachs in Berlin von 2013 auf 2014 mit 3,3 % an der Spitze in Deutschland liegt, stagnieren die Zahlen für das Saarland gegenüber 2013.

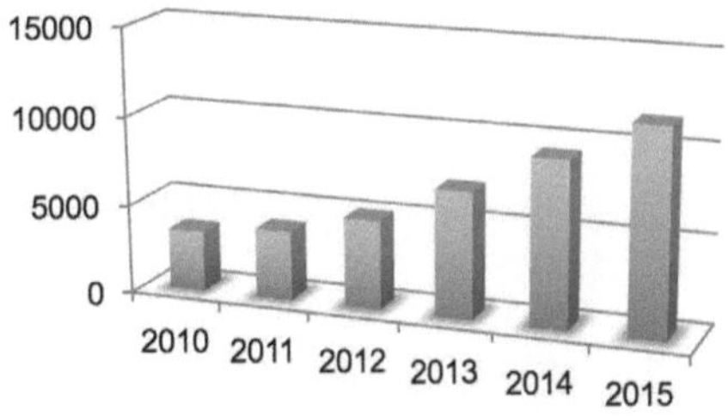

Abb. 2: Entwicklung des IP-Datenvolumens in Deutschland in Millionen GByte; Werte für 2015 geschätzt (Bild: Dialog Consult/VATM-Analysen und -Prognosen, 21.10.2015)

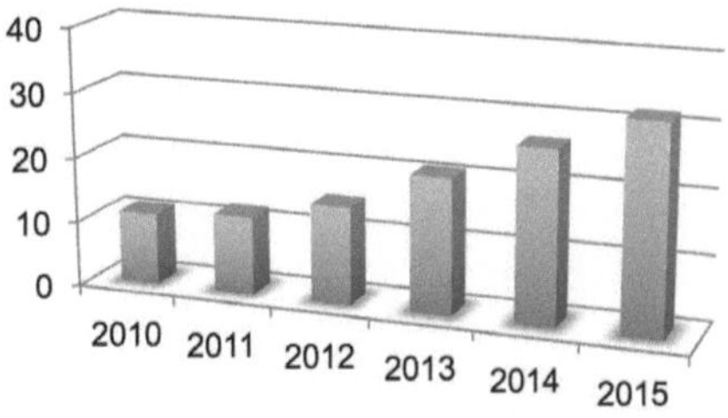

Abb. 3: Entwicklung des IP-Datenvolumens pro Anschluss in Deutschland in GByte; Werte für 2015 geschätzt (Bild: Dialog Consult/VATM-Analysen und -Prognosen, 21.10.2015)

Von den derzeit 59,2 % Breitbandnutzern in Deutschland hatten 44 % im Jahr 2013 einen Anschluss mit < 10 MBit/s, bei den DSL-Anschlüssen hatten 2014 immer noch 35 % eine Bandbreite < 6 MBit/s. Gerade einmal 15,7 % hatten 2013 einen Anschluss auf NGA-Niveau mit > 30 MBit/s. Dabei liegt der Wert für die Verfügbarkeit von NGA-Anschlüssen in Deutschland bei durchschnittlich ca. 75 % der Haushalte. Die Zurückhaltung, die hier zu beobachten ist, liegt an einer Vielzahl von Gründen, z.B. an den höheren Kosten für einen schnelleren Zugang, einem Wohnort ohne NGA-Verfügbarkeit, aber auch fehlenden Nutzungsanreizen oder der Verfügbarkeit schneller Anschlüsse am Arbeitsplatz. Allerdings belegt Abb. 4, dass es in den letzten Jahren einen stetigen Anstieg bei schnellen Breitbandanschlüssen gegeben hat. Erstmalig nutzt die größte Gruppe eine Bandbreite von 6 bis 16 MBit/s, und im Bereich von 16 bis 50 MBit/s liegt der Zuwachs gegenüber 2013 bei 30 % (von 17,4 auf 22,6 %)!

Abb. 4: Verteilung der vermarkteten Bandbreiten nur für DSL und FTTB-Anschlüsse; Werte für 2015 geschätzt (Quelle: Dialog Consult/VATM-Analysen und -Prognosen, 21.10.2015

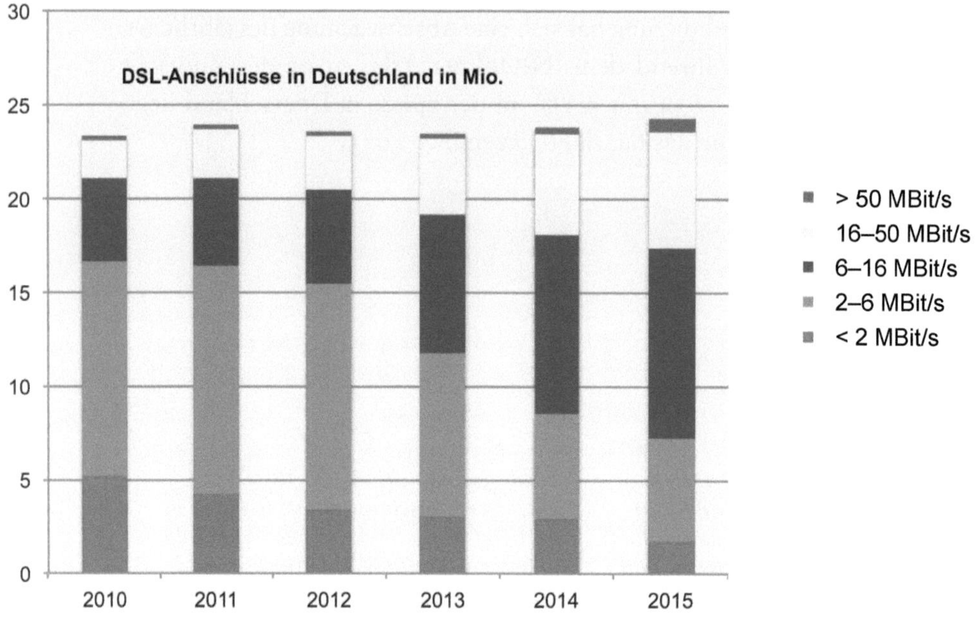

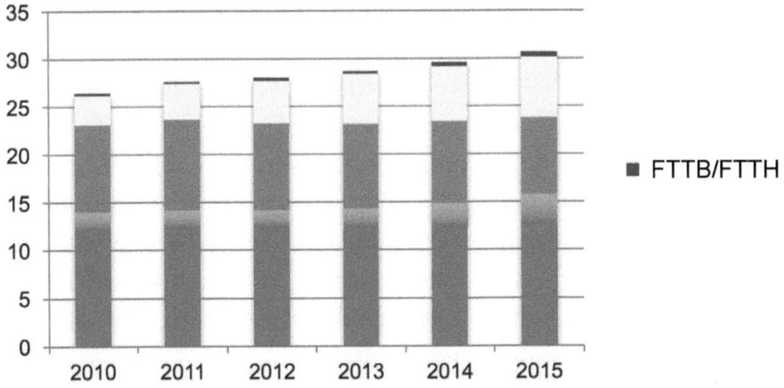

Abb. 5: Verteilung von DSL und alternativen Breitbandtechnologien in Millionen Anschlüssen; Werte für 2015 geschätzt (Quelle: Dialog Consult/VATM-Analysen und -Prognosen, 21.10.2015)

Es herrscht unter Experten Einigkeit, dass innerhalb der nächsten zehn Jahre 100 MBit/s am Hausanschluss in der Fläche verfügbar sein könnten. Dies können die Netzbetreiber allerdings nur über einen längeren Zeitraum und nicht vollständig flächendeckend erbringen.

NetCologne als einer der Vorreiter bei der Versorgung mit Glasfaseranschlüssen hat schon 2010 den ersten kommerziellen 1-GBit/s-Anschluss außerhalb von Sondervertragslösungen angeboten. Allerdings gibt es derzeit noch keine massenmarkttauglichen Dienste, die Bandbreiten > 50 MBit/s benötigen. Den höchsten Bandbreitenbedarf im Massenmarkt haben derzeit HD-Fernsehprogramme (ca. 20 MBit/s). Bei IPTV (Fernsehen über VDSL) steigt der Bandbreitenbedarf bei paralleler Nutzung (z.B. mehrerer unterschiedlicher HD-Programme), bei Fernsehen über ein Kabel-TV-Netz steht die Bandbreite für Daten unabhängig vom Fernsehen zur Verfügung, d.h. auch bei gleichzeitiger Nutzung mehrerer HD-TV-programme bleiben bis zu 200 MBit/s fürs Internet. Abb. 5 gibt einen Überblick über die Verteilung und Veränderung der Internet-Nutzung in Deutschland im Jahr 2014.

Höhere Bandbreiten werden derzeit noch eher individuell benötigt, z.B. für Rechner-Rechner-Kopplungen (Peer to Peer) oder für Videostreaming. Bei asymmetrischen Anschlüssen (ADSL, VDSL, DOCSIS 3.0) buchen Kunden gelegentlich höhere Bandbreiten, um die damit verbundenen höheren Upstream-Geschwindigkeiten zu erhalten. Das weitere Wachstum der

Datennutzung wird zum einen getrieben von der steigenden Nutzung von Internet-TV (IPTV) und zum anderen von einer intensiveren Nutzung von Cloud-Diensten. Nach dem (N)Onliner-Atlas 2014 weisen Cloud-Applikationen mit 28 % das stärkste Wachstum gegenüber dem Vorjahr auf.

Neben diesen Mensch-Maschine-Applikationen wird dem M2M-Segment (Machine to Machine) für das Internet der Dinge ein starkes Wachstum zugesprochen. Im Bereich der Versorgungswirtschaft sind die Treiber die zeitnahe Ablesung von Zählerständen sowie die Steuerung in Smart-Grid-Zellen. Aber auch die individuelle Nutzung im Bereich der Hausautomation erzeugt zukünftig wachsende Datenströme. Zwar handelt es sich bei Zählerablesung und Aktuatorik um geringe Datenvolumen je Transaktion, allerdings mit einer sehr hohen Zahl einzelner Messstellen und Aktuatoren.

Eine leistungsfähige Telekommunikationsinfrastruktur stellt einen wesentlichen Standortfaktor für alle Kommunen dar. Dies belegen auch die von der IHK durchgeführten Erhebungen. Schnelle Breitbandzugänge gehören dabei zu den Faktoren, die Unternehmen als die wichtigsten nennen. Aufgrund der Zukunftssicherheit über einen längeren Zeitraum von ca. 50 Jahren wird in vielen Ländern verstärkt in den Ausbau von Glasfasernetzen investiert. In der Regel geht er von staatlichen Initiativen aus (z. B. in Großbritannien, Südkorea, Australien) und er ist teilweise mit erheblichem Mitteleinsatz verbunden. Bei Glasfaseranschlüssen liegt Deutschland heute nach OECD-Daten im relativen Vergleich nur im Mittelfeld auf Platz 9 hinter den skandinavischen Ländern, aber auch hinter den Niederlanden, Luxemburg und der Schweiz.

Es ist davon auszugehen, dass Deutschland für einen wirtschaftlich effizient durchgeführten flächendeckenden Glasfaserausbau 10 bis 20 Jahre benötigen wird. Anders als bei den heutigen Telekommunikationsinfrastrukturen wird dies nicht mehr alleine durch die Netzbetreiber erfolgen können und auch staatliche Initiativen alleine wären nicht effizient. Die Grafik in Abb. 5 illustriert, wie schwach die Präsenz von anderen Zugangstechnologien neben DSL in Deutschland bislang ist (Stand 2014). Sie umfassen u.a. Kabel-TV-Anschlüsse, Satellitenzugänge und Glasfaseranschlüsse (FTTB und FTTH) und machen nur 16,8 % aller Breitbandzugänge aus. Dabei entfallen von den 4,7 Millionen alternativen Breitbandanschlüssen alleine 4,4 Millionen auf die Kabelnetzbetreiber (Jahresbericht der Bundesnetzagentur 2013),

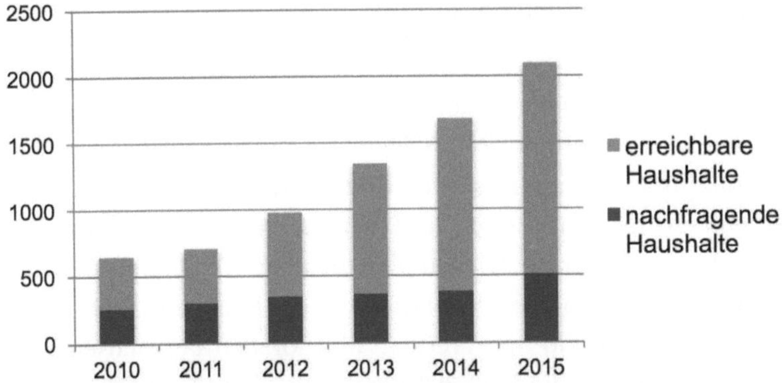

Abb. 6: Entwicklung der Glasfaserhausanschlüsse (FTTB/FTTH) in Deutschland; Werte für 2015 geschätzt (Quelle: Dialog Consult/VATM-Analysen und -Prognosen, 21.10.2015)

die mit derzeit 22 % das stärkste jährliche Wachstum bei der Vermarktung von Breitbandanschlüssen erreichen.

2014 wurden in Deutschland lediglich 1,598 Millionen Haushalte mit Glasfaseranschlüssen versehen; das entspricht 0,5 % aller Breitbandanschlüsse! Geschaltet wurden aufgrund konkreter Nachfrage 0,385 Millionen Anschlüsse – gerade mal 24,1 % der verfügbaren Anschlüsse (siehe Abb. 6). Das derzeit stärkste Wachstum verzeichnen hier die Kabelnetzbetreiber, die mittlerweile fast alle Netze rückkanalfähig ausgebaut haben und somit auch mit Vectoring-Angeboten der DSL-Anbieter konkurrieren können (allerdings mit schwächeren Upload-Werten). Da ca. 60 % der Haushalte in Deutschland einen Kabel-TV-Anschluss im Haus oder in der Straße vor dem Haus haben, werden diese Werte voraussichtlich weiter steigen.

2 Breitband ist die Basis für eine Smart City

Neben den Standardanwendungen wie Telefonie, Internet und Fernsehen (Triple Play) ermöglicht ein offenes NGA-Netz die Realisierung von „kleineren" und regional begrenzt interessanten Breitbandanwendungen. Dabei können Unternehmen, Organisationen und Vereine eigene Anwendungen als Dienste umsetzen und über die Diensteplattform zur Verfügung stellen.

Es gibt kaum Grenzen für solche Anwendungen; das Spektrum reicht von Online-Services für Kultur- und Sportvereine und lokalen Fernsehsendern mit Beiträgen zu Vorgängen, die keinen Eingang in überregionale Sender finden, über Transparenzangebote der Verwaltung, Mitmachvorhaben der Kommunalpolitik (E-Partizipation) und Bildungsangebote der Schulen bis hin zu rein kommerziellen Cloud-Computing-Diensten. Auch Älteren und pflegebedürftigen Menschen kann durch medizinische Unterstützung und Überwachung ein länger selbstbestimmtes Leben ermöglicht werden.

Im Bereich der Wohnungswirtschaft können vernetzte Hausautomationslösungen (Smart Homes) Mietobjekte attraktiver machen, Video- und Sensorüberwachung können die Sicherheit erhöhen und die Überwachung und Steuerung von elektrischen Verbrauchern reduziert den Strombedarf. Mithilfe einer intelligenten Steuerung von lokalen Energieverbrauchern und -erzeugern kann der Stromzukauf und -transport minimiert werden (Smart Grid). Für Stadtwerke entstehen so neue technische Möglichkeiten einer effizienten Netzsteuerung.

Neben den kommerziell ausgerichteten Angeboten ermöglicht ein offenes Breitbandnetz aber auch Anwendungen, die überwiegend aus bürgerschaftlichem Engagement oder ehrenamtlich geprägt sind. Damit sich diese Initiativen bilden können, bedarf es unter Umständen einer Unterstützung und Koordination durch den Kreis oder die Kommune. Gemeinsam mit dem Netzbetreiber müssen die technischen Voraussetzungen und Anbindungen geschaffen werden. Neben der Koordination durch die Verwaltung sollte eine Überwachung der Angebote erfolgen, damit weder illegalen Aktivitäten noch verfassungsfeindlichen Organisationen eine Plattform geboten wird. Insbesondere diese Kontrollfunktion kann in Zukunft eine besondere Herausforderung im Zusammenhang mit offenen Glasfasernetzen darstellen.

Ein erfolgreiches Beispiel für die Umsetzung eines Smart-City-Projektes ist die T-City in Friedrichshafen als Gemeinschaftsvorhaben der Deutschen Telekom, des Deutschen Städte- und Gemeindebundes (DStGB) und der Stadt Friedrichshafen: Über eine Projektlaufzeit von fünf Jahren wurden am Bodensee über 40 Projekte in allen Lebenslagen umgesetzt und in der Praxis erprobt (s. Anlage I.12).

Smart-City-Anwendungen laufen über Internet-Zugänge, und je nach Anwendung werden dabei schnelle Anschlüsse benötigt. Glasfaserhausanschlüsse dabei zu Recht als Inbegriff einer nachhaltigen Telekommunikationsinfrastruktur. Zunehmend mehr Kommunen, Kreise und Stadtwerke beschäftigen sich mit Konzepten für einen solchen Netzausbau. Der Aufwand ist allerdings nicht unerheblich, da für einen Glasfaseranschluss zunächst eine Verbindung zwischen dem Netzknoten und der Hauswand hergestellt werden muss. Üblicherweise muss man hierfür dünne Leerrohre, sogenannte Microducts, unterhalb der Bürgersteige verlegen.

Unter wirtschaftlichen Aspekten lohnen sich diese Investitionen, wenn sich ein möglichst hoher Teil der Bevölkerung für den neuen Anschluss entscheidet. Welche Quote dabei erzielt werden muss, hängt von den jeweiligen Voraussetzungen und den Zielen des verlegenden Unternehmens ab. Sie wird aber in den meisten Fällen zwischen 30 und 60 % liegen. Der Wechsel vom bisherigen Anbieter wird durch das Beharrungsvermögen der Nutzer erschwert (Anbieter-Loyalität) sowie dadurch, dass der Bedarf an höheren Geschwindigkeiten nicht besteht oder nicht erkannt wird. Schon mit 6 MBit/s können Nutzer Standardanwendungen im Internet erledigen; mit 25 MBit/s können sie ein HD-Fernsehprogramm empfangen. Wenn nicht mehrere Nutzer gleichzeitig volumenintensive Anwendungen ausführen, reichen 50 MBit/s noch über längere Zeit aus.

2.1 T-City Projekt liefert Erkenntnisse

Das T-City-Projekt in Friedrichshafen ist eines der frühen Beispiele für die Erprobung von Breitbandanwendungen in einer Kommune. Es wurde Anfang 2007 an Friedrichshafen vergeben und mit einer Laufzeit von fünf Jahren gestartet. Die Stadt erhielt nicht nur einen weitgehend flächendeckenden

Ausbau mit Breitband nach VDSL-Standard, sondern auch ein Budget für die Umsetzung von innovativen Breitbandanwendungen in allen Lebensbereichen.

Als Innovationsprojekt ist T-City in beachtlichem Maße erfolgreich. Während der Laufzeit konnten in Friedrichshafen über 40 Vorhaben durch die Deutsche Telekom gemeinsam mit unterschiedlichen Partnern geplant und umgesetzt werden. Unter Berücksichtigung der Breite der fünf Innovationsfelder und der Komplexität der Vorhaben, die von Gesundheits- über Bildungs-, Verwaltungs-, Wirtschafts- bis zu Verkehrsthemen reichten, konnte eine funktionierende Zusammenarbeit mit vielen Partnern etabliert werden.

Diese Breite an Themen und Partnern stellte eine Herausforderung für das Projektmanagement dar. Im Nachhinein ist zu sagen, dass man das Projektmanagement vermutlich hätte vereinfachen können, wenn es eine integrierte Projektorganisation von Stadt und Deutscher Telekom gegeben hätte, anstatt zweier organisatorisch getrennter Projektbüros mit einer manchmal komplizierten Entscheidungs- und Abstimmungsstruktur. Zudem gibt es im Gemeinwesen einer Stadt nicht für alle der Themen formale Zuständigkeiten. Die Überwindung der meisten operativen Erschwernisse kann als eine weitere Erfolgskomponente verbucht werden.

Trotz großem Engagement der Partner ließen sich nicht in allen Projektfeldern Erfolge erzielen, da eine Umsetzung von manchen Themen mit Partnern aus der Stadt nur begrenzt möglich ist. Dies gilt z. B. für den Bereich der schulischen Bildung, für die das Land erster Ansprechpartner ist, aber auch für Projekte im Gesundheitswesen, die erst Eingang in den Leistungskatalog der Krankenkassen finden müssen. Obwohl einige Projekte die Testphase nicht überlebt haben – was für ein mutiges Innovationsprojekt nicht ungewöhnlich ist –, ist die Summe der erfolgreichen Einzelprojekte beeindruckend.

2.2 Die Smart-City braucht eine Organisation

Eines ist der Mehrzahl der Projekte allerdings gemeinsam: Sie strahlen kaum auf die anderen Projektfelder oder gar auf das Gemeinwesen der Stadt aus. Tatsächlich hätten die meisten Vorhaben in völlig getrennten Kommunen realisiert werden können. Innovationsgrad und Nutzen werden sicher bei den meisten der Projekte (z.B. Smart Grid, Smart Metering, Tumorkonferenz, die mobile Visite, das Bürgertelefon D115, die Prozessoptimierung in der Verwaltung) zu einer nachhaltigen Wirkung führen. Der hohe Aufwand der projektbegleitend durchgeführten Informationsveranstaltungen und Zielgruppenmaßnahmen ist dagegen nur bedingt erfolgreich gewesen. Von den zahlreichen Zielgruppenmaßnahmen hat nur das während der Projektlaufzeit geschaffene Senioren-Internet-Helfer-Netzwerk das Potenzial, sich über das Projektende hinaus zu verselbstständigen. Längerfristige Wirkung werden wohl auch die in allen Schulklassen durchgeführten Medienkompetenz-Seminare entfalten.

Ein umfassender Erfolg wird durch den „Konstruktionsfehler" verhindert, dass die T-City Friedrichshafen zu Beginn nicht auf einer Bewegung in der Bevölkerung aufzusetzen konnte. Auch ist es nicht gelungen, dass das Projekt von der Bevölkerung mit eigenen Initiativen und Ideen „übernommen" wurde. Einzelne technische Lösungen schaffen selbst bei einem hohen Innovationsgrad immer nur für begrenzte Zielgruppen einen Nutzen. Um eine breite Bewegung zu begründen, scheint mehr erforderlich als die Summe begrenzter Einzelnutzen. Zusätzlich hat die Mutmaßung der Bevölkerung, man habe es mit einer Werbe- oder gar Verkaufskampagne der Telekom zu tun, die Projektwahrnehmung behindert. Auch der durchgehend technische Ansatz hat den Fokus eingeengt. Für das Gelingen eines umfassenden Smart-City-Projektes hätte es vielleicht neben der Deutschen Telekom weiterer Projektträger ohne oder mit anderem Technikansatz bedurft.

2.3 Mit bürgerschaftlichem Engagement zu besseren Ergebnissen

Bürgerbeteiligungsprojekte (klassisch oder online) als vorlaufende und begleitende Maßnahmen hätten vielleicht die erforderliche „Bewegung" in der Bevölkerung geschaffen. Dabei sollte E-Partizipation nicht mit Themen beginnen, die komplex und vorbelastet sind (wie der städtische Haushalt); zudem sollte sie regelmäßig „geübt" werden. Wenn die Themen für eine ausreichende Zahl von Bürgern relevant sind und die Ergebnisse bei der anschließenden Entscheidungsfindung für die Umsetzung berücksichtigt werden, ergeben sich häufig vielversprechende Ansätze.

Leider konnte während der Projektlaufzeit in Friedrichshafen kein E-Partizipationsprojekt aufgesetzt werden – vermutlich, weil Politik und Verwaltung Forderungen und Wünsche der Bürger fürchteten und sich für eine Durchführung organisatorisch noch nicht gut genug aufgestellt wähnten. Dabei könnten Kommunen ein Bürgerbeteiligungsprojekt gerade durch moderne Kommunikationstechnik effizient und transparent gestalten. Als Ergebnisse stünden Ideen für Innovationsvorhaben, die eine Chance auf eine bessere Breitenwirkung und mehr Strahlkraft haben. Es wäre es wert, einen neuen Versuch zu wagen und die Erkenntnisse aus der T-City für ein neues Smart-City-Vorhaben zu nutzen!

3 Vorgehen zur Analyse der Versorgungssituation

In vielen Kommunen vermarkten die Deutsche Telekom und Unitymedia Dienste über eine eigene leitungsgebundene Infrastruktur an private Verbraucher. Für Unternehmen sind mit eigener Infrastruktur primär die Deutsche Telekom und auf Geschäftskunden spezialisierte Anbieter tätig (z.B. Versatel). Neben diesen Anbietern gibt es Reseller und Service Provider, die die TAL (Teilnehmeranschlussleitung) der Deutschen Telekom nutzen. Die vier Mobilfunkbetreiber Vodafone, T-Mobile, E-Plus und O2 sind mit UMTS, HSDPA und teilweise mit LTE-Netzen tätig. Gelegentlich finden sich im Stadtgebiet neben den Telekommunikationsinfrastrukturen auch Leerrohr- oder Glasfaserinfrastrukturen von Industrieunternehmen oder Betreiber von Ferngas- und Fernwasserleitungen.

Da es im Rahmen eines NGA-Projektes aufwendig ist, alle geeigneten Infrastrukturen ausfindig zu machen, können Kreise und Kommunen gezielte Abfragen über den Infrastrukturatlas der Bundesnetzagentur starten. Bislang war die Meldung der Infrastruktureigentümer zwar freiwillig, aber zumindest diejenigen Betreiber, die ein Interesse an einer Vermietung haben, dürften bereits heute erfasst sein. Informationen über den Infrastrukturatlas, Muster des Nutzungsvertrages und des Abfrageantrags finden sich zusammen mit Kontaktdaten für Ansprechpartner auf der Seite der Bundesnetzagentur: http://www.bundesnetzagentur.de/DE/Sachgebiete/Telekommunikation/Unternehmen_Institutionen/Breitband/Infrastrukturatlas/infrastrukturatlas-node.html.

Dass Klarheit über die tatsächliche Versorgungssituation besteht, ist eine wesentliche Voraussetzung für eine Beschäftigung mit dem Breitbandausbau. Bevor eine vertiefende Analyse z.B. durch eine Befragung bei Haushalten und Unternehmen durchgeführt wird, gibt der Breitbandatlas des Bundeswirtschaftsministeriums einen schnellen Überblick über die verfügbaren Bandbreiten. Unter dem Link http://www.zukunft-breitband.de/Breitband/DE/Breitbandatlas/BreitbandVorOrt/breitband-vor-ort_node.html ist die Abfrage öffentlich und kostenfrei zugänglich. Durch die Zoom-Funktion kann man die Versorgung auf Flächen bis zu einer Genauigkeit von 250×250 m unterscheiden. Die Ergebnisse basieren auf Meldungen der verschiedenen Netzbetreiber; mögliche Unschärfen können meistens durch gezielte Abfragen bei den vor Ort tätigen Netzbetreibern ausgeräumt werden; genauere Ergebnisse liefert erst eine breite Befragung von Haushalten und Betrieben. Wie viele Einwohner und Betriebe betroffen sind, ist den Breitbandatlas-Angaben nicht zu entnehmen. Bei der Identifikation von Netzbetreibern unterstützt der Breitbandatlas mit dem „Anbieter- und Technologieverzeichnis".

Bei den DSL-Technologien, die auf die Kupferdoppelader als Anschlussmedium für die „letzte Meile" setzen, ist eine genaue Angabe der Bandbreite kompliziert, da sie durch die Signaldämpfung wesentlich von der

Abb. 7: Leitungsgebundene Versorgung mit mindestens 6 MBit/s (Quelle: Breitbandatlas des BMVI, Januar 2016)

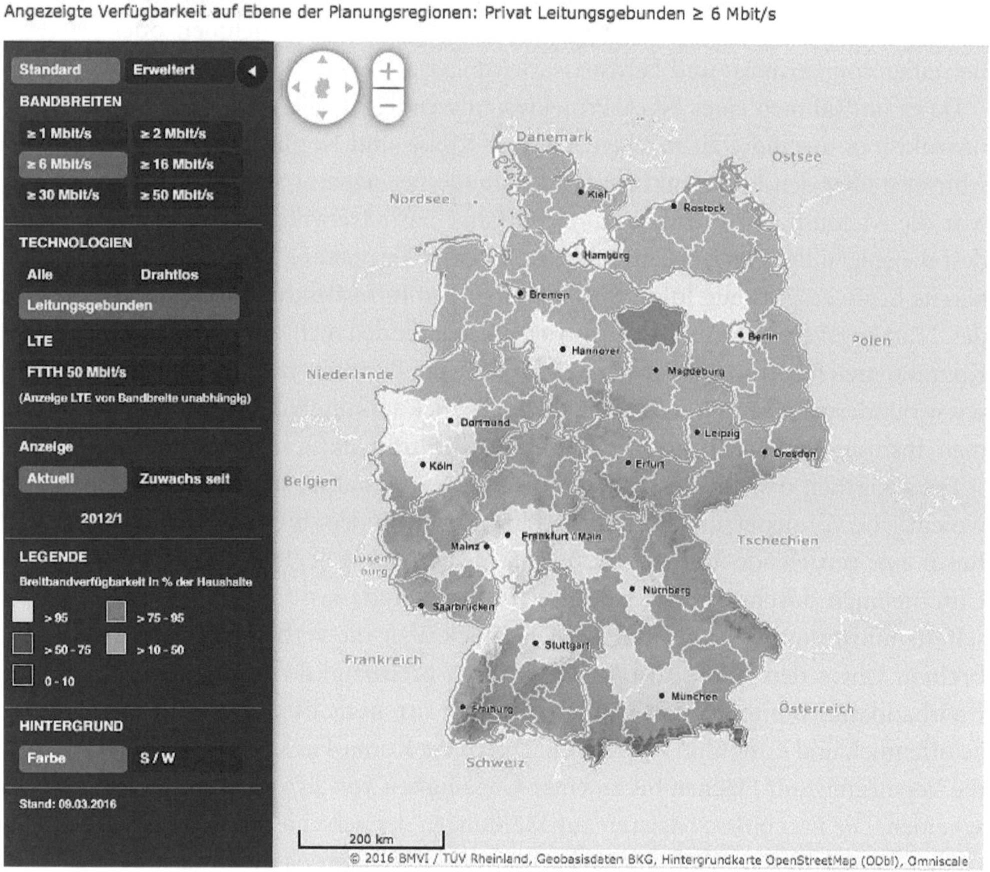

Länge der Teilnehmeranschlussleitung vom Knoten bis zum Hausanschluss abhängt, aber auch vom Durchmesser und von der Qualität der Kupferleitung. Anhand der statistischen Angaben lässt sich aber bereits ableiten, welche maximale Bandbreite erreicht wird und wie viele Anschlüsse in welche Bandbreitenkategorie fallen. Genauere Informationen liefern Übersichten mit den Standorten der Kabelverzweiger und Angaben zur Dämpfung. In vielen Kommunen trifft dies insbesondere auf die flächendeckend vertretene Deutsche Telekom mit ihrem ADSL-/VDSL-Netz zu.

Abb. 8: Leitungsgebundene und drahtlose Versorgung mit mindestens 6 MBit/s (Quelle: Breitbandatlas des BMVI, Januar 2016)

Falls vor Ort ein Kabelnetz (in Teilen) vorhanden ist, ergibt sich dieses Problem durchschnittlicher Bandbreitenwerte nicht, da im Koaxialkabel in den Anschlussnetzen nur eine zu vernachlässigende Dämpfung zu messen ist. Somit kann man davon ausgehen, dass in den gekennzeichneten Gebieten der Versorgungskarte alle Anschlüsse mit der maximalen Bandbreite erreicht werden (bei DOCSIS 3.0 derzeit 150 MBit/s im Downstream).

Die im Breitbandatlas sichtbaren Gebiete mit < 6 MBit/s zeigen noch vorhandene Unterversorgung (Abb. 7). Berücksichtigt man auch mobile

Abb. 9: Leitungsgebundene Versorgung mit mindestens 16 MBit/s (Quelle: Breitbandatlas des BMVI, Januar 2016)

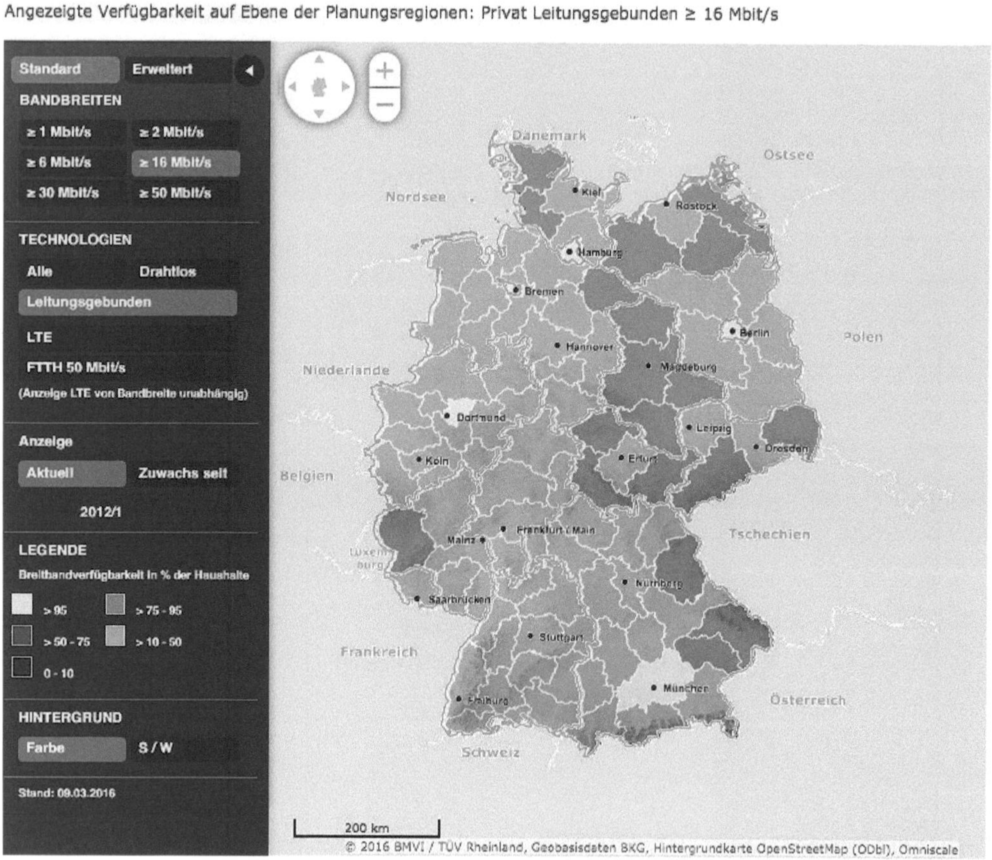

Zugangstechnologien (Abb. 8), so werden die unterversorgten Gebiete noch einmal sehr viel kleiner.

Bei Auswahl einer Bandbreite > 16 MBit/s (Abb. 9) zeigt sich immer noch eine sehr weitgehende Versorgung. Allerdings fällt die Bandbreite insbesondere in den östlichen und mittleren Gegenden Deutschlands deutlich ab. Das liegt an den dort typischerweise häufiger anzutreffenden längeren Anlaufstrecken und der dünneren Siedlungsdichte. Dort ist die Versorgung mit 16 MBit/s auch 2016 noch nicht befriedigend.

Abb. 10: Leitungsgebundene Versorgung mit mindestens 50 MBit/s (Quelle: Breitbandatlas des BMVI, Januar 2016)

Bei Auswahl > 50 MBit/s (Abb. 10) bleiben in erster Linie DOCSIS 3.0 und VDSL- sowie Vectoring-Anschlüsse übrig. Ganze Landstriche verfügen derzeit noch nicht über einen Zugang zum Internet, der dem heutigen Standard und dem Ziel der Bundesregierung für 2018 entspricht.

Bei Funklösungen ist die Beurteilung der Versorgungssituation schwieriger. Der tatsächliche Versorgungsgrad ist aufgrund der Physik der Funkausbreitung nur schwer anzugeben. Wegen Abschattung, Reflexionen und Interferenzen sind die Ergebnisse lokal nicht einfach vorhersehbar. Trotzdem geben die Abdeckungskarten (Abb. 11 für LTE) auch für diese Technologien einen

Abb. 11: Mobilfunkversorgung mit LTE (Quelle: Breitbandatlas des BMVI, Januar 2016)

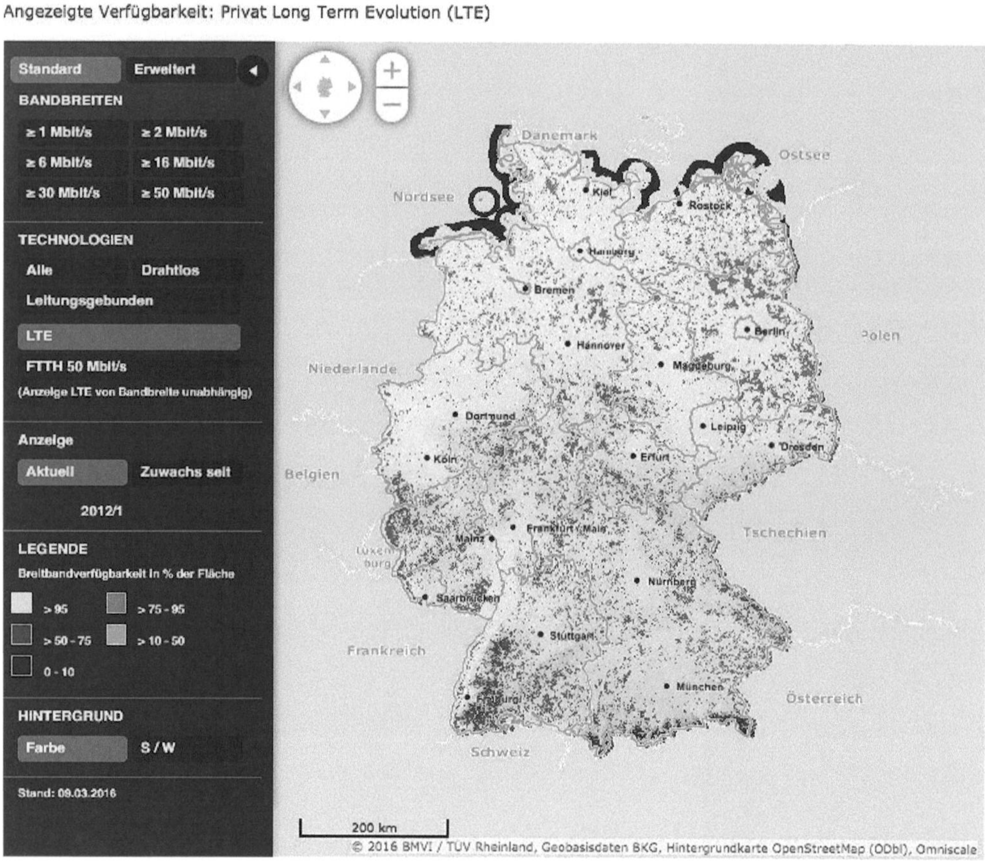

ersten Überblick: Bis auf ländliche und dünn besiedelte Gegenden sowie topografisch anspruchsvolle Gebiete wie Mittelgebirge sind laut Breitbandatlas die meisten Orte in Deutschland mit LTE (T-Mobile, Vodafone, O_2) unversorgt.

Bei der Bandbreite wird in der Regel – wie bei einer DSL-Versorgung – die maximal verfügbare Bandbreite angegeben. Da sich aber alle Nutzer die in einer Funkzelle verfügbare Übertragungskapazität teilen (Shared Medium), kann die tatsächliche Bandbreite über den Tagesverlauf in einem größeren Bereich schwanken. Das LTE-Netz ist primär im Hinblick auf die mobile oder portable Internet-Nutzung zu sehen und ergänzt in diesem Sinne eine Festnetzanbindung. Ein Ersatz für eine leitungsgebundene Anbindung stellt Funk nur in Ausnahmefällen und dabei insbesondere als Brückentechnologie dar.

Zur genaueren Bestimmung der Versorgung an einem bestimmten Ort müssen die Ergebnisse einer Abfrage bei den einzelnen regional tätigen Anbietern übereinandergelegt und mit den Daten zur Verteilung der Bevölkerung und der Gewerbebetriebe abgeglichen werden. Auf diesem Wege ergibt sich auf der Ebene der Ortsteile und Teilorte ein erster Überblick über die tatsächliche Versorgungssituation und die maximal verfügbaren Bandbreiten; genauer als auf Ortsteilebene wird dieser Analysemethode nur bei den Kabelnetzbetreibern. Korreliert man nun die Bevölkerungs- und Gewerbeverteilung mit den Abdeckungskarten, so lässt sich in erster Näherung abschätzen, wie viele Haushalte und Unternehmen mit welcher maximalen Bandbreite erreicht werden.

Diese Analysemethode hat aufgrund teils fehlerhafter, teils veralteter Angaben der Netzbetreiber allerdings mehr oder weniger große Unschärfen. Mögliche Begrenzungen in der Port-Kapazität bei ADSL-/VDSL-Netzen lassen sich damit ebenfalls nicht erkennen. Genauere Daten erhält man nur durch Dämpfungsmessungen an den einzelnen Anschlüssen bzw., mit geringerer Präzision, durch eine vollständige Erhebung durch Fragebogen. Vor einer Investitionsentscheidung sollten also vertiefende Analysen durchgeführt werden.

Bei Unitymedia kann man eine Versorgungstabelle auf der Ebene von Wohneinheiten mit Angabe von Straßen und Hausnummern abfragen, sodass sich die Versorgung punktgenau ablesen lässt. Bislang hat Unitymedia allerdings kaum Gewerbegebiete ausgebaut, sodass sich die Ergebnisse nur auf Wohngebiete und Privathaushalte beziehen. Durch die Leistungsfähigkeit des Koaxialkabels mit Bandbreiten von heute 150 MBit/s und theoretisch bis über 400 MBit/s bietet das Kabelnetz eine hochleistungsfähige Infrastruktur, die für die Ansprüche der nächsten Jahre voll ausreicht. Ein Überbau dieser Netze ist sowohl beihilferechtlich als auch unter Marktgesichtspunkten kritisch zu sehen. Allerdings kann die Schaffung von Leerrohranschlussnetzen im Beilauf zu anderen Maßnahmen als Zukunftssicherung sinnvoll sein (z.B. im Rahmen von Sanierungen im Versorgungsnetz). Eine beihilferechtliche Prüfung für diesen Fall liegt noch nicht vor.

Die Deutsche Telekom stellt grafische Übersichten der Dämpfungswerte zur Verfügung, die einen unmittelbaren Vergleich mit der Versorgungskarte von Unitymedia erlauben. Ein Aufbruch nach Straßen und Hausnummern ist allerdings nicht verfügbar.

In vielen Regionen sind neben der Deutschen Telekom und den Kabelnetzbetreibern (z.B. Kabel Deutschland und Unitymedia mit DOCSIS 3.0) auch die Anbieter Vodafone (DSL, LTE und Mobilfunk), E-Plus (LTE und Mobilfunk), NetCologne (Kabel-TV) und Telefónica (Mobilfunk) vertreten. Außerdem sind einige Reseller tätig, die auf das Anschlussnetz der Deutschen Telekom zurückgreifen. Satellitendienste werden unter anderem von DSL-o-Sat, Eusanet, Eutelsat, Filiago, iP Softcom, skyDSL und StarDSL angeboten.

Da die Infrastrukturen der Kabelnetzbetreiber und der Deutschen Telekom auf den alten Netzstrukturen der „grauen“ Post basieren, sind die Ergebnisse nach Anschlussbereichen weitgehend vergleichbar. Bei der Bewertung ist zu beachten:

- Kabelnetzbetreiber geben die Versorgung in Wohneinheiten an (und das bedeutet nicht zwangsläufig Haushalte, z.B. bei Häusern mit Einliegerwohnung oder bei Mehrgenerationenhäusern), die Telekom verwendet Anschlüsse, wobei insbesondere bei Mehrfamilienhäusern mehrere Haushalte über einen Anschluss versorgt werden. Die Vergleichbarkeit der Werte hat somit ihre statistischen Grenzen, die erst durch eine Befragung aufgelöst werden können.
- Weder die Angaben zu Anschlusszahlen noch zu Wohneinheiten lassen eine einwandfreie Umrechnung in Haushalte und Betriebe zu.

- Zahlen der Kabelnetzbetreiber beziehen sich nur auf Privathaushalte, da historisch keine Gewerbegebiete erschlossen wurden.
- Bei Unternehmen wird aufgrund des höheren Kommunikationsbedarfs (z.B. in Form von Multiplex-Anschlüssen) mit 1,4 Anschlüssen je Betrieb kalkuliert.
- Telekom-Daten enthalten nur die eigenen Kunden, keine Wechsler zu anderen Netzbetreibern oder Resellern.
- Telekom-Anschlussbereiche können über die Stadtgrenzen hinausgehen.
- Bei Telekom-Angaben sind neben Privathaushalten alle (Telefonie-) Anschlüsse der Unternehmen enthalten, die nicht vollständig gewechselt haben.

Durch einen ersten überschlägigen Abgleich der Versorgungsgebiete lassen sich unterversorgte Bereiche finden. *Bei einer zusätzlich durchzuführenden Feinanalyse sind die oben genannten Fehlerquellen zu berücksichtigen.* Genauere Werte können erst in Verbindung mit einer flächendeckenden Befragung oder durch eine Dämpfungsmessung ermittelt werden; aber auch hierbei werden Unsicherheiten verbleiben: Mehrfachanschlüsse bei Unternehmen, Mehrfamilienhäuser und Einzelanschlüsse bei Mehrgenerationenhaushalten etc.

4 Methodik zur Abschätzung der Bedarfe

Durch den Abgleich der Versorgungskarten von Unitymedia und der Deutschen Telekom können zusammenhängende Wohnviertel, die mit maximal 6 MBit/s versorgt sind, Gewerbegebiete, die mit maximal 6 MBit/s versorgt sind, sowie Gewerbegebiete mit maximal 30 MBit/s identifiziert werden. In Verbindung mit ergänzenden statistischen Informationen könnten genauere Profile der zu erwartenden Potenziale erstellt werden. Hierzu gehören Daten wie die Anzahl der Haushalte und Unternehmen, die durchschnittliche Anzahl der Haushalte je Anschluss, die Alters-, Einkommens- und Bildungsstruktur, Branchenstrukturen in Gewerbegebieten und die durchschnittliche Mitarbeiteranzahl in den Unternehmen.

Die Ortsteile und Gewerbegebiete in der Stadt werden nach der Ist-Analyse der Breitbandversorgung in drei Gruppen unterteilt:

- *Gut versorgte Regionen* haben mehrheitlich über 30 MBit/s und in der Regel mehr als einen Anbieter mit eigener Infrastruktur.
- *Schwach versorgte Ortsteile und Gewerbegebiete* sind mit mehrheitlich zwischen 6 und 30 MBit/s versorgt, typischerweise nur durch einen Anbieter (z.B. die Deutsche Telekom). Davon betroffen waren im Jahr 2015 in vielen Fällen noch 15 bis 30 % der Haushalte und möglicherweise nicht zentral gelegenen Gewerbegebiete.
- *Unterversorgte Wohn- und Gewerbegebiete* haben mehrheitlich eine Bandbreite < 6 MBit/s. Im Jahr 2015 waren davon geschätzt ca. 5 % betroffen (wertmäßig enthalten bei den schwach versorgten Anschlüssen). Unterversorgt sind oft Randbereiche sowie Einzellagen.

Im Hinblick auf den funktionierenden Wettbewerb in den Lagen, die heute mit VDSL *und* DOCSIS 3.0 versorgt sind, ist der Aufbau eines zusätzlichen Leerrohrnetzes in diesen Bereichen kritisch zu würdigen. Mit einer weiteren Verbesserung des VDSL-Netzes durch Vectoring-Technologie in den nächsten Jahren könnten Bandbreiten bis 100 MBit/s realisiert werden. Gemäß Bundesrahmenregelung Leerrohre ist der Ausbau von Leerrohren mit öffentlichen Mitteln nur in Gebieten zulässig, die heute und in absehbarer Zeit eine Breitbandversorgung haben, die schlechter als 30 MBit/s ist. Weitere Gründe sprechen gegen ein solches Vorhaben: Zum einen ist die heute verfügbare

Leistung sicher für die nächsten fünf bis zehn Jahre ausreichend und es wird für einen Betreiber in diesen Lagen schwierig, Kunden zum Wechsel auf einen Glasfaseranschluss zu bewegen; zum anderen ist zu erwarten, dass sich das Angebot der Betreiber in diesen Regionen ebenfalls weiterentwickeln wird. So ist die physikalische Übertragungsgrenze für Signale in Koaxialkabeln bei 150 MBit/s (das ist heute der schnellste Dienst der Kabelnetzbetreiber auf Basis von DOCSIS 3.0) bei Weitem noch nicht erreicht. Eine Ausweitung auf 400 MBit/s und mehr ist technisch möglich.

Nach einer Überprüfung der tatsächlichen Versorgungslage in den schwach versorgten Gebieten, die im nächsten Schritt erfolgt, kann man eine Clusterung aufgrund der geografischen Nähe zueinander und der heutigen Versorgungsrichtungen vornehmen. So kann man größere Einheiten für den Ausbau schaffen und die einzelnen Gebiete für die Auswahlverfahren zu Losen zusammenfassen. *Bei der Verteilung der schwach versorgten Gebiete in Randlagen wird eine Clusterung voraussichtlich schwierig.* Sollten einzelne der unterversorgten Gebiete ein zu geringes Potenzial für einen FTTC-Ausbau aufweisen, so kann alternativ eine Funkversorgung über LTE oder WLAN geprüft werden. Bei weniger als 100 unterversorgten Haushalten in einem Gebiet ist ein FTTC-Ausbau in vielen Fällen unwirtschaftlich. Zur Überbrückung und an abgelegenen Standorten kommt kurzfristig auch Satelliten-DSL als Lösung in Betracht. Downstream-Bandbreiten von 20 MBit/s sind hiermit an nahezu jedem Standort möglich.

Ergibt sich aus den Einwohner- und Haushaltszahlen ein Wert von 2,1 Personen je Haushalt, so entspricht dies dem bundesweiten Durchschnittswert. Da die potenziell schwach versorgten Gebiete nur kleine Teilbereiche der Stadtteile umfassen, ist eine genauere Schätzung der Verteilung auf Basis des Datenmaterials nicht möglich. In Kombination mit dem Durchschnittswert von 59 % für die Breitbandnutzung (laut (N) Onliner-Atlas 2014) ergibt sich eine *potenzielle Kundenzahl* (Neukunden oder Vertrags-Upgrader). In den gut versorgten Teilen der Stadt ist davon auszugehen, dass ein vorhandener Breitbandbedarf bereits befriedigt wird. Hier besteht kurzfristig kein Handlungsbedarf für die Stadt; allerdings sollte im Hinblick auf das steigende Datenvolumen längerfristig ein weiterer Ausbau geplant werden.

Für kleinere schwach versorgte Wohnsiedlungen wird ein Ausbau über FTTC kaum wirtschaftlich sein. Hier bietet sich eine Mitverlegung von Glasfasern bis zum Hausanschluss an, wenn andere Baumaßnahmen anstehen. Sollte die Nachfrage aus der Bevölkerung zwischenzeitlich steigen, kann mit Funk eine Überbrückungslösung geschaffen werden.

5 Nutzungslücke bremst die Nachfrageentwicklung

Schnelle Internet-Zugänge sind eine Selbstverständlichkeit, Wohnungen ohne Breitband sind schwer zu vermieten, ohne Breitband-Zugang sinken die Hauspreise, und wenn der Internet-Anschluss zu langsam ist, beschweren sich die Bürger bei Kommunalpolitikern und der Verwaltung. 81 % der Männer und 72 % der Frauen in Deutschland nutzen laut (N)Onlineratlas 2014 das Internet. Aufgrund der vielfältigen Anwendungsmöglichkeiten ist es gerechtfertigt, die Breitbandversorgung als eine Aufgabe der Daseinsvorsorge zu behandeln!

Die Zerschlagung des Kabelnetzes beim Verkauf im Jahr 2000 an eine Reihe von regionalen Gesellschaften ist der Grund für die im Vergleich zu anderen Ländern lange Verzögerung bis zur Schaffung der Rückkanalfähigkeit. Der Marktanteil der Kabelnetzbetreiber an den Breitbandzugängen wächst zwar von allen Technologien am stärksten, ist aber absolut betrachtet im internationalen Vergleich noch schwach. Der Ausbau mit Glasfaseranschlussnetzen kommt in Deutschland ebenfalls eher schleppend in Gang, da das Angebot an DSL-Zugängen den vorhandenen Bedarf zu vergleichsweise günstigen Preisen abschöpft.

Die Aktivitäten der Deutschen Telekom und anderer Betreiber (die in Summe höhere Investitionsaufwände stemmen als die Deutsche Telekom), haben im wesentlichen auf Basis der Kabel-TV-Netze und mittels VDSL dazu geführt, dass 2015 im Durchschnitt 70 % der Haushalte einen Breitbandzugang von mindestens 50 MBit/s zur Verfügung haben (nach Schätzungen von STZ-Consulting). Korrekte Zahlen zu ermitteln, ist nicht ganz einfach, da es bislang kein bundesweites unabhängiges Breitbandkataster gibt.

Bei 77 % Internet-Nutzern und einer Breitbandversorgung von ca. 60 % könnte man vermuten, dass im Durchschnitt 46 % der Haushalte schnelle Internet-Zugänge nutzen. In der Realität liegen die Zahlen aber erschreckend niedrig. Nach Schätzungen von STZ-Consulting nutzen im Durchschnitt nicht mehr als 25 % der Haushalte in den mit > 30 MBit/s versorgten Regionen die Möglichkeit des schnellen Anschlusses.

Selbst bei den nachhaltig zukunftssicheren Glasfaserhausanschlüssen herrscht Zurückhaltung. Ende 2012 waren nach Schätzung des

Branchenverbandes VATM gut 800.000 Glasfaserhausanschlüsse verfügbar; aktiv genutzt wurden nur 343.500, also 43 %. Bei VDSL stand es laut Golem.de um die Take-up-Rate der Nutzung vorhandener Anschlüsse mit 10 % (von 10 Millionen Anfang 2011 verfügbarer VDSL-Anschlüsse) noch schlechter. Laut VATM wurden Ende 2012 erst 11,4 % der DSL-Anschlüsse mit > 16 MBit/s (VDSL) genutzt!

Es ist nur schwer auszumachen, woran die fehlende Akzeptanz bei den Nutzern liegt. Eine insbesondere in Deutschland zu beobachtende Geiz-ist-geil-Mentalität und der Preiskrieg der Anbieter haben dazu geführt, dass ein Internet-Zugang eigentlich nicht mehr als € 19,90 pro Monat kosten darf. Zu diesem Preis ist ein schneller NGA-Anschluss nicht zu realisieren.

Zum anderen fehlt ein breites Angebot von Diensten, die einen schnellen Zugang erforderlich machen. Durch die bislang vertikal geschlossenen Geschäftsmodelle ohne offene Schnittstellen für einen mittelständischen Dienstebetreiber ist dieses Marktsegment in Deutschland – anders als in den Niederlanden – noch unterentwickelt. Mit einer Zunahme von spezifischen Angeboten aus den Bereichen Bildung, Kultur, Sport, Telemedizin und E-Government kann sich das Nutzungsverhalten mittelfristig ändern. Dann hat die Verfügbarkeit einzelner Diensteangebote bei der Kaufentscheidung vermutlich Vorrang vor den immer schnelleren Geschwindigkeiten. Tatsächlich gibt es derzeit keinen praktischen Grund, einen Internet-Zugang mit > 50 MBit/s zu erwerben, weil es hierfür keine Massenmarktdienste gibt. So wird erklärbar, warum Deutschland derzeit nicht mehr als ca. 6 Millionen NGA-Anschlüsse (> 25 MBit/s) hat.

6 Ansätze für einen nachhaltigen Breitbandausbau

6.1 Technologische Alternativen

Aus Kundenperspektive wird nach Übertragungsgeschwindigkeit,Ienstemerkmalen und Preisen unterschieden. Damit ein Kunde einen Dienst nutzen kann, muss eine komplexe Infrastruktur im Zusammenspiel unterschiedlicher Technologien und meist auch mehrerer Anbieter vorhanden sein. Die folgende Übersicht erläutert die wichtigsten Begriffe zu Breitbandnetzinfrastrukturen und -technologien (weitere Erklärungen gibt das Glossar im Anhang).

Kernnetz (Backbone)	Das Kernnetz (Backbone) besteht aus den globalen und regionalen Switching-Zentren. Sie sind mit Glasfaser und Richtfunk verbunden. Die Bandbreiten beginnen mit 100 MBit/s und reichen bis > 2,4 GBit/s.
Zugangsnetz (Last Mile)	Das Zugangsnetz (Access-Netz, Anschlussnetz, Last Mile) umfasst die „letzte Meile" zum Nutzer. Für dieses Netz gibt es kabelgebundene, optische und drahtlose Referenzarchitekturen.
Teilnehmeranschlussleitung (TAL)	Der Zugang besteht in der Regel aus einer Kupferdoppelader zwischen dem Hauptverteiler (HVT) in der Ortsvermittlungsstelle (OVSt) und dem Teilnehmer (TAE). Sie ist reguliert und entbündelt und kann von alternativen TAL-Betreibern genutzt werden.
Optische Zugangsnetze	Optische Zugangsnetze bestehen in der gesamten Strecke zum Teilnehmer aus Glasfaser. Unterschieden werden aktive (AON) und passive Netze (PON) sowie die Ausbautiefe der Glasfaser nach FTTC, FTTB, FTTH (Curb, Building, Home). Es gibt hybride Formen mit Glasfaser zum Kabelverteiler (KVz) und Kupfer zum Teilnehmer.
Drahtlose Zugangsnetze	Es gibt breitbandige Zugangstechnologien zum Teilnehmer über unterschiedliche Technologien wie WiMAX, Satellitenkommunikation (skyDSL etc.), Richtfunk, UMTS, LTE oder HyperLAN.

Je nach Randbedingungen und Topografie kommen für einen NGA-Ausbau FTTC-Ansätze (Fiber to the Curb), die einen Ausbau mit ADSL und VDSL unter Nutzung der Kupferdoppelader zum Hausanschluss umsetzen, ebenso in Betracht wie die verschiedenen Funktechnologien von LTE über HSDPA/HSUPA und UMTS bis zu WiMAX und WLAN sowie Satelliten-DSL in dünn besiedelten Randbereichen. Das Spektrum der möglichen Technologien für einen Breitbandausbau illustriert Abb. 12. Kabelnetze sind in der Abbildung nicht enthalten; sie entsprechen in der Abbildung der FTTH-Darstellung. Unitymedia wird neue Netze nur noch in Glasfasertechnologie errichten. Somit verwischen sich hier zukünftig die Unterschiede zwischen einem Kabelnetz und einem FTTB-/FTTH-Netz.

Die Zuführung von Bandbreiten kann alternativ zur terrestrischen Leitung auch über Richtfunk erfolgen. Als langfristig nachhaltige Infrastruktur kommt jedoch in erster Linie der Glasfaserhausanschluss in Betracht, da Glasfaser aus heutiger Sicht nahezu unbegrenzte Bandbreite und lange Lebensdauern ermöglicht. Andere Technologien können aber als Brücken- oder Nischentechnologien genutzt werden, bis ein flächendeckendes Netz aus Lichtwellenleitern aufgebaut ist, oder in solchen Gebieten dauerhaft

Abb. 12: Verfügbare Technologien für den Breitbandausbau

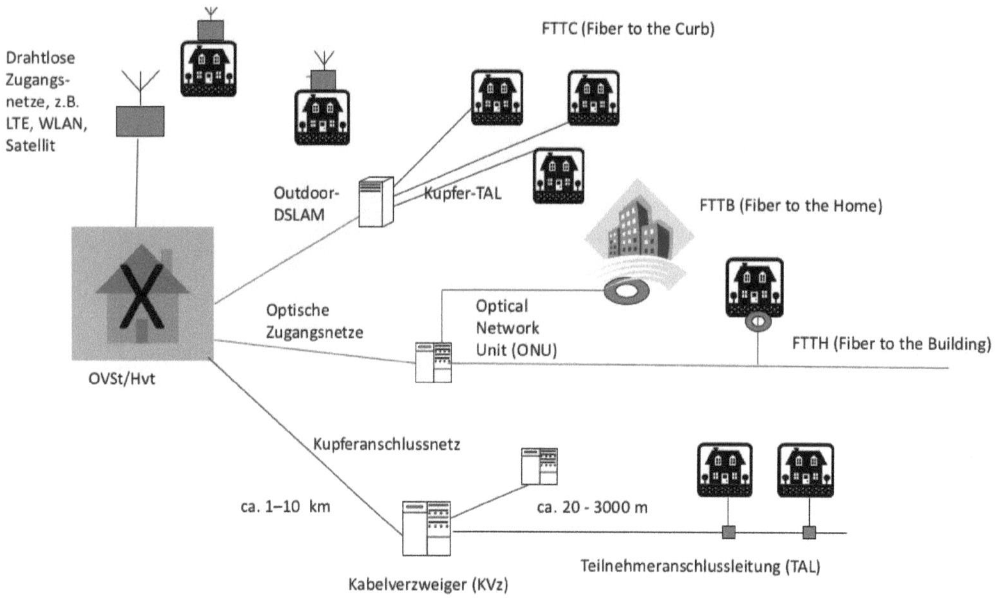

eingesetzt werden, in denen eine Versorgung mit Glasfaserhausanschlüssen unverhältnismäßig teuer würde. Mobilfunknetze sind komplementär zu leitungsgebundenen Netzen und dienen der portablen oder mobilen Anwendung. Dies gilt auch für das moderne LTE-Netz.

Wenn über unzureichende Breitbandgeschwindigkeit („Bandbreite") geklagt wird, dann handelt es sich in der Regel nicht um ein grundsätzliches Problem der Technologie, sondern um einzelne Komponenten bzw. Strecken im Übertragungsweg. Die Weitverkehrsnetze (im Backbone) verfügen über ausreichende Kapazitäten, um auch steigende Bedarfe zu befriedigen. Sofern hier zusätzliche Kapazität benötigt wird, kann sie in den meisten Fällen relativ schnell nachgerüstet werden. Auch die regionalen Netze für die Zuführung der Bandbreite zu Ortsteilen und Gewerbegebieten sind häufig bereits in Form von Leerrohren und Glasfaserstrecken verfügbar. Nur in sehr dünn besiedelten Bereichen besteht gelegentlich noch Bedarf an einem Ausbau. Der eigentliche Engpass liegt heute überwiegend im Bereich der Anschlussnetze, zunächst bis zu den Kabelverzweigern im Telefonnetz oder

Abb. 13: Engpass Zugangs- und Anschlussnetze

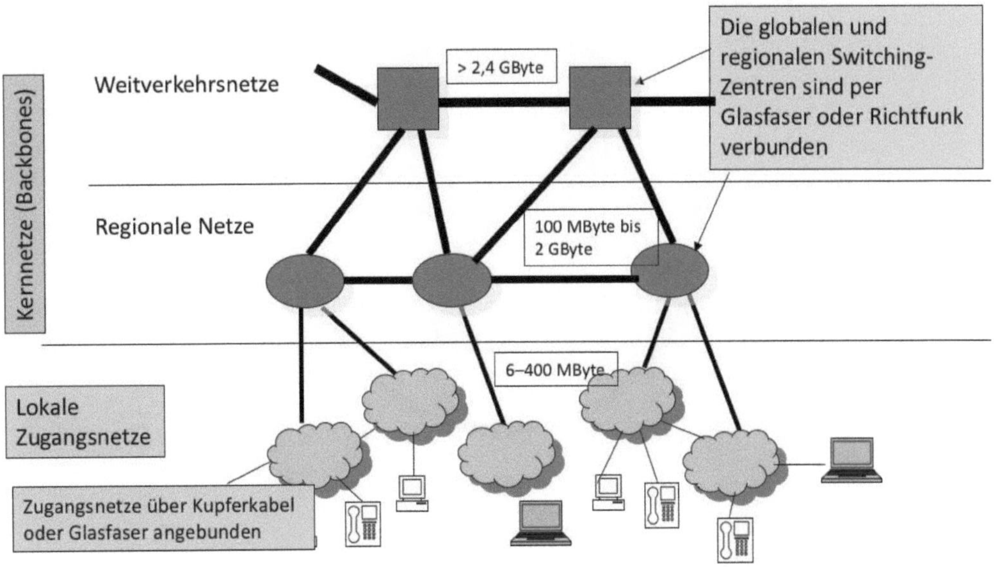

zu den Verstärkerpunkten im Kabelnetz, aber letztendlich auch bis zum Hausanschluss. Abb. 13 illustriert die verschiedenen Netzebenen.

Die verfügbaren Übertragungstechnologien ermöglichen sehr unterschiedliche Bandbreiten und sind teilweise mit einer entfernungsabhängigen Dämpfung behaftet. Die Übertragung über Koaxialkabel („Fernsehkabel") zeigt nur eine geringe Leitungsdämpfung, die besten Ergebnisse im Hinblick auf Übertragungsgeschwindigkeit und Dämpfung bringt das Glasfaserkabel. Grundsätzlich ermöglicht das Kabelnetz aber die gleiche Funktionalität mit Telefonie, Internet und Fernsehen wie ein Glasfaserkabel. Abb. 14 vergleicht die Bandbreiten der gängigen leitungsgebundenen Übertragungstechnologien über die Entfernung zum Hausanschluss.

Das Koaxialkabel der Kabel-TV-Betreiber bietet in den Regionen, in denen es verlegt ist, bereits heute Bandbreiten von 32, 40 oder 50 MBit/s; seit 2010 werden in der Fläche Dienste mit 150 MBit/s über Kabel-TV realisiert. Seit 2010 bietet Unitymedia neben Privatkundenprodukten auch Geschäftskundendienste für kleine Unternehmen und Mittelständler. Längerfristig kann allerdings problematisch werden, dass die Koaxialkabel aufgrund der Kunststoffanteile altern, weil sie ohne Schutzrohre im Boden verlegt wurden. Ein einfacher Tausch durch Neueinziehen ist somit nicht möglich, und ein

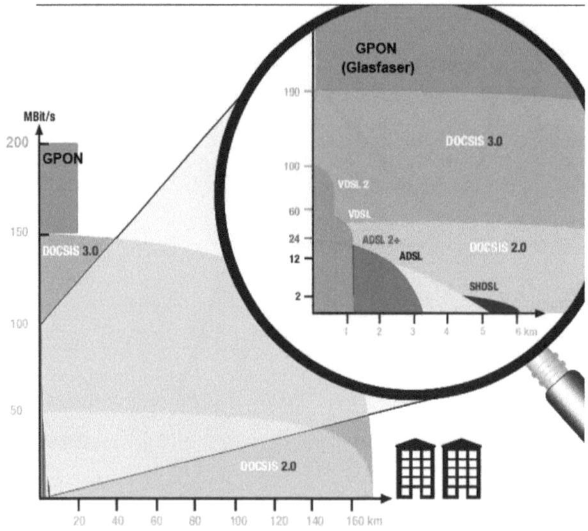

Abb. 14: Entfernungsabhängige Dämpfung im Vergleich der Technologien

Kabeltausch erfordert Tiefbauarbeiten, die mit dem Aufwand bei der Neuverlegung vergleichbar sind.

Aus heutiger Sicht schafft die Glasfaser die größte Bandbreite und die höchste Flexibilität in der Anwendung. Eine Übertragung, die schneller als mit Lichtgeschwindigkeit erfolgt, ist physikalisch nicht möglich. Zudem hat eine Übertragung mit Lichtsignalen die Vorteile, dass es nahezu keine Dämpfung gibt und dass ein Glasfasernetz außer bei der Einspeisung und der Rückumwandlung von optischen in elektrische Signale keine aktiven Netzkomponenten benötigt und daher und keine Energie verbraucht. Das Glasfasernetz kann entweder als FTTB (Fiber to the Building) bis zum Hausabschluss geführt werden oder als FTTH (Fiber to the Home) bis in die Wohnungen und zu den angeschlossenen Geräten. Für Kommunen und Kreise kommt primär der Ausbau bis zum Hausabschluss (FTTB) in Betracht. Die zunehmende „Verlängerung" der Glasfaseranbindung vom Netzknoten bis zum Hausanschluss, von der bisherigen reinen Kupferkabellösung über den FTTC-Ausbau bis zum FTTB-/FTTH-Ansatz verdeutlicht Abb. 15.

Abb. 15: Schematische Darstellung des Übergangs zum Glasfasereinsatz

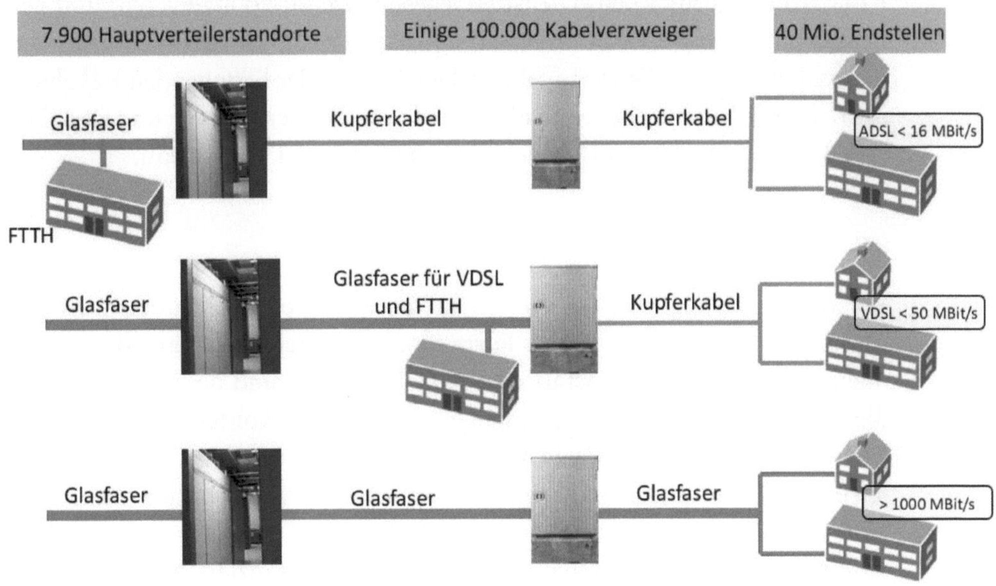

Die schematische Darstellung der durchgängigen Glasfaserverbindung entspricht dem Aufbau der heutigen Kabel-TV-Netze, die zukünftig in neu erschlossenen Gebieten ebenfalls durchgängig mit Glasfaser bis zum Hausanschluss errichtet werden. Grundsätzlich können über eine Glasfaserstrecke unterschiedliche Übertragungsprotokolle übertragen werden.

Die von der Telekom ab Mitte 2013 eingesetzte Vectoring-Technologie stellt eine Weiterentwicklung von VDSL auf der Basis eines FTTC-Ausbaus dar. Aufgrund einer verbesserten Störsignalunterdrückung werden mit Vectoring Bandbreiten bis zu 100 MBit/s erreicht, eine Erweiterung auf 150 MBit/s und mehr ist technisch möglich. Allerdings werden aufgrund der steigenden Signaldämpfungen die möglichen Längen der Kupferdoppelader zunehmen kürzer. Nach ca. 600 m wird der Vectoring-Effekt weitgehend aufgehoben.

Eine valide Kostenabschätzung ist erst nach Durchführung von vertiefenden Analysen und Workshops mit den Netzbetreibern möglich, da verschiedene Komponenten zu berücksichtigen sind, die nur den Netzbetreibern bekannt sind (z. B. die Anzahl der Kundenverträge, die Anzahl und die Standorte der Kabelverzweiger oder der Verlauf von Leerrohrtrassen). Für die Kostenabschätzung ist zu unterscheiden zwischen dem Ausbau nach dem FTTC-Konzept für VDSL-Dienste (insbesondere in Wohngebieten) und der Bereitstellung von Glasfaserhausanschlüssen (FTTB) insbesondere für die schwach versorgten Gewerbegebiete. Der Ausbau der bestehenden Kabelnetze erfordert Tiefbauarbeiten in allen zu erschließenden Straßen und ist daher vom Investitionsaufwand vergleichbar mit einem FTTB-Ausbau.

6.2 FTTB-Ausbaukosten

Vor der Verlegung von Leerrohren für ein passives Anschlussnetz ist ein *Masterplan* zu erstellen, der in Form eines Übersichtsnetzplans die Positionen der Glasfaserknotenstationen (Glasfaser-PoP) und der Unterverteiler, die Trassenverläufe auf Straßenzugebene und die Konfektionierung von Micro-Leerrohrbündeln sowie Informationen über Verzweigungen und Muffen enthält. Beim Bau der Leerrohrtrassen ist eine präzise Dokumentation in einem GIS-System erforderlich (*Leerrohrkataster*), um den späteren Infrastrukturbetrieb sicherzustellen. Die Kosten einer qualifizierten Netzplanung sind erheblich und können auch in einer Mittelstadt leicht über € 200.000 hinausgehen. Für eine solche Planung ist zudem ausreichend Zeit zu berücksichtigen; ein Jahr kann für eine flächendeckende Planung schnell anfallen.

Die Kosten der Errichtung von FTTB-Netzen werden zu ca. 70 % von den Tiefbaukosten für die Verlegung der Anschlussnetze bis zum Hausabschluss im Keller bestimmt. Dabei ist vom Knoten (PoP) oder Unterverzweiger je ein eigenes LWL-Kabel zu jedem Hausanschluss zu führen. Die Verlegung der Kabel erfolgt idealerweise in einzelnen Microducts als Schutzrohren (Standardleerrohre kommen für eine Verlegung in Anschlussnetzen in der Regel nicht in Betracht). Die Bündel der Microducts werden durch die Straßen verlegt, über strategische Muffen bei Abzweigungen aufgeteilt und in Schächten zugänglich gemacht. Je nach Topografie und Bodenklasse liegen die Kosten eines Hausanschlusses im Durchschnitt bei € 1200 bis € 3000; im Einzelfall streuen die Kosten in weitem Rahmen. Verfestigte Oberflächen (Befahrbarkeit für Lkw) erhöhen die Verlegekosten nicht unerheblich. In Gewerbegebieten ist ein Durchschießen der Faser von der Straße bis zum Gebäude oft nicht möglich, weil die Entfernung von der Grundstücksgrenze bis zum Hausanschluss öfter mehr als 20 m beträgt oder Lkw-befahrbare, verdichtete Oberflächen anzutreffen sind. Daher sollte für die Abschätzung der höhere Wert angesetzt werden (im Einzelfall können die Kosten auf über € 3000 steigen).

Besteht die Möglichkeit, das Anschlussnetz im Beilauf zu anderen Tiefbaumaßnahmen zu verlegen (z.B. gleichzeitig mit Sanierungsarbeiten), sinken die Kosten dagegen erheblich und können unter € 600 je Hausanschluss liegen. Auf jeden Fall werden zusätzlich zu den Leerrohren Schächte benötigt, die einen leichten Zugang zum Leerrohrbündel ermöglichen. Je Straßenzug sollten mindestens zwei Schächte eingeplant werden, die mit Kosten in Höhe von jeweils ca. € 1500 anzusetzen sind. Der Netzabschluss beim Verbraucher ist so zu planen, dass die hausinterne Infrastruktur leicht angeschlossen werden kann. Für den Hausanschluss sind ca. € 350 einzuplanen, wobei diese fallweise im Rahmen eines Baukostenzuschusses oder einer Einmalzahlung vom Eigentümer geleistet werden.

Liegen in einem Ausbaugebiet mehrere räumlich getrennte Anschlussnetze, so wird ein regionales Backbone-Netz benötigt, das die Unterverteiler untereinander und mit dem Knoten verbindet. Für den Unterverteiler können inklusive Installation und Stromanschluss € 30.000 anfallen, während für den eigentlichen Knoten ca. € 150.000 angesetzt werden sollten. Aus Redundanzgründen können zwei getrennte Knoten erforderlich werden. Auch bei der Verlegung des Backbone-Netzes, das aus Redundanzgründen als Ring ausgelegt sein sollte, fallen Kosten an, die je nach Bodenklasse sehr unterschiedlich sein können. Bei einer einer Verlegung ohne versiegelte Oberfläche, z.B. in einer Fahrbahnbankette, ist mit ca. € 80 pro Meter zu rechnen. In einem Kreisgebiet kommen für einen Backbone-Ring schnell 100 km zusammen, und falls keine nutzbaren Infrastrukturen zur Verfügung stehen, lägen die Kosten alleine hierfür bei ca. € 8 Millionen.

Das Anschlussnetz bzw. der Backbone-Ring benötigt mindestens eine, aus Redundanzaspekten besser zwei unabhängige Anbindungen an ein nationales Weitverkehrsbackbone. Hierfür sind zusätzliche Kosten für die Verlegung von Standardleerrohren in Höhe von € 80 pro Meter zu rechnen.

Die Glasfaserkabel selber werden in der Regel erst kurz Inbetriebnahme des Netzes eingeblasen oder eingezogen. Je Meter Glasfaserkabel mit mehreren Fasern sind Kosten von ca. € 2,50 anzusetzen. Im Backbone-Ring sind im Falle einer wahrscheinlichen Mehrfachnutzung der Leerrohre ca. € 4,50 pro Meter anzusetzen. Nicht zu vergessen sind bei der Kostenplanung die anfallenden Spleißungen der Glasfaserkabel, die mit jeweils ca. € 8 eingerechnet werden können.

Bei einem Netzaufbau über einen längeren Zeitraum fallen die Kosten für die Glasfaserkabel, das Einziehen und Spleißen erst vor der Inbetriebnahme an. Auch die Aufstellung von Unterverteilern und Glasfaserknoten kann man in der Regel bis zu diesem Zeitpunkt verschieben. So können Teile der Investitionskosten bis kurz vor den Zeitpunkt verschoben werden, an dem sich erste Umsätze erzielen lassen.

Die genannten Kostenansätze sind als Schätzungen aufgrund von Erfahrungswerten zu verstehen. Für eine konkrete Kalkulation sind Angebote auf der Grundlage einer detaillierten Netzplanung einzuholen; die tatsächlichen Werte können in größerem Umfang abweichen. Wird ein Förderantrag nach dem im Oktober 2015 beschlossenen NGA-Förderprogramm vorbereitet, ist ein Wirtschaftlichkeitsvergleich zwischen einem Ausbau mit einer Deckungslücke und nach dem Betreibermodell erforderlich. In Abstimmung mit dem

Fördergeber wird es voraussichtlich ausreichen, eine vergleichsweise grobe Abschätzung ohne detaillierte Netzplanung vorzunehmen, sofern es in der Gebietskörperschaft keinen Infrastrukturbetreiber und auch keine Absicht gibt, einen solchen in nächster Zeit zu gründen.

Zu den Investitionskosten für das Anschlussnetz kommen die Kosten für die Beleuchtung der Fasern, die Anbindung an Diensteplattformen und die Anmietung von Backbone-Kapazität. In der Regel übernimmt der Netzbetreiber, der das Anschlussnetz anmietet, diese Kosten. Auch ein passives Anschlussnetz braucht neben der Bereitschaft zur Beseitigung von Störungen Wartung und laufende Überwachung. Da Leerrohre gasdicht sein sollten, ist eine jährliche Dichtigkeitsüberwachung sinnvoll, bei der man auftretende Schäden frühzeitig erkennt.

Neben Service und Wartung sind ferner die Aufwendungen für administrative Aufgaben wie Rechnungsstellung, Buchhaltung und Jahresabschluss zu berücksichtigen.

6.3 FTTC-Ausbaukosten

Der FTTC-Ausbau zur Versorgung mit ADSL-/VDSL-Diensten erfolgt in der Regel über die Kompensation einer Wirtschaftlichkeits- bzw. Deckungslücke beim Netzbetreiber. Die Deckungslücke kann auch in Form von Sachleistungen ausgeglichen werden, z.B. durch Bereitstellung von Leerrohren. In der Praxis sind es die Tiefbauarbeiten für die Verlegung von Leerrohren bis zu den Kabelverzweigern, die einen erheblichen Teil der ermittelten Deckungslücken bedingen. Für den Ausbau können vorhandene Leerrohre genutzt oder neue verlegt werden.

In die Kalkulation der Wirtschaftlichkeitslücke gehen Investitions- und Betriebskosten ein; Zusatzumsätze, z.B. durch Vertrags-Upgrader, werden gegengerechnet. Die angesetzte Berechnungsdauer beträgt typischerweise sieben Jahre. Die Investitionskosten werden einerseits durch die Linientechnik vom Hauptverteiler bis zu den auszubauenden Kabelverzweigern bestimmt (Leerrohre und Fasern, Muffen etc.). Hierfür werden Kosten im Bereich von ca. € 80 pro Meter angesetzt (je nach der Kostenentwicklung im Tiefbau und der Bodenklasse).

Der Überbau eines Kabelverzweigers zum Outdoor-DSLAM kostet einmalig ca. € 25.000, davon ca. € 15.000 für Fundament, Stromzuführung und Gehäuse sowie ca. € 10.000 für die aktive Technik (u.a. zur Umsetzung von optischen in elektrische Signale). Die Lebensdauer der aktiven Technik liegt bei fünf Jahren, die jährlichen Betriebskosten liegen bei € 6000. Rechnet ein Netzbetreiber mit einem Mehrumsatz von beispielsweise monatlich € 10 für ein Upgrade von ADSL zu VDSL, so werden 50 Upgrader benötigt, um einen Outdoor-DSLAM wirtschaftlich zu betreiben. (Diese Werte sind nur als Überschlagswerte zu verstehen und müssen im Einzelfall ermittelt werden.) Mit einem Outdoor-DSLAM werden durchschnittlich 200 Anschlüsse bedient. Unter Umständen müssen aber nicht alle Kabelverzweiger überbaut werden. Liegen zwei Kabelverzweiger räumlich dicht beieinander, kann der Ausbau eines KVz zum Outdoor-DSLAM ausreichen; der andere wird im SOL-Betrieb über Kupfer angebunden.

Erschwerend kommen die Besonderheiten in der Siedlungsstruktur hinzu. Schwierig sind ausgeprägte Straßendörfer, bei denen die Besiedlung vorwiegend entlang einer längeren Durchgangsstraße stattgefunden hat, und landwirtschaftlich geprägte Streusiedlungen ohne Verdichtungskerne. Beide Strukturformen sind für einen Breitbandausbau im FTTC-Verfahren kritisch, da zunehmende Leitungslängen der Kupferdoppelader die Bandbreite durch Dämpfung erheblich reduzieren.

Müssen die Glasfaserleitungen in Streusiedlungen dichter an die Teilnehmeranschlüsse herangebracht werden, sind zusätzliche Kabelverzweiger erforderlich, in denen die elektro-optische Wandlung der Signale stattfindet. An solche zusätzlich errichteten Kabelverzweiger sind in der Regel deutlich weniger Teilnehmer angeschlossen als in Gebieten mit dichterer Besiedlung. Damit steigen unmittelbar die anteiligen Kosten je Haushalt. In Straßendörfern kann sich im Vergleich zu Streusiedlungen eine wirtschaftlich bessere Situation ergeben, da ein Kabelverzweiger hier mehr Anschlüsse bedient. Eine größere Anzahl von Kabelverzweigern reduziert zwar die Restlänge der Teilnehmeranschlussleitung, bringt aber sprungfixe Kosten für die erforderlichen Outdoor-DSLAMs. Neben der Einmalinvestition für die Errichtung fallen jährliche Betriebskosten in Höhe von ca. € 6000 je überbautem Kabelverzweiger (Outdoor-DSLAM) an, die in die Deckungslücke einkalkuliert werden müssen.

Die Längen zur Anbindung der Kabelverzweiger an ein Glasfaserbackbone und die Anzahl der an einen Kabelverzweiger angebundenen Haushalte und Betriebe haben erheblichen Einfluss auf die Höhe der Deckungslücke: Geht man für ein kompaktes Siedlungsgebiet von einer Deckungslücke von 100 % je angeschlossenem Haushalt (oder Betrieb) aus, so kann die Deckungslücke in einem Straßendorf auf 150 % steigen und in Streusiedlungen auf deutlich über 200 %.

Die Deckungslücke variiert je nach den Ausgangsbedingungen in weitem Rahmen: Der geschätzte Durchschnitt liegt bei € 400, kann aber bis über € 1500 je unterversorgtem Anschluss reichen (und bei günstigen Voraussetzungen auf unter € 200 sinken). In seltenen Fällen gelingt es, die Deckungslücke ganz zu beseitigen oder erheblich zu reduzieren, wenn dem Netzbetreiber Leerrohre vom Hauptverteiler bis zu den auszubauenden KVz (unentgeltlich) zur Verfügung gestellt werden.

Die Ortschaften, die wirtschaftlich oder mit geringen Zuwendungen ausbaubar waren, sind in den vergangenen Jahren weitgehend versorgt worden, sodass schon Anfang 2016 die verbleibenden unterversorgten Ortsteile (< 6 MBit/s) nur mit höherem Aufwand versorgt werden konnten. In unmittelbarer Nachbarschaft der unterversorgten Gebiete, z.B. in der Kernstadt, findet in vielen Fällen ein Eigenausbau mit Vectoring statt, der die gefühlte Kluft zwischen den Kernorten und den umliegenden Ortschaften weiter vergrößert. Da ein Eigenausbau in diesen Ortschaften für die Netzbetreiber nach den oben beschriebenen Mechanismen unwirtschaftlich ist, wäre ein Ausbau ohne Förderprogramme für die Kommunen nicht zu stemmen.

Die hiermit verbundene Problematik wird durch die in der Förderrichtlinie geforderte Mindestquote von 95 % der Anschlüsse noch verschärft. Der Zielwert ist zwar aus Kundensicht sinnvoll, und die Mindestbandbreite von 6 MBit/s vermutlich in einigen Jahren wieder zu niedrig, doch für einen FTTC-Ausbau kann dies zu Kosten am Rande der Verhältnismäßigkeit führen. Durch den Eigenausbau der Netzbetreiber und die in den letzten sieben Jahren erfolgreich durchgeführten Förderprojekte sind die verbleibenden unterversorgten Gebiete zunehmend kleiner – auch nach der Verlegung der Unterversorgungsgrenze auf 6 MBit/s im Frühjahr 2015! Bei den in der zweiten Jahreshälfte 2015 mit Förderprojekten bearbeiteten Ortschaften hatte die kleinste 25 Anschlüsse, eine Reihe haben 100 bis 250 Anschlüsse, nur wenige liegen bei über 1000 Anschlüssen.

Eine Folge der kleiner werdenden Projektgebiete ist, dass ein Ausbau trotz Gewährung von Zuwendungen in erster Linie für solche Netzbetreiber wirtschaftlich ist, die bereits mit eigener Infrastruktur in der näheren Umgebung vertreten sind. Immer häufiger gibt im Auswahlverfahren nur noch ein Betreiber ein Angebot ab. So gut wie nie wird bislang ein FTTB-Ausbau angeboten, der eine zukunftssichere und nachhaltige Infrastruktur schaffen würde und auch im Rahmen eines Förderprogramms unterstützt werden könnte. Stattdessen basieren die Angebote fast ausschließlich auf dem FTTC-Prinzip.

Mit den über einen geförderten Ausbau zu erreichenden Zugangsgeschwindigkeiten wird eine signifikante Verbesserung der Versorgungslage für die betroffenen Haushalte erreicht. Der Ausbau verschafft zudem Zeit auf dem Weg zum Ziel nachhaltiger Glasfaseranschlussnetze. Allerdings sollte er auch zum längerfristigen Aufbau von Glasfaseranschlussnetzen unter Berücksichtigung der möglichen Synergien bei Tiefbauarbeiten genutzt werden!

Die aktuelle Phase des Breitbandausbaus unter Nutzung von Fördermitteln seit Anfang 2016 ist durch folgende Merkmale charakterisiert:

- Die Ausbaugebiete werden nach erreichbaren Anschlusszahlen kleiner.
- Die Siedlungsstrukturen erhöhen den Aufwand beim Ausbau.
- Die Deckungslücken pro Haushalt steigen deutlich an.
- Die Anzahl der an einem Ausbau interessierten Netzbetreiber sinkt.

6.4 Vectoring als Brückentechnologie

Seit Jahren folgen Projekte zum Breitbandausbau in ländlichen Räumen einem bestimmten Schema. Beihilferecht und Förderleitfaden legen die Prozessschritte mehr oder weniger fest: Verkürzt dargestellt ist zunächst eine Befragung bei Haushalten und Betrieben in den unterversorgten Gebieten erforderlich, um den Bedarf zu ermitteln; das Ergebnis dient nur als Anlage zum Förderantrag und ist ansonsten unnötig. Dann folgt die Markterkundung, um Anbieter zu suchen, die bereits eine Planung vorliegen haben und in den nächsten 36 monaten einen Ausbau ohne Zuwendungen beabsichtigen. Wenn sich kein Anbieter mit einem qualifizierten Konzept meldet, kann die Kommune Marktversagen feststellen und darf den Ausbau in den unterversorgten Gebieten ausschreiben. Bei den im Zeitraum von 2007 bis 2014 durchgeführten Breitbandprojekten hat nur selten ein Anbieter während der Markterkundung ein qualifiziertes und nachhaltiges Ausbaukonzept eingereicht, das ohne Zuwendungen umgesetzt hätte werden können. Die Markterkundung war mehr oder weniger ein pro forma notwendiger Schritt zur Ausschreibung.

Mit der Vectoring-Technologie haben sich die Spielregeln verändert. Dabei handelt es sich bei Vectoring „nur" um eine Weiterentwicklung von VDSL, die mit einer effizienten Störsignalunterdrückung Downstream-Geschwindigkeiten von zunächst bis zu 100 MBit/s erreicht; weitere Steigerungen auf 150 MBit/s und mehr sind absehbar. Vectoring schafft aber auch die Voraussetzung zur Realisierung eines All-IP-Netzes und ermöglicht die Abschaltung des alten analogen Telefonnetzes, das bislang zur Aufrechterhaltung der Grundversorgung benötigt wurde. Dies eröffnet Chancen auf erhebliche Einsparungen bei den Betriebskosten und macht die Stilllegung einer Reihe von Ortsvermittlungsstellen samt einer neuen Nutzung der Liegenschaften möglich.

Weitere Einsparpotenziale ergeben sich durch den Wegfall von gesonderten ADSL- und VDSL-Port-Karten in den Verteilerschränken. Ein Wechsel von ADSL auf VDSL kann zukünftig remote in der Netzleitzentrale geschaltet werden, ohne dass ein Techniker vor Ort umklemmen müsste. Die bisher starr an die Versorgungs- und Zuführungsrichtung gekoppelte Vorwahlnummer wird zukünftig hiervon entkoppelt, sodass der jeweils günstigste Weg zur Zuführung der Bandbreite genutzt werden kann.

Vectoring bietet somit eine Reihe von unbestreitbaren Vorteilen für die Betreiber. Es verwundert daher nicht, dass bereits seit Ende 2013 neue Bauprojekte in MSAN-Technik (Multi-Service Access Node) ausgeführt werden, die für Vectoring benötigt wird. So werden große Teile der Anschlussbereiche bis Ende 2018 durch Ausbau oder Aufrüstung auf Vectoring umgestellt.

Eine positive Begleiterscheinung ist, dass der Vectoring-Ausbau einen gesamten Anschlussbereich betrachtet, anstatt, wie bei ADSL und VDSL, einzelne Kabelverzweiger. Denn nur bei Ausbau nahezu aller Kabelverzweiger (in der Regel 90 bis 95 %) ergibt sich der gewünschte Effekt und alle Kabelverzweiger erreichen den für eine Umstellung auf All-IP erforderlichen

Wert von > 16 MBit/s. Durch die Einbeziehung aller Kabelverzweiger eines Anschlussbereiches in die Wirtschaftlichkeitsbetrachtung werden jetzt auch solche Verteilerschränke überbaut, deren Umbau sonst unwirtschaftlich wäre. Dies schließt auch Kabelverzweiger ein, die für sich alleine selbst bei Gewährung einer Beihilfe im laufenden Betrieb unrentabel wären.

6.4.1 Nachteile der Vectoring-Technologie

Allerdings gibt es bei Vectoring auch technische Einschränkungen. Zunächst bedingt eine höhere Downstream-Geschwindigkeit eine höhere Übertragungsfrequenz. Da Kupfer mit steigender Frequenz immer weniger durchlässig wird, nimmt die Reichweite für die Nutzung einer maximalen Geschwindigkeit ab: von ca. 3000 m bei ADSL über ca. 1500 m mit VDSL auf nur noch 600 m mit Vectoring.

In Ballungsgebieten mit verhältnismäßig kurzen Anschlussstrecken zwischen Verteilerkasten und Hausanschluss stellt dies meist kein Problem dar. Mit geringerer Bevölkerungsdichte und längeren Strecken, wie sie im ländlichen Raum eher die Regel als die Ausnahme sind, kann dies aber eine empfindliche Einschränkung der Maximalgeschwindigkeit bedeuten. Sogenannte Nahbereichs-KVz im Umkreis von ca. 50 m um einen Hauptverteiler können bislang nicht mit Vectoring aufgerüstet werden, da durch die hohe Signalstärke und VDSL-Signale im Hauptkabel die Störsignalunterdrückung noch nicht möglich ist. Das hat zur Folge, dass die bislang besser versorgten Gebiete um einen Hauptverteiler nach einer Aufrüstung mit Vectoring gegenüber den umliegenden Regionen benachteiligt werden. Die maximale Download-Geschwindigkeit bleibt dort bei 50 MBit/s, während die mit Vectoring versorgten Gebiete 150 MBit/s erreichen. Angesichts der mit Vectoring möglichen 40 MBit/s im Upload stellt für die Anwender in diesen benachteiligten Gebieten aber vermutlich eher die unverändert geringe Upload-Geschwindigkeit eine Einschränkung dar. Trotzdem ergibt sich in der Regel für die Gesamtheit eines Vorwahlgebietes eine deutliche Verbesserung gegenüber der Situation ohne Vectoring-Ausbau.

Neben der höheren Dämpfung und den damit sinkenden Reichweiten ergibt sich ein nicht unerheblicher Nachteil durch die Störsignalunterdrückung.

Daraus ergibt sich nämlich, dass nur noch ein Betreiber in einem Outdoor-DSLAM vertreten sein kann. Eine Kollokation im Kabelverzweiger ist somit bei Vectoring ausgeschlossen. Haben mehr als ein Anbieter einen Kabelverzweiger mit DSL ausgebaut, ist eine Aufrüstung mit Vectoring nicht mehr möglich.

Um allen Anbietern weitgehend gleiche Chancen zu geben, führt die Bundesnetzagentur Listen, in denen Netzbetreiber Kabelverzweiger für sich reservieren können. Dieses Windhundprinzip ermöglicht es den Betreibern, ihre Claims abzustecken und die Kabelverzweiger exklusiv für sich zu nutzen. Für den Fall, dass ein Betreiber großzügig Kabelverzweiger für sich reserviert, die er gar nicht zeitnah anschließen und überbauen kann, werden von der Bundesnetzagentur Vertragsstrafen in Höhe von € 1000 pro KVz erhoben, der nicht innerhalb eines Jahres überbaut wird.

Ist schon das Windhundprinzip als Regulierungsinstrument ungewöhnlich, so gilt das erst recht für den Wettbewerb, wo nun das Highlander-Prinzip („Es kann nur einen geben“) an die Stelle des Nebeneinanderarbeitens mehrerer Netzbetreiber in einem Verteilerschrank tritt. Zwar ist Wettbewerb immer noch möglich, aber nur noch auf der deutlich weniger attraktiven Bitstream-Ebene. So führt das technisch fortgeschrittene Vectoring zu einer faktischen Remonopolisierung des Anschlussnetzes und erreicht somit das Gegenteil einer Intensivierung des Wettbewerbs nach dem Prinzip des offenen Netzzugangs.

Durch die zu erwartende VULA-Zertifizierung (Virtual Unbundled Local Access) wird auch bei Vectoring ein teilweise offener Netzzugang für Wettbewerber ermöglicht. Sobald das VULA-Vorprodukt durch die EU zertifiziert ist, wird auch Vectoring zuwendungsfähig. Konsequenterweise sieht das Programm der „Förderung zur Unterstützung des Breitbandausbaus“ bereits vor, dass der NGA-Ausbau auch mit Vectoring möglich sein wird.

6.4.2 Auswirkungen von Vectoring auf das Marktgeschehen

Aufgrund von Vectoring gibt es seit der zweiten Jahreshälfte 2013 vermehrt Markterkundungsverfahren mit einem Angebot für einen hochwertigen FTTC-Ausbau ohne Zuwendung. Damit ist das Breitbandprojekt für das ausgeschriebene Gebiet dann erfolgreich beendet; Auswahlverfahren und Förderantrag entfallen, und der kommunale Haushalt wird entlastet.

In den letzten Jahren konnte man gerade bei länger laufenden Projekten häufig beobachten, dass die Deckungslücken bei ein und demselben Vorhaben mit faszinierender Geschwindigkeit gestiegen sind. Bei Projekten, die durch fehlende Feststellung des kommunalen Haushalts oder fehlende Fördermittel über die Bindefrist hinausgingen, lassen sich rechnerisch Steigerungsraten von 20 % pro Monat (!) ermitteln. Es ist daher eine gute und zu begrüßende Entwicklung, dass der bisherige Trend regelmäßig steigender Deckungslücken mit Vectoring zunächst beendet ist.

Auch bei Deckungslücken in Auswahlverfahren kommt es nun zu teilweise erheblichen Absenkungen, die nicht nur den städtischen Haushalt erheblich entlasten, sondern auch den Ausbau in Gebieten ermöglichen, in denen ein großflächiger Ausbau vorher nicht möglich gewesen wäre. Ein Beispiel hierzu ist die Stadt Wegberg (siehe Anhang I.5), wo der Ausbau sogar deutlich über die Beseitigung unterversorgter Regionen hinausgeht. Zuvor waren aufgrund der engen Möglichkeiten im Rahmen des Beihilferechts und der Förderprogramme oft Flickenteppiche in der Versorgung die Folge, die gelegentlich die digitale Spaltung zwischen gut und schwach versorgten Gebieten sogar verstärkt haben: Da Kommunen nur für unterversorgte Gebiete mit < 2 MBit/s eine Deckungslücke übernehmen können, erreichten die schwach versorgten Gebiete nach dem Ausbau unter Umständen 50 MBit/s, während die nicht unterversorgten Nachbarorte mit vielleicht 3 MBit/s auf dem alten Stand blieben.

Ob es sich schon um einen längerfristigen Paradigmenwechsel im Breitbandausbau handelt, bleibt abzuwarten. Vectoring bietet Möglichkeiten für einen großflächigen Ausbau und durch die Chance zur Einsparung von Betriebskosten auch Ansätze für einen wirtschaftlicheren Ausbau als mit VDSL. Für die ländlichen Kommunen wäre es von erheblichem Vorteil, wenn die beobachteten Effekte eine Trendwende bedeuten würden. Die fast überall klammen kommunalen Haushalte könnten entlastet und die letztlich aus Steuergeldern finanzierten Förderprogramme zurückgenommen werden. Letztlich aber würde Vectoring erstmals zu einer in der Fläche homogeneren Versorgung und zu einem Abbau der digitalen Spaltung führen.

Wesentlich weniger positiv sehen die Auswirkungen des Vectoring-Ausbaus für kommunal oder privatwirtschaftlich finanzierte Vorhaben aus, die einen Aufbau von Glasfaseranschlussnetzen (FTTB oder FTTH) anstreben. Der weitgehend flächendeckende Vectoring-Ausbau in einem Anschlussbereich sorgt dafür, dass kaum noch schwach versorgte Gebiete übrig bleiben, die ein primäres Ziel für einen FTTB-Ausbau wären. Bei der niedrigen Wechselbereitschaft sowohl von Privathaushalten als auch von Gewerbebetrieben fällt es einem neuen Infrastrukturbetreiber dann schwer, ein ausreichendes Kundenpotenzial zu gewinnen. Und mit einer niedrigeren Take-up-Rate eines neuen Anschlussnetzes verschiebt sich die Amortisation weiter in die Zukunft. Zudem sinkt auch das Interesse von Dienstebetreibern, sich in einem solchen Anschlussbereich zu betätigen.

Die Folge: Bereits begonnene FTTB-Projekte geraten ins Stocken, müssen zeitlich gestreckt werden oder finden keine Investoren mehr. Für die Geschwindigkeit des Aufbaus von Glasfaseranschlussnetzen, die für die Zukunft unumgänglich sind, könnte Vectoring fatale Folgen haben – und später wieder erhebliche öffentliche Mittel erforderlich machen.

6.4.3 Wie Kommunen zum Vectoring-Ausbau kommen

Grundsätzlich planen die Netzbetreiber den Ausbau aufgrund eigener Kriterien, z.B. nach der Erwartung an das Kundenpotenzial, aufgrund der Wettbewerbssituation oder der möglichen Einsparungen bei den Betriebskosten. Auf diese Kriterien und die Bewertungen durch die Netzbetreiber haben die Kommunen kaum Einfluss. Sofern aber eine Kommune durch Eigeninitiative zeigt, dass vielleicht ein besonders hoher Bedarf vorhanden ist und dass durch entsprechende Unterstützungsleistungen vonseiten der Verwaltung der Infrastrukturaufbau erleichtert oder beschleunigt werden kann, hat dies möglicherweise Einfluss auf die Ausbauplanungen und -prioritäten.

Daher sollten sich die Kommunen vor dem Hintergrund des Vectoring-Ausbaus erst recht und mit vielleicht größeren Erfolgschancen mit der Breitbandversorgung auseinandersetzen und entsprechende Projekte starten. Sofern nach den bisherigen Aktivitäten zur Verbesserung der Grundversorgung mit mindestens 6 MBit/s noch weiße NGA-Flecken mit < 30 MBit/s verblieben sind, kann es Erfolg versprechend sein, eine öffentliche Markterkundung durchzuführen. Manche Netzbetreiber äußern sich nämlich erst dann zu den bestehenden Ausbauplanungen, wenn es eine öffentliche Markterkundung gibt. Nach wie vor gilt, dass eine Verbesserung der Breitbandinfrastruktur ohne Anstoß und aktive Bemühungen der Kreise und Kommunen dem Zufall überlassen bleibt. Das Geschäftsmodell für den Breitbandausbau ohne eigene Infrastrukturverlegung kann man als „Motivation der Netzbetreiber" bezeichnen.

In manchen Fällen führt eine Markterkundung zu einem Eigenausbau. Beispiele hierfür finden sich in meiner Projektarbeit der jüngsten Vergangenheit. Vor der Markterkundung muss im jeweiligen Untersuchungsgebiet eine Befragung bei Haushalten und Betrieben durchgeführt werden. Sobald mit VULA ein offener Netzzugang auf der Basis von Bitstream in Vectoring-Netzen gegeben ist, wird auch in Verbindung mit der Gewährung von Zuwendungen zur Schließung einer Deckungslücke ein Vectoring-Ausbau angeboten. Voraussichtlich wird dies bis Mitte 2016 der Fall sein.

7 Festlegung von Zielen für den Ausbau

Moderne Informations- und Kommunikationstechnologien sind ein zunehmend wichtiger Standortfaktor auch für ländliche Regionen als attraktive Lebens- und Wirtschaftsräume. DSL- und Breitbandanschlüsse sind heute so wichtig wie ein gut ausgebautes Straßennetz bzw. der Anschluss an ein öffentliches Ver- und Entsorgungsnetz. Unter 6 MBit/s sind viele Internet-Anwendungen nur mit längeren Ladezeiten zu nutzen. Mit 16 MBit/s sind die gängigen Anwendungen heute problemlos zu betreiben, und oberhalb von 50 MBit/s gibt es derzeit noch keine Standardanwendungen für den Massenmarkt (Abb. 16).

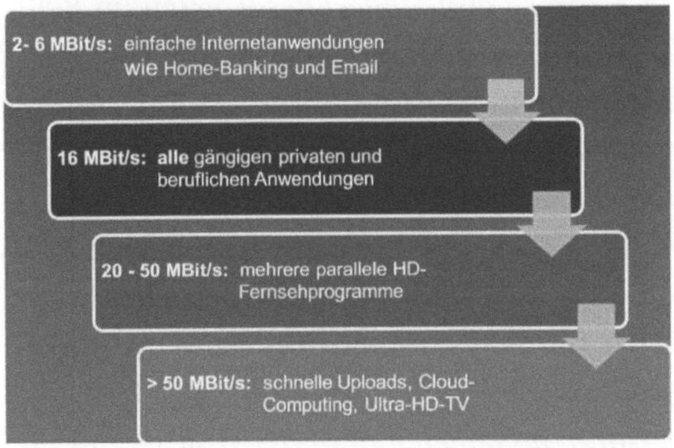

Abb. 16: Internet-Anwendungen nach Bandbreiten

Den Bandbreitenstufen entsprechend nimmt die Wechselbereitschaft der Kunden ab, ebenso die Bereitschaft, höhere Monatspreise zu zahlen, wenn die verfügbare Bandbreite bereits bei 6 MBit/s oder höher liegt. Wechselanreize können z.B. durch ein differenziertes Diensteangebot geschaffen werden, wie Beispiele aus dem niederländischen Markt belegen.

Auf Basis der Ergebnisse der noch zu vertiefenden Analysen der tatsächlichen Versorgungssituation bis in die Ortsteile und die Straßenzüge, der Ermittlung des Bedarfs an Breitbandlösungen und der Abschätzung zur Machbarkeit können mögliche Ziele für den Breitbandausbau formuliert werden:

- Als langfristiges Ziel sollten für einen Zeitraum von 10 bis 15 Jahren *Glasfaseranschlüsse für mindestens 95 % aller Betriebe und Haushalte* gefordert werden. Die Umsetzung kann entweder durch die Stadt erfolgen oder in Kooperation mit einem Infrastrukturbetreiber.

- Während *Glasfaserhausanschlüsse in Gewerbegebieten* mit heute deutlich < 30 MBit/s auch als gesonderte Maßnahme kurzfristig umgesetzt werden können (bei nachgewiesenem Bedarf), ist dies in den meisten Wohnvierteln aufgrund der hohen Investitionskosten flächendeckend nicht wirtschaftlich. Die heute bereits überwiegend sehr hohe Versorgung von 150 MBit/s für ca. 80 % der Haushalte spricht gegen öffentliche Investitionen in Form von gesonderten Leerrohrverlegungen in diesen Bereichen. Für die nachhaltige Absicherung sollte ein sukzessiver *Ausbau im Beilauf* erfolgen, z. B. in Verbindung mit Sanierungsarbeiten.
- *Glasfaseranschlüsse* sollten *in allen Neubaugebieten und in zusammenhängenden Gebieten im Rahmen von Sanierungsarbeiten im Beilauf* geschaffen werden. Hierzu wird ein *Masterplan* für alle Gebiete mit einer Bandbreite < 30 MBit/s benötigt.
- Sofern die Feinanalyse trotz einer insgesamt sehr guten Versorgung noch *unterversorgte Wohngebiete* aufzeigt (mehrheitlich < 6 MBit/s), kann der *Ausbau mit FTTC für VDSL-Dienste* unter beihilferechtlichen Aspekten auch bei Zahlung einer Deckungslücke betrieben werden. Hierbei können Leerrohre für die Breitbandzuführung bis zu den Kabelverzweigern verlegt werden.
- Ein *Ausbau in nicht unterversorgten Gebieten* mit < 30 MBit/s kann beihilferechtlich *nur über die Verlegung von Leerrohren* erfolgen. Ein Ausbau gegen (zusätzlichen) Ausgleich einer Wirtschaftlichkeitslücke in nicht unterversorgten Gebieten erfordert eine Einzelfallnotifizierung durch die EU-Kommission (sofern die Maßnahme nicht in Verbindung mit einem Ausbau z. B. in einem benachbarten Gewerbegebiet erfolgt). Die Bereitschaft von Privathaushalten, für Dienste mit > 16 MBit/s einen Aufpreis zu zahlen, ist bislang allerdings gering.
- Ist *in den unterversorgten Gebieten* ein Ausbau mit VDSL-Diensten nicht wirtschaftlich, können *Funklösungen* (LTE oder WLAN/WiMAX) bis zur Schaffung von Glasfaserhausanschlüssen *als Überbrückung* dienen.
- Für *Einzelgehöfte* wird auch längerfristig in erster Linie *Satelliten-DSL als Lösung* zur Verfügung stehen.

Weitere Ziele für einen NGA-Ausbau sollten Aussagen zu den folgenden Punkten enthalten:

- zum Bekenntnis, Breitband als *Element der Daseinsvorsorge* zu behandeln;
- zur Absicht, einen *Breitbandbeauftragten* in der Verwaltung zu bestellen;
- zu einer angestrebten Verlagerung: vom Wettbewerb um Bandbreiten zu einem Wettbewerb um attraktive Dienste;
- zu einem Konzept offener Schnittstellen (*Open Access*) für die flexible Einbindung von Dienstebetreibern;
- zur Nutzung vorhandener Infrastrukturen für den Netzaufbau; und
- zu einem zeitlichen Stufenplan sowie gegebenenfalls zu Zwischenschritten und Brückentechnologien.

Welche der unter den beihilferechtlichen und wirtschaftlichen Rahmenbedingungen möglichen Ziele für den eigenen Ausbau ausgewählt werden, ist durch die Verantwortlichen zu entscheiden. Je nach Marktbedingungen und Anforderungen können die Ausbauziele für einzelne Gebiete unterschiedlich gewählt sein. Die folgende Tabelle verdeutlicht (unverbindlich) das Spektrum der mit großer Wahrscheinlichkeit beihilferechtlich zulässigen und sinnvollen Alternativen. Die Darstellung ist nur indikativ zu verstehen und soll die Fokussierung erleichtern.

Tabelle: Beihilferechtlich mögliche Ziele für einen NGA-Netzausbau

Handlungsoptionen*		Leerrohre für den Anlauf	Anschlussnetz für FTTB	Anschlussnetz im Beilauf
Gewerbegebiete	< 6 MBit/s	×	×	×
	< 30 MBit/s	×	(×)	×
	> 50 MBit/s	o	o	×
Wohnviertel	< 6 MBit/s	×	×	×
	< 30 MBit/s	(×)	(×)	×
	> 50 MBit/s	o	o	×

* ×: *kommt als Möglichkeit in Betracht;* (×): *kommt nur beschränkt oder in Einzelfällen in Betracht oder ist im Hinblick auf Akzeptanz und Wirtschaftlichkeit kritisch;* o: *steht als Option nicht zur Verfügung.*

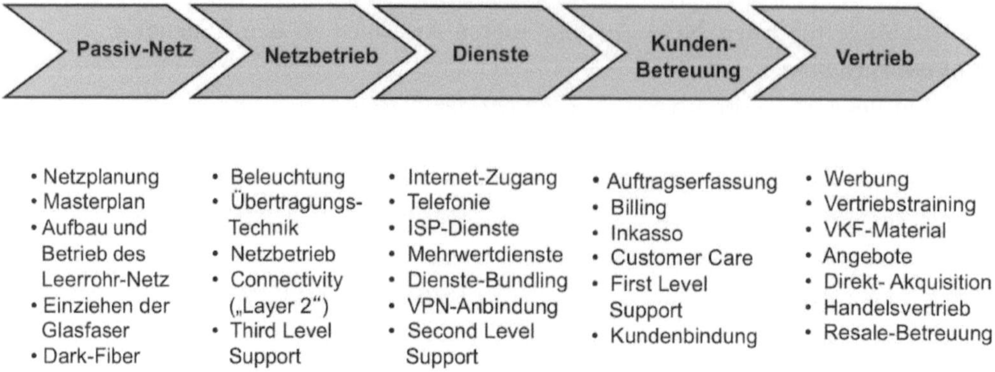

Abb. 17: Wertschöpfungsstufen im Breitbandmarkt

Da die Tiefbauarbeiten den größten Anteil an den Investitionskosten ausmachen, können auf diesem Wege gemeinsam mit interessierten Netzbetreibern vermutlich erhebliche Teile der Deckungslücke ausgeglichen werden. Wenn sich kein Telekommunikationsanbieter findet, der aus eigenem unternehmerischem Interesse den flächendeckenden Aufbau von NGA-Netzen im Stadtgebiet vorantreibt, sind eigene Aktivitäten der Stadt erforderlich, um die gesetzten Ziele zu erreichen.

Den Betrieb von passiven Infrastrukturen (Leerrohren mit oder ohne Faser) können z.B. Stadtwerke oder andere Versorgungsunternehmen übernehmen, die auf die notwendigen Erfahrungen zurückgreifen können und in der Regel selber Leerrohrtrassen planen, bauen und betreiben. Für eine erfolgreiche Umsetzung der Ziele ist aber erforderlich, dass alle Wertschöpfungsstufen (Abb. 17) durch entsprechende Partner ausgefüllt werden und dass die Schnittstellen eindeutig definiert sind.

8 Prüfung der Rahmenbedingungen

8.1 Prüfung des Einsatzes von Finanzierungsmitteln

Der Aufbau von Leerrohrnetzen erfordert hohe Investitionsmittel, insbesondere dann, wenn eine Verlegung im Beilauf zu anderen Tiefbaumaßnahmen nicht ausreicht, um geschlossene Anschlussnetze zu realisieren, oder wenn dies nicht schnell genug möglich ist. Eine Fremdfinanzierung über die Hausbank kann an den Unsicherheiten im Hinblick auf die spätere Refinanzierung über Mieteinnahmen scheitern oder mit Risikoaufschlägen auf die Zinsen verbunden sein. Zudem ist bei den langen Lebensdauern von Leerrohrnetzen von ca. 50 Jahren bei fachgerechter Verlegung und bei den späten Mittelrückflüssen eine langfristige Finanzierung sinnvoll.

In Nordrhein-Westfalen bietet die NRW.Bank zum Aufbau von NGA-Infrastrukturen (Leerrohrnetze und Richtfunkstrecken) ein Darlehensprogramm mit Laufzeiten zwischen drei und 30 Jahren und bis zu 100 % Finanzierung, das gewerbliche und kommunale Unternehmen in Anspruch nehmen können. Ausgenommen sind Unternehmen mit nicht mehrheitlich kommunalen Gesellschaftern, die mehr als € 500 Millionen Gruppenumsatz im Jahr erwirtschaften. Informationen zu dem Programm finden sich auf der Seite http://www.nrwbank.de/de/foerderlotse-produkte/NRWBANKBreitband/15590/nrwbankproduktdetail.html.

Gefördert werden durch das Programm der NRW.Bank Investitionen in den Aufbau einer flächendeckenden Breitbandversorgung mit Glasfaser in folgenden Leistungsbereichen:

- Planungskosten (max. 10 % der Gesamtkosten),
- Anschaffung von glasfasertauglichen Leerrohren und/oder Glasfaserkabeln zur Schaffung einer Glasfaserinfrastruktur sowie die mit deren unter- oder oberirdischer Verlegung in Verbindung stehenden Baukosten zur Erreichung einer Mindestbandbreite von 50 MBit/s bidirektional,
- Verteilerkästen und
- Kabelschächte.

Die Leerrohre müssen innerhalb von zwölf Monaten ab Zusage mit Glasfaserkabeln ausgestattet werden. Der Ausbau der finanzierten Netze muss innerhalb von drei bis fünf Jahren nach Finanzierungszusage erfolgen und eine Mindestbandbreite von 50 MBit/s gewährleisten.

Bei Einsatz von Richtfunkstrecken können finanziert werden:

- Richtfunkanbindungen > 20 MBit/s (bidirektional) für Einzellagen und Gewerbebereiche sowie
- lizenzpflichtige oder lizenzfreie Punkt-zu-Punkt-Richtfunktechnik in einem Frequenzbereich oberhalb von 4 GHz und bei einer symmetrischen Nettobandbreite von 100 MBit/s oder mehr als Zuführungstechnologie für glasfaserbasierte Teilnehmeranschlussnetze.
- Finanziert werden folgende Leistungen im Rahmen des Netzausbaus:
- Planungskosten (max. 10 % der Gesamtkosten),
- gewerbliche Baukosten (z. B. Standortvorbereitung, Installationskosten, Tiefbaukosten zur Kabelheranführung und Stromzuführung sowie Montage und Inbetriebnahme etc.) sowie
- Gerätetechnik, Kabel, Kabelgehäuse und Sendemasten.

Dabei muss der Antragsteller verbindlich zusichern, dass der Ausbau dieser Netze mittels Glasfasertechnik innerhalb der nächsten drei bis fünf Jahre erfolgen wird. Nicht über das Programm finanzierbar sind Investitionen in aktive Schalttechnik, Grunderwerbskosten, Betriebskosten, Entgelte für die Nutzung lizenzpflichtiger Frequenzen, periodische Kosten wie Standortmieten etc.

Die Finanzierung durch die NRW.Bank kann nur erfolgen, *wenn die Nutzung durch einen Netzbetreiber und mindestens einen Breitbanddiensteanbieter vertraglich sichergestellt ist.* In den anderen Bundesländern gibt es eigene Programme der Investitionsbanken.

Auch die KfW unterstützt Investoren in Breitbandnetze mit speziellen Finanzierungsangeboten, die sich an folgende Zielgruppen richten:

- Kommunen und Gebietskörperschaften,
- kommunale Unternehmen und
- mittelständische Unternehmen.

Genaue Informationen zum Angebot der Förderbank und zu den jeweiligen Voraussetzungen für die Inanspruchnahme finden sich im Internet auf den Seiten der KfW unter dem Link https://www.kfw.de/inlandsfoerderung/Öffentliche-Einrichtungen/Kommunale-soziale-Basisversorgung/Breitband-netze-finanzieren/.

8.2 Prüfung der rechtlichen Rahmenbedingungen

Wenn eine Gebietskörperschaft (oder auch Unternehmen mit mehrheitlich kommunaler Gesellschafterstruktur wie man es z. B. bei Stadtwerken antrifft) beim Breitbandausbau neben dem Betrieb der Standardleerrohre im Zuführungsnetz selber als Infrastrukturbetreiber von NGA-Anschlussnetzen tätig werden will, weil kein privatwirtschaftliches Unternehmen den Ausbau ohne öffentliche Zuwendungen übernehmen möchte, sind die rechtlichen Rahmenbedingungen zu prüfen (eine Übersicht zu den wichtigsten Rechtsverordnungen findet sich in Anlage II):

- Der *Kommunalaufsicht* obliegen die Prüfung und die Genehmigung von Erweiterungen des Geschäftszwecks der Stadtwerke, die ihre Aktivitäten z. B. in Richtung eines Infrastrukturbetreibers für Breitbandanschlussnetze erweitern wollen (und damit deutlich über die bisherigen Aktivitäten der Leerrohrverlegung im Zuführungsbereich hinausgehen) oder ein Joint Venture mit einem privatwirtschaftlichen Unternehmen planen (z. B. als Netzbetreiber).
- Das *Vergaberecht* ist bei der Vorbereitung von Verträgen mit Unternehmen relevant, z. B. bei der Erstellung eines Masterplans, der Beauftragung von Tiefbauunternehmen und insbesondere beim Abschluss von Mietverträgen mit Netzbetreibern. In der Regel sind hierfür Ausschreibungen bzw. öffentliche Auswahlverfahren durchzuführen, um Marktverzerrungen zu verhindern.
- Das *Wegerecht:* Eine unentgeltliche Nutzung öffentlicher Flächen nach Telekommunikationsgesetz (TKG) ist gemeldeten Netzbetreibern auf Antrag möglich (http://www.bundesnetzagentur.de/cln_1432/DE/Sachgebiete/Telekommunikation/Unternehmen_Institutionen/Breitband/Ausbau/Wegerecht/wegerecht-node.html). Alternativ oder ergänzend sind Verträge mit Grundstückseigentümern erforderlich, in der Regel in Verbindung mit Konzessionszahlungen.

- Darüber hinaus sind folgende Rechtsbereiche zu berücksichtigen: das Gesellschafts-, Medien-, Regulierungs- und Vertragsrecht, ISO-Normierungen, steuerrechtliche Aspekte, die Gemeindeordnung, das Kartellrecht, das Wettbewerbsrecht und Kommunalwirtschaftsrecht.

8.3 Berücksichtigung von Förderprogrammen

Weil durch den Einsatz von öffentlichen Mitteln eine Marktverzerrung bewirkt werden kann, ist das europäische Beihilferecht zu beachten, falls eine Kommune beim Breitbandausbau einem Netzbetreiber (finanzielle oder nichtfinanzielle) Zuwendungen gewährt. Gemäß einer Neufestlegung können Kommunen, die keine Förderung für den Ausbau der Grundversorgung erhalten, Beihilfen an Netzbetreiber vergeben (Deckung von Wirtschaftlichkeitslücken), sofern sie sich an die Vorgaben im Förderleitfaden eines von der EU genehmigten Förderprogramms halten.

Für die Förderung stehen Bundes- und Landesprogramme zur Verfügung. Bis 2018 wird insbesondere das im Oktober 2015 in Kraft gesetzte Bundesförderprogramm für den NGA-Ausbau eine wichtige Rolle spielen. Daneben gibt es in den Bundesländern eine Reihe von Landesförderprogrammen: Die Bundesländer können eine Kofinanzierung zum Bundesförderprogramm anbieten und damit die Förderquote insgesamt auf 90 % anheben. Die Bundesländer bieten zusätzlich zum Bundesförderprogramm schon seit etwa 2007 unterschiedliche Förderprogramme an, die zum Teil aus ELER- (Europäischer Landwirtschaftsfonds für die Entwicklung des ländlichen Raums) und EFRE-Mitteln (Europäischer Fonds für Regionale Entwicklung) finanziert werden.

Eines der ersten Programme ermöglichte den Ausbau in unterversorgten ländlichen Räumen, wobei die EU die Grenze der Unterversorgung im Laufe der Jahre von 1 über 2 auf 6 MBit/s (im Frühjahr 2015) angehoben hat. Die Förderung zur Beseitigung der Unterversorgung in ländlichen Räumen erfolgt aus dem GAK-Programm der EU (Gemeinschaftsaufgabe zur Verbesserung der Agrarstruktur und des Küstenschutzes). Einige Bundesländer (z.B. Hessen) haben die Förderung nach dem GAK-Programm mittlerweile eingestellt, da die mit verhältnismäßigem Ausbau erschließbaren ländlichen

Räumen bereits ausgebaut sind. In den anderen Bundesländern wurden noch Anfang 2016 Förderanträge gestellt. In Verbindung mit dem Bundesförderprogramm und einigen landesspezifischen NGA-Förderprogrammen dürfte das GAK-Programm für den Breitbandausbau in Zukunft aber keine besondere Rolle mehr spielen.

Aus EFRE-Mitteln werden Landesförderprogramme zur Verbesserung der Breitbandversorgung in Gewerbegebieten angeboten. In Nordrhein-Westfalen handelt es sich hierbei um das Regionale Wirtschaftsförderungsprogramm (RWP), das wie das Bundesförderprogramm auf der Rechtsgrundlage der NGA-Rahmenregelung basiert. Nach dem Subsidiaritätsprinzip ist das RWP-Programm nachrangig und kann nur genutzt werden, wenn eine Förderung nach dem Bundesförderprogramm nicht erfolgreich ist. Daneben gibt es in einzelnen Bundesländern ergänzende Angebote, z.B. zur Verlegung von Leerrohren.

Auf die Landesförderprogramme wird im Folgenden nicht im Detail eingegangen, Erläuterungen zu den Programmen beziehen sich auf die in Nordrhein-Westfalen vorhandenen Angebote. Die Förderrichtlinien und Leitfäden für die anderen Bundesländer können über jeweiligen Webseiten der Landesregierungen heruntergeladen werden. Da es regelmäßig Änderungen bei den Leitfäden gibt, empfiehlt sich auf jeden Fall und auch für Nordrhein-Westfalen eine Prüfung auf die aktuellen Versionen.

Wichtig ist: Zur Beseitigung der Unterversorgung in ländlichen Regionen ist ein Ausbau beihilferechtlich nur in solchen Ortsteilen zulässig, die mehrheitlich mit < 6 MBit/s versorgt sind. Für den Ausbau mit NGA-Netzen wurde EU-weit eine Aufgreifschwelle von 30 MBit/s festgelegt.

- In *Ortschaften* mit weniger als 10.000 Einwohnern, die in der Förderkulisse des GAK-Programmes liegen, kommt bei einer Unterversorgung mit < 6 MBit/s für wesentliche Teile der Ortschaft eine Förderung nach dem GAK-Programm in Betracht, mit dem 75 % einer Deckungslücke von maximal € 500.000 bezuschusst werden können. Der Ausbau zielt auf eine großflächige Versorgung mit mindestens 16 MBit/s für 95 % der Anschlüsse. Das Programm ist grundsätzlich technologie- und anbieterneutral angelegt. Gefordert werden Lösungen, die einen offenen Zugang für Wettbewerber auf Vorleistungsebene ermöglichen (Landesregelung für Nordrhein-Westfalen).

- In *Gewerbegebieten*, die in Ortschaften mit mehr als 10.000 Einwohnern liegen, kommt eine Förderung nach dem RWP-Programm in Betracht, wenn eine größere Zahl von Betrieben < 50 MBit/s im Downstream hat. Mit der Neufestlegung der Förderbedingungen (neuer Förderleitfaden vom 14. August 2015) entfällt die bislang in Nordrhein-Westfalen gültige Förderkulisse, und es kann eine Versorgung von mindestens 50 MBit/s für > 95 % der Betriebe gefordert werden. Der Fördersatz beträgt 60 bis 80 % (80 % können für kreisweite Vorhaben gewährt werden), das Projektvolumen ist nicht nach oben gedeckelt.
  Grundsätzlich ist es möglich, auch den *Ausbau von Gewerbegebieten mit FTTB-Netzen* nach diesem Programm zu fördern. Dies sollte für Gewerbegebiete die *bevorzugte Ausbautechnologie* sein, da sie *Zukunftssicherheit* schafft. Das RWP-Programm ermöglicht neben der schon bisher möglichen Gewährung von Zuwendungen an einen Netzbetreiber auch die Förderung von Tiefbauleistungen und die Verlegung von Leerrohren bis zur Grundstücksgrenze. Dabei sind zusätzlich zur Errichtung der passiven Infrastruktur in den meisten Fällen Kooperationspartner für den aktiven Netzbetrieb und die Bereitstellung von Diensten erforderlich. Die optimale Umsetzung ist im Einzelfall mit der Bezirksregierung als Fördergeber zu besprechen.
  Nicht förderfähig bleiben Gebiete, die mit Vectoring-Technologie oder mit Kabelnetzen versorgt sind. Bei Gewerbegebieten im ländlichen Raum mit wenigen Betrieben und langen Anlaufstrecken kann es allerdings trotz Förderung schwierig werden, einen wirtschaftlichen Ausbau zu realisieren. Da das RWP-Programm gegenüber dem NGA-Förderprogramm des Bundes nachrangig ist, sollte zunächst eine Förderung nach diesem Programm geprüft werden (Landesregelung Nordrhein-Westfalen).
- Ein nachhaltiger Ausbau in *Neubau- und Erschließungsgebieten* ist mittlerweile oft problemlos möglich, wenn die Kommune rechtzeitig

vor der Erschließung mit den Netzbetreibern Kontakt aufnimmt. In dieser frühen Phase ist die Mitverlegung der Glasfaser ohne größere Kosten möglich. Als Netzbetreiber kommen sowohl DSL- als auch Kabelnetzbetreiber in Betracht. Fördermaßnahmen sind in diesem Fall nicht erforderlich.

- Mit der am 22. Oktober 2015 erlassenen Richtlinie „Förderung zur Umsetzung des Breitbandausbaus in der Bundesrepublik Deutschland" (NGA-Förderprogramm) kann jetzt auch der *Ausbau von weißen NGA-Flecken* mit < 30 MBit/s durch Fördermittel kofinanziert werden. Betroffen sind davon ca. 25 % der Anschlüsse in Deutschland. Die Ausführungsbestimmungen des NGA-Förderprogramms wurden mit einem Leitfaden am 14. Dezember 2015 konkretisiert, die Komplexität des Verfahrens sorgt allerdings auch Anfang 2016 noch für manche offene Fragen. Alle verbleibenden weißen NGA-Flecken sind förderfähig, sofern sich Infrastruktur- und Netzbetreiber finden. Nicht förderfähig sind alle Gebiete, die mit Kabelnetzen oder Vectoring-Technologie ausgebaut sind. Neben einer Förderung nach dem Deckungslückenmodell kann mit dem neuen Programm auch eine Förderung eines Ausbaus nach dem Betreibermodell erfolgen. Allerdings kann im Sinne der Richtlinie nur eine Gebietskörperschaft oder eine hundertprozentige Tochtergesellschaft einen Förderantrag nach dem Betreibermodell stellen.

  Die Anforderungen der Antragstellung sind bei diesem Programm wesentlich höher als bei anderen Förderprogrammen. So reicht keine Karte im PDF- oder JPG-Format, um das Ausbaugebiet zu kennzeichnen; hier wird eine „gebäudescharfe" Darstellung im GIS-Format benötigt. Auch wird ein Wirtschaftlichkeitsvergleich zwischen Deckungslücken- und Betreibermodell gefordert, selbst in den (nicht seltenen) Fällen, in denen eine Gebietskörperschaft weder die Voraussetzungen noch den Willen zum Aufbau einer Infrastrukturbetreiberinstitution mitbringt. Sofern sich auch im Interessenbekundungsverfahren kein Anbieter für einen Ausbau nach dem Betreibermodell gefunden hat, ist eine solche Vergleichsrechnung auf einer theoretischen Basis mit Annahmen durchzuführen. Da das Bundesförderprogramm nur ca. 50 % der

Kosten trägt (die genaue Förderquote ermittelt sich aus der Wirtschaftskraft der Region), können die Länder eine Kofinanzierung vornehmen, die in der Regel weitere 40 % abdeckt. In Ausnahmefällen (z.B. in Fällen der Haushaltssicherung) können die Länder auch 50 % kofinanzieren, sodass auch Kommunen in einer prekären Haushaltslage ihren Bürgern eine ausreichende Breitbandversorgung ermöglichen können.

- Für die Errichtung von *flächendeckenden Glasfaseranschlussnetzen,* die aller Voraussicht nach in einem Zeitraum von 10 bis 20 Jahren benötigt werden, gibt es bislang weder die rechtlichen Voraussetzungen bei einem Infrastrukturausbau durch die öffentliche Hand noch ein Ausbaukonzept.

Bei der Beseitigung von unterversorgten Gebieten im ländlichen Raum (GAK-Programm und früher auch GRW) hat sich in manchen Fällen die Förderkulisse als begrenzende Größe erwiesen, sodass in diesen Gebieten eine Finanzierung nur mit Haushaltsmitteln möglich ist. Mit dem neuen Bundesförderprogramm können Kommunen auch in diesen Gebieten eine Ausbauförderung erhalten; allerdings muss dafür ein Anbieter gefunden werden, der eine flächendeckende Versorgung mit 50 MBit/s garantiert. Bis Vectoring voraussichtlich im Lauf des Jahres 2016 förderfähig ist, bleiben als Technologien Richtfunk und Glasfaserhausanschlüsse (FTTB oder FTTH).

Tabelle: Übersicht über Förderprogramme

Programm	Kulisse	Voraussetzungen	Projektvolumen	Förderquote
GAK (Breitbandversorgung ländlicher Räume)	Ländlicher Raum, < 10.000 Einwohner	Versorgung < 6 MBit/s bei mindestens ca. 20 % der Haushalte Ziel: < 16 MBit/s für 85 %	<€ 500.00 <€ 75.000 (Beratung)	75 % (Ausnahmen 90 %) 75 %
RWP (Regionales Wirtschaftsförderungsprogramm NRW)	Ganz NRW, nur Gewerbegebiete (nachrangig hinter Bundesprogramm)	Versorgung < 30 MBit/s (NGA-Rahmenregelung) Ziel: > 50 MBit/s		60 %/80 % (Einzelkommune/interkommunal)

KinvFG (Kommunalinvestitionsförderungsgesetz)	< 80.000 Einwohner	Versorgung < 30 MBit/s (NGA-Rahmenregelung) Ziel: > 50 MBit/s		< 90 % (Mittel nach Schlüsselzuweisung 2011–2015)
Förderung zur Unterstützung des Breitbandausbaus (Bund)	Ganz NRW, keine Kulisse, Wohn- und Gewerbegebiete	Versorgung < 30 MBit/s (NGA-Rahmenregelung) Ziel: > 50 MBit/s	< € 15 Millionen (Projekt) < € 50.000 (Beratung)	ca. 50 % (je nach Wirtschaftskraft) 100 % für einmalige Beratungskosten
Förderung zur Unterstützung des Breitbandausbaus (NRW)	Ganz NRW, keine Kulisse, Wohn- und Gewerbegebiete	Versorgung < 30 MBit/s (NGA-Rahmenregelung) Ziel: > 50 MBit/s	Offen 3 × € 50.000 (Beratung)	40 % Zuförderung zu bewilligten Projekten

In Kommunen, in denen Infrastrukturbetreiber (z. B. Stadtwerke) bereits mit der Errichtung von FTTB-Netzen begonnen haben, kann das Förderprogramm den wirtschaftlichen Ausbau in den weißen NGA-Flecken, die in der Regel am Rande der Kommunen anzutreffen sind, finanziell erleichtern und die Umsetzung beschleunigen. Die auch für den FTTB-Ausbau benötigte aktive Systemtechnik (Glasfaser-PoP) erfordert eine ausreichende Kundenzahl für einen wirtschaftlichen Betrieb. Beim ergänzenden Ausbau vorhandener FTTB-Netze um weiße NGA-Flecken stellt das zusätzliche Marktpotenzial in der Regel keine begrenzende Größe dar; in diesen Fällen können die vorhandenen zentralen Netzelemente (Glasfaserknoten, Backbone-Anbindung etc.) mitgenutzt werden.

In Kreisen und Kommunen, in denen bislang keine Infrastrukturbetreiber tätig sind, dürfte der durch das NGA-Bundesförderprogramm gegebene Anreiz nicht ausreichen, um einen FTTB-Netzaufbau in den verbleibenden verteilten und dünn besiedelten weißen NGA-Flecken zu begründen. In diesen Fällen muss auch die aktive Netzinfrastruktur neu errichtet werden, und das Erreichen der Wirtschaftlichkeit ist vermutlich nur in Einzelfällen gegeben. Für diese Fälle stellt die zu erwartende Zertifizierung des VULA-Vorproduktes die Voraussetzung für einen geförderten Vectoring-Ausbau.

Das Bundesprogramm „Förderung zur Unterstützung des Breitbandausbaus in der Bundesrepublik Deutschland“ begünstigt interkommunale und kreisweite Förderanträge durch höhere Punktwerte in der Scoring-Tabelle. Dieses Vorgehen ist sinnvoll, um in vergleichsweise kurzer Zeit flächendeckende Ausbauvorhaben umzusetzen. Eine schnelle Umsetzbarkeit ist eine wichtige Voraussetzung, da der Ausbau bis Ende 2018 abgeschlossen und mit dem Fördergeber abgerechnet sein muss. Für einen flächendeckenden FTTB-Ausbau sind sowohl die zur Verfügung stehende Zeit als auch die verfügbaren Fördermittel zu gering, sodass es nicht vieler Fantasie bedarf, um im Ergebnis einen sehr weitgehenden Ausbau mit Vectoring vorherzusagen. Kalkulationen für die tatsächliche Situation in einem Kreis mit vielen verteilten weißen NGA-Flecken belegen, dass die Investitionskosten für einen FTTB-Ausbau unverhältnismäßig hoch sind und dass ein solcher Ausbau bis Ende 2018 ohne Nutzung von Synergien in größerem Umfang kaum wirtschaftlich gestaltbar ist. Damit wird auf jeden Fall eine sehr weitgehende Flächendeckung mit der in den Förderbedingungen geforderten Versorgungsquote von 50 MBit/s für mindestens 85 % der Anschlüsse im Ausbaugebiet erreicht. Eine solche Versorgung sollte ausreichend Zeit schaffen, um unter Nutzung aller Synergien mit anderen Tiefbauarbeiten kostenschonend ein Glasfaseranschlussnetz zu errichten.

Für einen Antrag nach dem Bundesförderprogramm muss das Projektgebiet gebäudescharf mit GIS-Daten beschrieben werden, sodass die antragstellende Gebietskörperschaft entsprechende Kapazitäten entweder selber besitzen oder als Dienstleistung einkaufen muss. Die gebäudescharfe Abgrenzung des Projektgebietes bedingt eine detaillierte Kenntnis der aktuellen Versorgungssituation, die aber in der Regel nur bei den Netzbetreibern vorliegt. Der Leitfaden zur Förderung sieht zwar vor, dass auch die Daten aus dem Breitbandatlas des BMVI genutzt werden können; allerdings liegt dort die feinste Auflösung bei Quadraten mit einer Kantenlänge von 250 m, und die Qualität und Aktualität der Daten entspricht nicht immer der Realität vor Ort. Auch für die Kalkulation der Kosten nach dem Betreibermodell ist eine Planung auf der Grundlage von GIS-Daten erforderlich. Selbst wenn man auf eine Detailplanung im Anschlussnetz verzichtet, ist eine Platzierung der erforderlichen regionalen Backbone-Ringe, der Standorte von Unterverteilern und Knoten sowie der Trassen zur Anbindung an ein nationales Backbone ohne GIS-Daten kaum möglich.

In einer Überarbeitung der Förderbedingungen, die vielleicht erfolgen wird, sollten die für einen Förderantrag abgefragten Daten zum Netzausbauplan auf die Fälle begrenzt werden, in denen Gebietskörperschaften im Eigenbetrieb oder durch kommunale Unternehmen einen Infrastrukturausbau vornehmen wollen. Fehlen eigene Betreiber passiver TK-Infrastrukturen und besteht kein politischer Wille, solche zu gründen, sollte die Netzplanung auf die privatwirtschaftlichen Betreiber verlagert werden, die sich am Auswahlverfahren beteiligen. Netzbetreiber haben unterschiedliche Planungsstandards, möglicherweise andere Übergabepunkte zu nationalen Backbone-Netzen und andere Anforderungen an die Netztopologie. Die Kosten der auch in diesem Fall zwangsläufig erforderlichen Netzplanungen können im Rahmen der Deckungslücke kompensiert werden. Die Aufgabe der Kreise und Kommunen besteht bei diesem Vorgehen in erster Linie in der Ausgestaltung eines tragfähigen Geschäftsmodells und in der Gewinnung von Unternehmen für Infrastrukturerrichtung und -betrieb, den Betrieb der aktiven Netzkomponenten und den Dienstebetrieb.

Ähnliche Fragestellungen gelten auch für die Förderung der Gewerbegebiete, wobei aufgrund der meist höheren Bedarfe bei Unternehmen und den teureren Geschäftskundentarifen ein höheres Interesse der Betreiber an einem Ausbau zu beobachten ist. Dies zeigt sich auch in der vergleichsweise höheren Anzahl an Betreibern, die heute bereits im Bereich der Vernetzung von Unternehmen tätig sind. Bislang erfolgt dies allerdings eher mit Glasfaserdirektanschlüssen für einzelne Unternehmen und seltener durch den Ausbau ganzer Gewerbegebiete. In Wohnsiedlungen, aber auch in Gewerbegebieten kann die verbindliche Zusicherung eines Vectoring-Ausbaus in der Markterkundungsphase bereits bestehende FTTB-Ausbauplanungen unter Zufinanzierung durch ein Förderprogramm zunichtemachen.

Den verschiedenen Förderprogrammen ist gemeinsam, dass der bürokratische Aufwand in den letzten Jahren deutlich gestiegen ist. Die Anforderungen bis zum Förderantrag haben zur Folge, dass viele Kommunen selbst für vergleichsweise einfache Vorhaben Unterstützung durch externe Berater benötigen. In Verbindung mit dem bürokratischen Aufwand steht die Zeitdauer bis zu einem Förderentscheid. Es gibt viele Fälle, in denen der geförderte Ausbau die bevorzugte Variante ist. Aber es gibt durchaus auch Fälle, in denen in Zusammenarbeit mit Netzbetreibern Lösungen gefunden werden, die ohne Fördermittel umgesetzt werden können. Optionen sind u.a. die Gewinnung von Vorverträgen, der Bau von Leerrohren und die Erleichterung von Tiefbaumaßnahmen.

Im Gegensatz zu Förderprojekten besteht bei Beachtung der beihilferechtlichen Grenzen höhere Flexibilität. Allerdings erfordert dieses Vorgehen eine intensivere Beschäftigung der Kreise und Kommunen mit der Konzeption und Umsetzung. Ohne einen hauptberuflichen Breitbandkoordinator wird eine solche Lösung weder erarbeitet noch umgesetzt werden können. Gerade ein Ausbau mit FTTB-Strukturen ist auf diesem Wege möglich, und dies nicht nur auf die zunehmend kleineren weißen NGA-Flecken begrenzt. Sofern aber doch Fördermittel für eine Breitbandmaßnahme erforderlich (oder sinnvoll) sind, sollte der bürokratische Aufwand so niedrig wie im Rahmen der beihilferechtlichen Anforderungen möglich gehalten werden.

Sollen in Gebieten, die bereits mit NGA-Anschlussnetzen versorgt sind, Microducts bis zum Hausanschluss verlegt werden, so kann dies insbesondere in Hinblick auf eine primäre Eigennutzung durch die Energieversorgungsunternehmen erfolgen (zur Smart-Meter-Ablesung und zur Steuerung erneuerbarer Energieerzeugung in Smart Grids). Für den Ausbau oberhalb der Grundversorgung wurde mit der „Rahmenregelung der Bundesrepublik Deutschland zur Unterstützung des Aufbaus einer flächendeckenden Next Generation Access (NGA)-Breitbandversorgung“ (NGA-Rahmenregelung) in der von der EU-Kommission genehmigten Fassung vom 15. mai 2015 ein notifiziertes Verfahren als beihilferechtliche Grundlage geschaffen: http://www.breitbandbuero.de/index.php?id=nga-rahmenregelung.

Mit dieser Regelung kann im Einklang mit dem europäischen Beihilferecht (EU-Breitbandleitlinien vom 26. Januar 2013) der Aufbau von Hochleistungsnetzen in Gebieten mitfinanziert werden, in denen ein Ausbau solcher Netze durch den Markt nicht zu erwarten ist. Anders als beim Ausbau und der Erschließung von Lücken in der Grundversorgung und der Förderung der sogenannten Wirtschaftlichkeitslücke erlaubt das europäische Beihilferecht beim Aufbau eines NGA-Netzes eine gezielte Förderung (z.B. aus kommunalen Mitteln) für ein kabelgebundenes Netz. Dies gilt nicht nur in unterversorgten Regionen, sondern auch in Gebieten, in denen bereits ein breitbandiges Grundversorgungsangebot besteht (graue Flecken). Voraussetzung ist, dass in der Region *keine Anbindung mit mehrheitlich > 30 MBit/s* besteht und auch nicht in den nächsten drei Jahren von einem privaten Anbieter geplant ist. Neben der Gewährung von Zuwendungen ist nach der NGA-Rahmenregelung auch die Verlegung von Leerrohren und Lichtwellenleiterkabeln zuwendungsfähig. So könnten auf diesem Wege insbesondere die Gewerbegebiete mit heute < 30 MBit/s mit NGA-Lösungen ausgebaut werden, sofern mindestens drei Unternehmen aus jedem zusammenhängenden Gewerbegebiet einen solchen Bedarf schriftlich kundtun. In den Wohngebieten ist die Bundesrahmenregelung aufgrund der guten Versorgung nicht anwendbar.

Die NGA-Rahmenregelung sollte sowohl bei der Umsetzung der Kurzfristziele zur Verbesserung der Breitbandversorgung in den priorisierten Gewerbegebieten als auch bei der Verfolgung des Fernziels einer flächendeckenden Versorgung mit Glasfaserhausanschlüssen beachtet werden. Die Forderung nach offenen Schnittstellen (Open Access) besteht auch in der notifizierten Version der Regelung und sollte auf jeden Fall eingehalten werden.

Bei allen Förderprogrammen und allen Zuwendungen, die unter die Beihilferegelungen der EU fallen, sind einzelne Nachweise zu erbringen und zu dokumentieren. Zu den Voraussetzungen gehört das Folgende (hier am Beispiel des GAK-Programms bei Durchführung in Nordrhein-Westfalen):

- *Informationsbeschaffung*
    - Festlegung der zu bearbeitenden Gewerbegebiete
    - Beschaffung von Karten der Ausbaugebiete (im PDF-Format)
    - Einwohnerzahlen (Haushaltszahlen) in den Ausbaugebieten
    - Anzahl Betriebe je Gewerbegebiet und Anzahl landwirtschaftlicher Betriebe
    - Nachweis der Unterversorgung durch Ausschnitt aus dem Breitbandatlas des BMVI und Beschaffung der aktuellen Versorgungstabellen des/der Netzbetreiber (Coverage-Tabelle) im Untersuchungsgebiet
    - Ermittlung der Anzahl unterversorgter Haushalte und Betriebe

  - Übersicht über Infrastrukturen von Kommune, Energieversorger und Auskunft der Bundesnetzagentur (Infrastrukturatlas) grafisch aufbereitet
- *Markterkundung (ca. fünf Wochen)*
  - Erstellung eines Textes zur Markterkundung mit Ergebnissen der Befragungsaktion, Karten der Ausbaugebiete und Hinweisen auf verfügbare Infrastrukturen
  - Veröffentlichung auf Stadtportal, Bundesportal (www.breitband-ausschreibungen.de) und bei Breitband.NRW.de über mindestens vier Wochen
  - Dokumentation der Veröffentlichungsnachweise
  - Ansprache von einzelnen Netzbetreibern (fallweise)
  - Workshops zur Optimierung des Konzeptes (optional)
  - Dokumentation der Rückmeldungen
  - Auswertung der Ergebnisse und Zusammenfassung zu einem Bericht zum Marktversagen
- *Auswahlverfahren (ca. neun Wochen)*
  - Erstellung eines Textes zum Auswahlverfahren
  - Veröffentlichung auf dem Stadtportal, dem Bundesportal www.breitbandausschreibungen.de und (optional) bei Breitband.NRW.de über mindestens acht Wochen
  - Dokumentation der Veröffentlichungsnachweise
  - Beantwortung von Bieterfragen
  - Nachfassen bei Betreibern
  - Erstellung eines Submissionsprotokolls
  - Auswertung der Angebote und Erstellung eines Vergabegutachtens
  - Erwirken eines Vergabeentscheides (unter dem Vorbehalt einer Förderbewilligung) mit Erstellung eines Vergabevermerks und Nachweis zur Verfügbarkeit der Eigenmittel
- *Förderantrag mit Anlagen*
  - Ausgefülltes Formular für den Förderantrag mit Anlagen
  - Kennzeichnung des Untersuchungsgebiets mit Karten und Angaben zu vorhandenen Infrastrukturen

- □ Nachweise zur Unterversorgung
- □ Bericht zum Marktversagen mit Dokumentation der Veröffentlichung und der Rückmeldungen der Netzbetreiber
- □ Vergabegutachten mit Nachweis der Veröffentlichung, der vollständigen Angebote mit Finanzkennzahlen und Ausbauplan sowie dem Vergabegutachten
- □ Vergabevermerk nach Gemeinderatsbeschluss
- □ Entwurf des Kooperationsvertrags mit dem ausgewählten Netzbetreiber und Bestätigung der Freigabe durch die Bundesnetzagentur
- □ Angaben zu Zielindikatoren für die Kontrolle
- □ Transparenz-Informationsblatt

Abb. 18: Projektschritte eines Breitbandvorhabens

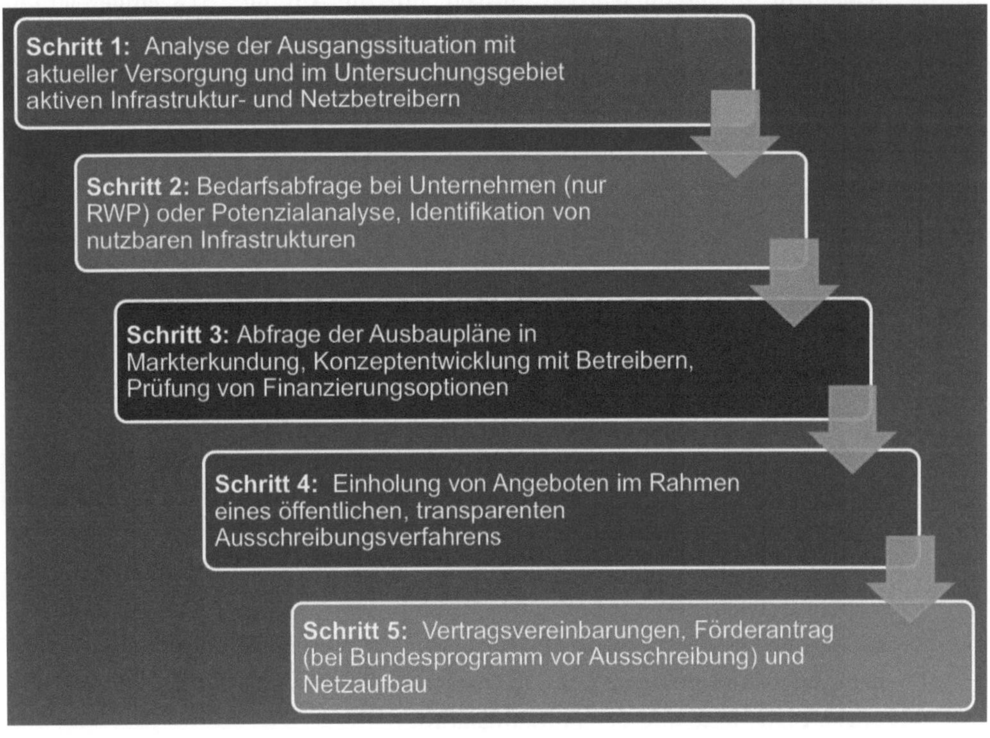

Bei den Zeitangaben kann es Änderungen nach oben und unten geben, je nach den Randbedingungen; so reicht für die Befragung (die seit Mitte 2015 nur im Rahmen eines RWP-Förderverfahrens verbindlich gefordert wird) in der Regel eine Laufzeit von zwei Wochen, aber die Abstimmung der Fragebögen, Druck und Versand, die Erfassung und die Auswertung führen zu zusätzlichem Zeitaufwand. Dies gilt in ähnlicher Weise auch für die weiteren Projektschritte.

Bei den in der Regel sequenziell abzuarbeitenden Aufgaben ist mit einer Zeitdauer von ca. zwei Jahren zu rechnen, bis eine verbesserte Breitbandleistung in einzelnen Gebieten vermarktet und genutzt werden kann – wenn es keine zeitlichen Verzögerungen bei der Bearbeitung und Bewilligung der Anträge beim Fördergeber gibt. Einer schnellen Umsetzung im Weg steht auch, wenn beim Betreiber zusätzliche Aufgaben im Bereich der Diensteentwicklung und Bereitstellung anfallen oder erst Prozesse für das Kundenmanagement aufgebaut werden müssen. Für die Anfang 2016 eingereichten Förderanträge auf einen Vectoring-Ausbau besteht außerdem ein zeitliches Risiko bei der Zertifizierung des VULA-Produkts. Bei einem FTTB-Ausbau unter Verlegung der Infrastrukturen im Beilauf zu anderen Tiefbaumaßnahmen kann sich der anzusetzende Zeitraum bis auf 15 Jahre verlängern, da vor der Inbetriebnahme zusammenhängende Teilnetze zu schaffen sind.

Neben der zu klärenden Finanzierungsfrage ist das laufende Monitoring für Kommunen ohne eigenen Breitbandbeauftragten eine besondere Herausforderung. Die NGA-Rahmenregelung bleibt vage, wer für die Aufbereitung und Weiterleitung der Daten zuständig ist. Bei der Umsetzung sind je nach Geschäftsmodell unterschiedliche Partner für die passive Infrastruktur, den Betrieb der aktiven Netzkomponenten und die Dienste beteiligt.

Zu melden sind – zur Veröffentlichung im Infrastrukturatlas – neben der genauen Lage der verlegten Infrastrukturen (Leerrohre, Verteilerkästen und Glasfasertrassen) auch die Höhe und Bedingungen der gewährten Beihilfe, der regionale Ausbaubereich, die eingesetzte Technologie, die Leistungsparameter und eine Beschreibung der Vorleistungsprodukte, die Höhe der Vorleistungskosten, das Datum der Inbetriebnahme, die Anzahl der Zugangsinteressenten und Diensteanbieter sowie die Zahl der anschließbaren Haushalte und der Nutzungsgrad.

9 Beispiele für Aktivitäten anderer Kommunen

Viele Kommunen und Kreise befassen sich seit teilweise über zehn Jahren mit der Verbesserung der Breitbandversorgung. Durch die Förderangebote aus EU-Mitteln sind diese Aktivitäten ab 2008 deutlich intensiviert worden. Aber Fördermittel sind nicht für alle Kommunen nutzbar, oder die Förderkriterien führen nicht zu den gewünschten Ergebnissen. Bei der Beschäftigung mit dem Breitbandausbau gibt es ein breites Spektrum unterschiedlicher Vorgehensoptionen und es gibt kaum zwei identische Vorgehensweisen.

9.1 Geschäftsmodelle für den Breitbandausbau

Im Folgenden werden typische Optionen anhand von Fallbeispielen beschrieben. Die Darstellung erhebt keinen Anspruch auf Vollständigkeit, da in den letzten Jahren sehr viele Breitbandausbauvorhaben umgesetzt wurden. In der Darstellung werden zudem keine kommunalen Gründungen von Betreibergesellschaften betrachtet, die entweder bereits in den 1990er Jahren erfolgten oder sich schwerpunktmäßig auf Märkte in Großstädten konzentrieren. Insbesondere sind die Markt- und Wettbewerbsbedingungen der 1990er Jahre kaum mit der heutigen Situation zu vergleichen. Daher werden die Ansätze und Geschäftsmodelle u.a. von NetCologne/NetAachen, M-net, VSE NET und EWE TEL nicht erläutert. Ebenfalls ohne Berücksichtigung bleiben Aktivitäten im Bereich von (technischen) Dienstleistungen für Netzbetreiber; hierzu gehören z.B. auch Rechenzentrumsleistungen für Kommunen und Unternehmen.

9.1.1 Ausbau mit Zuwendungen (Deckungslücke)

Ein Breitbandausbau gegen Gewährung einer Zuwendung zur Schließung einer Deckungslücke ist beihilferechtlich nur in eng gefassten Fällen möglich (siehe 6.3). Die Deckungslücke (Wirtschaftlichkeitslücke) ergibt sich als Differenz der erforderlichen Investitionsaufwendungen zusammen mit den über fünf Jahre kumulierten Betriebskosten und den zu erwartenden kumulierten Mehrumsätzen. In der Kalkulation der einzelnen Positionen ist der

Netzbetreiber weitgehend frei. Bei einem Ausbau mit Zuwendungen kann die Finanzierung rein aus Haushaltsmitteln erfolgen oder unter Nutzung von EU-Förderprogrammen für Gemeinschaftsaufgaben (GAK oder RWP). Eine Förderung nach einem der Förderprogramme ist nur innerhalb der regionalen Förderkulisse möglich und unterliegt engen Auflagen.

Im Ergebnis führt ein Ausbau mit Zuwendungen in vielen Fällen zu kleinteiligen Lösungen nur für einzelne Ortschaften oder Teilorte und Gewerbegebiete, für die eine Unterversorgung nachgewiesen werden konnte. Großflächige Lösungen sind kaum möglich. Da bei einem Ausbau mit Zuwendungen nur die Sicherstellung der Grundversorgung (mindestens 6 MBit/s für mehr als 95 % der Haushalte, aber möglichst großflächig > 16 MBit/s) gefordert werden kann, ist ein nachhaltiger Ausbau auf diesem Wege nicht zu garantieren.

Die überwiegende Mehrzahl der Ausbauvorhaben in Nordrhein-Westfalen wurde nach dem Modell der Gewährung von Zuwendungen umgesetzt. Verschiedene Fallbeispiele sind in Anlage I.1 aufgeführt.

9.1.2 Ausbau unter Nutzung vorhandener Infrastrukturen

Eine Sonderform des Ausbaus mit Deckungslücke stellt die Nutzung von vorhandenen Infrastrukturen dar. Sofern geeignete Infrastrukturen (Leerrohre, Kanaltrassen, Masten etc.) vorhanden sind und eine Nutzung durch den Netzbetreiber möglich ist, können damit Investitionskosten (insbesondere in Tiefbauleistungen) eingespart werden, wodurch sich der Umfang der Deckungslücke verringert. Da die Tiefbaukosten im Durchschnitt für ca. 75 % der Gesamtinvestitionen ursächlich sind, kann die Deckungslücke teilweise signifikant reduziert werden.

Allerdings stehen nur in wenigen Fällen tatsächlich Infrastrukturen zur Verfügung, die geeignet und genutzt werden können. Es muss nicht nur die Trassenführung für die Breitbandzuführung passend sein, sondern auch die Beschaffenheit der Infrastrukturkomponenten, um eine Anbindung an andere Netzelemente und den Einzug von Glasfaserkabeln zu ermöglichen. Abwasserkanäle können z. B. geeignet sein, um ein Leerrohr zu verlegen. Allerdings sind die höheren Kosten für das erforderliche Material (V2A-Stahl), das zusätzliche Befestigungsmaterial und die Kosten für den Verlegeroboter mit den Kosten einer separaten Verlegung abzugleichen. Zudem ist zu berücksichtigen, dass die Lage des Kanals in ca. 2,5 m Tiefe beim Ausstieg zusätzlichen Aufwand bedeuten kann.

Sofern für die Glasfaserverlegung geeignete Infrastrukturen vorhanden sind, lohnt sich die Prüfung, wie die Fallbeispiele in Anlage I.2 zeigen. Da nur vergleichsweise selten tatsächlich Infrastrukturen vorhanden sind, ist die Anzahl realisierter Fälle entsprechend niedrig.

9.1.3 Ausbau mit bürgerschaftlichem Engagement

Sofern ein Breitbandausbau für einen Netzbetreiber unwirtschaftlich und die Deckungslücke unverhältnismäßig hoch ist, kann bürgerschaftliches Engagement in Form von Eigenleistungen bei der Erbringung von Tiefbauleistungen oder in Form von Baukostenzuschüssen eine Alternative schaffen. Problematisch ist bei diesem Modell die Einbindung einer ausreichenden Anzahl von betroffenen Haushalten und Betrieben. In erfolgreichen Beispielen geschieht dies durch Bürgerinitiativen und lokale Multiplikatoren. Aufgrund des engeren Zusammenhalts eignen sich kleinere Gemeinde und Ortsteile mit oft dörflichem Charakter eher als städtisch geprägte Gemeinschaften.

Ein Sonderfall dieses Modells stellt die Sammlung von Spenden dar, die zweckgebunden zur Abdeckung (eines Teils) des von der Kommune zu leistenden Eigenanteils an der Deckungslücke genutzt werden. Beispiele für den Breitbandausbau durch bürgerschaftliches Engagement finden sich in Anlage I.3.

9.1.4 Ausbauoptionen mit Stadtwerken

Sofern die Kommune ein eigenes Stadtwerk besitzt, kann dieses den Aufbau der passiven Infrastruktur als zusätzliches Geschäftsfeld betreiben. In diesem Fall plant, baut und betreibt das Stadtwerk die passive Infrastruktur und vermietet sie an einen oder mehrere Netzbetreiber. Als beihilferechtliche Grundlage dient die Bundesrahmenregelung Leerrohre. Der Netzaufbau kann entweder als eigenständige Maßnahme umgesetzt werden oder in

Verbindung mit anderen Vorhaben (z. B. der Sanierung von Versorgungsleitungen). Stadtwerke können bei der Umsetzung Synergien nutzen, z. B. um die Anforderungen an eine zeitnahe Zählerfernablesung zu erfüllen. Zur Steuerung von erneuerbaren Energiequellen können Smart Grids über die Glasfasernetze betrieben werden.

In manchen Fällen setzen Stadtwerke zunächst auf den Ausbau der Gewerbegebiete, da Unternehmen meist einen höheren Bandbreitenbedarf haben und dort auch die Take-up-Rate in der Regel höher liegt. Gleichzeitig ist eine höhere Preiselastizität bei zusätzlichen Leistungen zu beobachten. Das Modell eines Ausbaus mit Stadtwerken kann mit einer Zusammenarbeit mit Infrastrukturbetreibern und mit einem Ausbau in Verbindung mit Sanierungsvorhaben kombiniert werden.

Beispiele für NGA-Vorhaben durch Stadtwerke finden sich in Anlage I.4. Dort ist allerdings die Gründung von vertikalen Vollanbietern in den frühen 1990er Jahren (z. B. NetCologne, M-net, VSE NET und EWE TEL, Manet, Pfalzkom etc.) nicht berücksichtigt.

9.1.5 Motivation von Netzbetreibern zum Ausbau

Sofern ein Ausbau mit Kompensation einer Deckungslücke nicht möglich ist oder nicht zum gewünschten Ziel führt und auch kein kommunales Stadtwerk vorhanden ist (oder das Stadtwerk die Aufgaben des Infrastrukturaufbaus nicht übernehmen kann), kann über den Weg der Motivation versucht werden, einen Netzbetreiber zu gewinnen. Dabei wird einem Netzbetreiber ein Einstieg in den regionalen Markt mit den rechtlich möglichen Maßnahmen erleichtert.

Eine Voraussetzung hierfür ist die Schaffung einer guten Informationslage, z. B. zum Versorgungsgrad, zu den vorhandenen eigenen und fremden Infrastrukturen, zur Bevölkerungsstruktur und zum Branchenmix sowie zum Bedarf. Eine weitere wichtige Voraussetzung ist eine positive Begleitung und aktive Unterstützung durch Politik und Verwaltung.

Dies ist unter anderem die Voraussetzung für die Tätigkeit der Deutschen Glasfaser in verschiedenen Kreisen in Nordrhein-Westfalen (Borken, Heinsberg, Steinfurt, Wesel, Viersen, Coesfeld). Im Rhein-Kreis Neuss ist die Deutsche Glasfaser mit einem Projekt in Grevenbroich gestartet. Die Deutsche Glasfaser fordert vor Baubeginn eine Vorvertragsquote von 40 %. In der Wertschöpfungskette tritt die sie selbst als reiner Infrastrukturanbieter auf, bei den Projekten organisiert die Deutsche Glasfaser allerdings auch die Wertschöpfungsstufen des aktiven Netzbetriebs und des Diensteangebots, sodass für die kooperierenden Kommunen ein in der Wertschöpfungskette geschlossenes Angebot kommuniziert werden kann.

Zu den notwendigen Unterstützungsmaßnahmen gehören gemeinsame Informationsveranstaltungen (nur zur Glasfasertechnologie und ihren Möglichkeiten, nicht für Vermarktungszwecke), die Einbindung von Multiplikatoren aus Politik und Vereinen, die Bereitstellung von Werbeflächen, die Suche nach Technikstandorten für Netzknoten und die Unterstützung bei der Wegesicherung sowie bei der Erteilung von Genehmigungen. Beihilferechtlich ist die Unterstützung eines Infrastrukturbetreibers weniger problematisch als die Unterstützung eines Netz- oder Dienstebetreibers.

Zusätzlich zur Informationsaufbereitung kann die Erstellung eines Masterplans im Sinne einer technischen Netzplanung bis auf Straßenzugebene hilfreich sein und einem Netzbetreiber den Einstieg erleichtern (im Fall einer Zusammenarbeit mit der Deutschen Glasfaser ist dies nicht erforderlich). In den Kreisen Wesel und Coesfeld hat man entsprechende Masterpläne erstellt (in Wesel zur Anbindung aller Kabelverzweigerstandorte und in Coesfeld bis zu den Hausanschlüssen).

Informationen zu Fallbeispielen für dieses Geschäftsmodell (insbesondere auch für die Vorhaben der Deutschen Glasfaser und den Kreis Coesfeld) sind in Anlage I.5 zusammengestellt.

9.1.6 Kooperationen mit Infrastrukturbetreibern

Sofern für den Netzaufbau kein Vollsortimenter und kein Anbieter, der auf den Aufbau von TK-Netzen spezialisiert ist (z.B. die Deutsche Glasfaser) und die gesamte Wertschöpfungskette in Eigenregie organisiert, verfügbar ist, kann eine passive NGA-Infrastruktur auch in Zusammenarbeit mit anderen Infrastrukturbetreibern erfolgen, die ihren Tätigkeitsschwerpunkt z.B. im Bereich der Versorgung mit Strom, Gas, Wasser oder Abwasser haben.

Prädestiniert hierfür sind überregional tätige Energieversorgungsunternehmen (EVU). Schon in der Vergangenheit haben sich EVU im Telekommunikationsmarkt engagiert (z.B. o.tel.o, Veba.com, VIAG Interkom, heute O2). Bei Kooperationen mit EVU ohne eigene Telekommunikationssparten unterscheidet man zwischen einem reinen Streckengeschäft mit der Vermietung von Leerrohrkapazität entlang ausgewählter Trassen und dem gezielten Ausbau in ganzen Regionen.

In Nordrhein-Westfalen ist RWE mit der Tochtergesellschaft FiberNet in verschiedenen Vorhaben tätig und legt Leerrohre entweder bis zu den Kabelverzweigern oder bis zum Hausanschluss. FiberNet übernimmt dabei nicht den Betrieb des aktiven Netzes und stellt keine Dienste zur Verfügung. Der Ausbau erfolgt nur in Regionen, die RWE aufgrund der zu erwartenden Mieteinnahmen und/oder der Synergien mit dem eigenen Bedarf an Steuerleitungen als wirtschaftlich ansieht. Als Mieter der Infrastruktur fungieren z.B. NetCologne, Vodafone und Unitymedia.

Beispiele zu entsprechenden Vorhaben finden sich in Anlage I.6. Die Anforderungen an die Kommunen sind bei diesem Modell in der Regel weniger hoch als beim Ansatz zur Motivation von Netzbetreibern. Dafür lässt sich auf diesem Wege auch kaum ein flächendeckender Ausbau erzielen, und es werden außer bei Neubaugebieten bevorzugt FTTC-Konzepte realisiert.

9.1.7 Netzaufbau in Verbindung mit Sanierungsarbeiten

Stehen weder eigene Stadtwerke noch ein interessierter Infrastruktur- oder Netzbetreiber zur Verfügung, kann eine Kommune den Aufbau einer passiven Infrastruktur auch selber vorantreiben, indem sie Sanierungsarbeiten im Straßenraum (bei einem Austausch von Versorgungsleitungen oder bei einer Erneuerung von Gehsteig oder Fahrbahnoberfläche) nutzt, um Leerrohre im Beilauf zu verlegen.

Damit die hierbei entstehende Infrastruktur später zu einem zusammenhängenden Anschlussnetz zusammenwächst, sind im Vorfeld ein *Masterplan* zu erstellen und die anstehenden Arbeiten zu koordinieren. Für diese Art der Verlegung im Beilauf eignen sich kleinere Reparaturarbeiten weniger als flächige Sanierungsprojekte (z.B. bei einer Sanierung des Abwasserkanals).

Entsprechende Sanierungsprojekte erstrecken sich meist über mehrere Jahre, daher ist auch für ein NGA-Netz von einer „Bauzeit“ von ca. zehn Jahren auszugehen, bis eine größere Fläche abgedeckt wird.

Da bei Verlegung im Beilauf nur ca. ein Zehntel der Investitionskosten einer gesonderten Verlegung anfällt, ist ein solches Vorgehen sinnvoll, sofern die Versorgungslage nicht zu kurzfristigen Maßnahmen zwingt. Selbst bei einer gut organisierten Verlegung im Beilauf werden in der Regel Strecken übrig bleiben, die gesondert gebaut werden müssen. Das entstandene Netz kann entweder in einzelnen Schritten oder als Ganzes im Rahmen einer öffentlichen Ausschreibung einem Netzbetreiber zur Anmietung angeboten werden.

Bislang gibt es erst wenige Beispiele für ein solches Vorgehen beim Aufbau von NGA-Netzen (siehe Anlage I.7).

9.1.8 Gründung von Infrastrukturinstitutionen

Nicht nur privatwirtschaftliche Unternehmen oder kommunale Stadtwerke können passive NGA-Infrastrukturen errichten und betreiben, sondern auch eigens gegründete Gesellschaften mit Kreisen und Kommunen als Gesellschaftern. Die Anforderungen sind vergleichbar mit denjenigen beim Ausbau durch ein spezialisiertes Unternehmen. Allerdings hat die beteiligte Kommune mehr Einflussmöglichkeiten, da man im Einzelfall eine Abwägung zwischen Renditezielen und Daseinsvorsorge vornehmen kann. So können Kreise und Kommunen im Sinne der Daseinsvorsorge und zur Erhöhung der Standortattraktivität niedrigere Vorvertragsquoten und längere Amortisationszeiten akzeptieren als rein kommerzielle Anbieter. So können auch Gebiete mit ausgebaut werden, die unter wirtschaftlichen Aspekten unattraktiv sind; auf diese Weise wird eine digitale Spaltung im kommunalen Raum vermieden.

Für die planerischen, koordinierenden und betrieblichen Aufgaben ist es sinnvoll, eine eigene Gesellschaft zu gründen und hierfür Personal einzustellen. Beim Netzaufbau können Kooperationen mit anderen Infrastrukturbetreibern vereinbart werden und Sanierungsvorhaben zur kostensenkenden Mitverlegung genutzt werden. Die Amortisation der Investitionen ergibt sich durch die Vermietung des Anschlussnetzes an Netzbetreiber; sie liegt im Zeitraum von 15 bis 20 Jahren.

Aufgrund der erforderlichen Organisation und der damit verbundenen Fixkosten ist ein Mindestkundenpotenzial erforderlich, sodass sich eine eigene Infrastrukturgesellschaft meist erst ab einer Betätigung auf Kreisebene lohnt. Die TeleKommunikationsGesellschaft Südwestfalen im Hochsauerlandkreis ist eines der wenigen Beispiele für die Umsetzung dieses Geschäftsmodells; die TKG hat ihre Tätigkeit inzwischen auf insgesamt vier Kreise ausgeweitet. Das Beispiel der Breitband-Infrastrukturgesellschaft Cochem-Zell belegt, dass auch die Einbeziehung privatwirtschaftlicher Unternehmen (in diesem Fall des Netzbetreibers inexio und des Versorgers RWE) sinnvoll sein kann.

Beispiele zu Infrastrukturgesellschaften auf Kreisebene finden sich in Anlage I.8.

9.1.9 Zweckverbände als interkommunale Aktivitäten

Eine Sonderform der Infrastrukturgesellschaft bei rein kommunalen Aktivitäten für den Infrastrukturaufbau ist die Gründung eines Zweckverbands. Auch für dieses Modell gibt es einige Fallbeispiele (Anlage I.9). Die Rahmenbedingungen für die Umsetzung sind ähnlich wie bei der Gründung einer Infrastrukturgesellschaft. Aufgrund der wirtschaftlichen Parameter sollten die Kommunen mindestens eines Kreises in den Zweckverband eingebunden sein.

9.1.10 Eigenausbau der Betreiber mit Vectoring

Vectoring ist aus Sicht vieler Kommunen aufgrund der hohen Geschwindigkeiten und des erforderlichen fast flächendeckenden Ausbaus eine attraktive Option, um in einem überschaubaren Zeitraum zu einer sicheren NGA-Versorgung zu kommen: Falls es schon ein Kabelnetz gibt, werden diese Teile im Stadtgebiet zum schwarzen NGA-Fleck; falls es kein Kabelnetz gibt, wird das versorgte Gebiet immerhin zu einem grauen NGA-Fleck. Die Attraktivität der Kommune für Haushalte und Gewerbe steigt auf jeden Fall.

Da der Vectoring-Ausbau bislang nicht zuwendungsfähig ist und sich in der Regel über kumulierte eingesparte Betriebskosten bei den Netzbetreibern amortisiert, schont er die Kassen der Kommunen. Als Erfolgsfaktoren für die Gewinnung eines Netzbetreibers zum Vectoring-Ausbau können gelten:

- Eigeninitiative der Kommune mit Identifikation von vorhandenen Infrastrukturen, Ermittlung des Bedarfs und der Bereitschaft zu einem beschleunigten Verfahren bei der Wege- und Standortsicherung;
- Durchführung eines Markterkundungsverfahrens und aktive Bemühung um Gespräche mit den Betreibern.
- Das Vorhandensein eines Kabelnetzes in größeren Teilen der Kommune erhöht fallweise die Bereitschaft zu einem Vectoring-Ausbau, da so die gegenüber VDSL bestehenden Wettbewerbsnachteile ausgeglichen werden können.
- Bereits durchgeführte Ausbauvorhaben mit der Schaffung von modernisierten Teilnetzen und Leerrohrtrassen reduzieren den Aufwand für eine Umrüstung auf Vectoring.

Da die Begehrlichkeiten aufseiten der Kommunen hoch sind, sollten die Chancen durch Eigeninitiative erhöht werden. Für Kommunen mit einer schwachen, nicht NGA-fähigen Internet-Anbindung (< 30 MBit/s) kann sich die Durchführung einer öffentlichen Markterkundung als Minimallösung lohnen! Seit Anfang 2014 gibt es bereits eine Reihe von Beispielen für einen erfolgreichen Ausbau unter Nutzung von Vectoring als Brückentechnologie (Anlage I.10).

9.2 Beispiele für umgesetzte Geschäftsmodelle

9.2.1 Ausbau mit Zuwendungen (Deckungslücke)

9.2.1.1 Stadt Erftstadt

Eine Förderung nach dem GAK-Programm unterliegt engen Auflagen und führt in vielen Fällen zu kleinteiligen Lösungen für Ortschaften oder Ortsteile, für die eine Unterversorgung nachgewiesen werden konnte. Daher ist es umso bemerkenswerter, dass mit dem Breitbandprojekt für Erftstadt eine Umsetzung nach dem FTTC-Konzept in insgesamt fünf Stadtteilen mit insgesamt über 15.000 Einwohnern möglich war.

In die fünf Ortsteile Bliesheim, Dirmerzheim, Erp, Friesheim und Gymnich wurden bis Ende 2011 insgesamt 31 km Glasfaserkabel verlegt. Dabei wurden 32 Kabelverzweiger mit Multifunktionsgehäusen (MfG) zum Outdoor-DSLAM überbaut und mit Stromanschlüssen für die aktive Übertragungstechnik ausgerüstet. Im Ergebnis stand für die Mehrzahl der Anschlüsse nach dem Infrastrukturausbau eine Bandbreite von 16 MBit/s statt 1 MBit/s zur Verfügung. Der Ausbau wurde bis Mitte 2012 abgeschlossen und unter Nutzung von Fördermitteln aus dem GAK-Programm finanziert.

Im Jahr 2012 wurde dann von der Stadt eine Verbesserung der schwachen Versorgung in den Gewerbegebieten geplant. In einem aus Haushaltsmitteln finanzierten Vorhaben erfolgte nun bis Anfang 2014 ein Ausbau mit VDSL, sodass den Betrieben nun Geschwindigkeiten von maximal 50 MBit/s zur Verfügung stehen.

2015 hat NetCologne ohne Zuwendungen vonseiten der Stadt im Stadtgebiet von Erftstadt mit einem großflächigen Vectoring-Eigenausbau begonnen. Dabei werden die Stadtteile, die 2012 nicht mit ausgebaut wurden und zum Teil bereits deutlich höhere Zugangsgeschwindigkeiten hatten, bis auf 100 MBit/s ertüchtigt. Auf diesem Weg werden auch Kabelnetzinfrastrukturen von Unitymedia und VDSL-Netze der Deutschen Telekom überbaut, aber dies ist für einen privatwirtschaftlichen Betreiber auf eigenes Risiko jederzeit möglich. In Erftstadt entstehen somit in vielen Teilen nicht nur graue, sondern schwarze NGA-Flecken! Nur ein kleiner Weiler mit ca. 20 Haushalten bleibt nach Fertigstellung des Ausbaus 2016 mit 16 MBit/s als weißer NGA-Fleck übrig.

Zeitgleich baut NetCologne auch in anderen Kommunen des Rhein-Erft-Kreises große Gebiete mit Vectoring aus, sodass im gesamten Kreis nur noch kleine weiße Flecken für die weitere Bearbeitung verbleiben.

9.2.1.2 Stadt Bedburg

Die Stadt Bedburg verfügte in den Kernsiedlungen über ein Kabelnetz von Unitymedia und daneben über VDSL-Zugänge durch die Deutsche Telekom. In mehreren Schritten verbesserte die Stadt die Versorgung in den unterversorgten Ortschaften; eine geschlossene Infrastruktur mit weitgehend homogener Versorgung ist im Stadtgebiet auf diesem Wege allerdings nicht entstanden. Nach mehrjährigen Gesprächen mit unterschiedlichen potenziellen Betreibern hat sich NetCologne zusammen mit RWE FiberNet zu einem Eigenausbau auf der Grundlage der Vectoring-Technologie ohne Zuwendungen der Stadt entschlossen.

Wie in Verbindung mit einem Vectoring-Ausbau zu erwarten ist, bleiben trotz eines vergleichsweise großflächigen Ausbaus kleinere Siedlungen übrig, bei denen auch die gesamthafte Kalkulation keine Wirtschaftlichkeit ergibt. In Bedburg waren die Ortschaft Pütz (ca. 150 Anschlüsse) und der Weiler Hohenholz (ca. 25 Anschlüsse) betroffen. Für beide Bereiche bliebe also eine schwache Versorgung mit < 6 MBit/s, wogegen in den benachbarten Orten 100 MBit/s verfügbar sein werden. Für den Bürgermeister von Bedburg war diese Situation nicht akzeptabel. Am Ende waren NetCologne und RWE bereit, die beiden Ortsteile auszubauen, wenn die verbleibende Wirtschaftlichkeitslücke durch die Stadt geschlossen würde.

Da die Voraussetzungen für eine Förderung nach dem GAK-Programm gegeben sind, wurde eine Markterkundung durchgeführt, die erwartungsgemäß mit der Feststellung von Marktversagen endete. Im Rahmen des öffentlichen Auswahlverfahrens, das am 6. November 2015 endete, meldete sich nur NetCologne mit einem qualifizierten Angebot, das Grundlage eines Förderantrags wurde. Da beide Ortsteile durch getrennte Zuleitungen versorgt werden und jeweils ein Kabelverzweiger überbaut werden musste, ergibt sich eine vergleichsweise hohe Deckungslücke, die pro Anschluss deutlich über dem üblichen Durchschnitt liegt. Eine ähnliche Situation wird sich auch in anderen Kommunen ergeben, in denen nach einem Eigenausbau mit Vectoring kleine Ortsteile mit schwacher Versorgung übrig bleiben.

Mit der geplanten Maßnahme erhalten 80 % der Haushalte und Betriebe Internet-Zugänge > 16 MBit/s – und damit mehr als dreimal so hoch wie die vorherige Bandbreite. Sofern die Förderung Anfang 2016 bewilligt wird, kann der Ausbau bis Ende 2017 abgeschlossen werden.

9.2.1.3 Gemeinde Kerken

Die Gemeinde Kerken war bei Projektdurchführung Mitte 2015 typisch für viele Kommunen im ländlichen Raum. Erst durch die Erhöhung der Unterversorgungsgrenze auf 6 MBit/s ergaben sich größere unterversorgte Gebiete, für die ein geförderter Ausbau in Betracht kam (siehe Anhang I.11).

Kerken gehört als kreisangehörige Gemeinde zum Kreis Kleve und hat 12.556 Einwohner. Ausgehend von den Versorgungstabellen der Netzbetreiber und den Befragungsergebnissen zur Breitbandversorgung bei einer Unterversorgungsgrenze von 6 MBit/s sind in Eyll derzeit hochgerechnet 658 Anschlüsse nicht oder unterversorgt, in Rahm/Stenden sind es 945 und in Winternam/Poelyck 192 Anschlüsse. Insgesamt ergeben sich 1795 unterversorgte Anschlüsse, was einem Unterversorgungsgrad von ca. 75 % entspricht.

In der von 12. Juni bis 15. Juli 2015 von der Gemeinde Kerken durchgeführten öffentlichen Markterkundung meldete sich kein Anbieter, der innerhalb der folgenden 36 monate einen flächendeckenden Breitbandausbau mit den geforderten Leistungsmerkmalen ohne Zuwendungen durchgeführt hätte, und daher wurde Marktversagen festgestellt. Auf dieser Basis startete am 9. September 2015 ein öffentliches, technologieneutrales Auswahlverfahren mit einer Aufteilung der unterversorgten Gemeindeteile in drei Lose. Bis zum Submissionstermin am 9. November 2015 ging nur ein termingerechtes und vollständiges schriftliches Angebot bei der Vergabestelle der Gemeinde Kerken ein. Zunächst wurden sechs getrennte Angebote eingereicht, den sechs unterschiedlichen Anschlussbereichen entsprechend, die die drei Gebiete versorgen. Im Zuge der Prüfung stellte sich heraus, dass eines der sechs Gebiete schon im Zuge einer Ausbaumaßnahme in Geldern versorgt wird und somit entfallen kann.

Um eine zufriedenstellende Versorgung zu erzielen, müssen in Kerken nicht nur die vorhandenen Kabelverzweiger ausgebaut, sondern zusätzliche errichtet und mit Glasfaser angebunden werden. Insgesamt sieht die Planung die Verlegung von neuen Leerrohren über einige Kilometer vor. Der aufwendige Ausbau fordert natürlich seinen Preis in Form einer nicht unerheblichen Deckungslücke, der ohne Fördermittel vermutlich nicht zu stemmen wäre.

Nach Abschluss der Projektarbeiten und einer vorläufigen Vergabeentscheidung im Gemeinderat wurden drei Förderanträge gestellt. Nach der noch ausstehenden Bewilligung kann der Ausbau bis Ende 2017 fertiggestellt sein. Dann wird die Internet-Geschwindigkeit im Gemeindegebiet deutlich steigen, ca. 70 % der Anschlüsse werden dann Geschwindigkeiten von 25 bis 50 MBit/s nutzen können – eine deutliche Steigerung im Vergleich zu den heute durchschnittlich 3 bis 6 MBit/s. Die große Mehrzahl der Anschlüsse wird 16 bis 25 MBit/s erhalten. Damit werden die in der Befragung gewünschten Bandbreiten zwar nicht ganz erreicht, es wird aber doch eine signifikante Verbesserung erzielt, die zum Fünf- bis Zwölffachen der vorherigen Zugangsgeschwindigkeiten führt.

Sofern der Antrag 2016 bewilligt wird, kann der Ausbau bis Ende 2018 abgeschlossen werden.

9.2.1.4 Stadt Kaarst

Sowohl die Einwohner als auch die Unternehmen und Gewerbetreibenden aus den Ortsteilen Vorst und Holzbüttgen mit dem Gewerbegebiet Kaarster Kreuz hatten schon schon seit einigen Jahren die Forderung nach schnellerem Internet erhoben. Die bisherige Bandbreite ist hier mehrheitlich < 2 MBit/s, somit niedriger als die Grundversorgung und kaum geeignet, mehr als Basisanwendungen online zu nutzen. Folgerichtig gründete sich bereits 2008 eine Bürgerinitiative, um die Verwaltung bei der Umsetzung des Breitbandprojektes zu unterstützen. In der Befragung, die sie seit Mitte 2009 durchführte, wurde von ca. 37 % eine Bandbreite von 16 MBit/s und von 31 % eine Bandbreite > 16 MBit/s gewünscht. Insgesamt ergab sich ein Wechsler- oder Upgrader-Potenzial von knapp 1750 Anschlüssen in Holzbüttgen und Vorst (siehe ausführlich Anhang I.8).

Da Kaarst nicht in der für Nordrhein-Westfalen festgelegten Förderkulisse liegt, kann die Stadt keine Fördermittel nutzen. Der Versuch, den Ausbau mit Mitteln aus dem Zukunftssicherungsgesetz (Konjunkturpaket II) zu finanzieren, scheiterte an einer in Relation zu den verfügbaren Mitteln zu hohen Deckungslücke. Auf die bis zum 31. Oktober 2010 durchgeführte Markterkundung meldete sich kein Netzbetreiber, der in den nächsten Jahren einen

Ausbau ohne Zuwendungen der Stadt geplant hätte. Im Auswahlverfahren bot die Deutsche Telekom den Ausbau nach dem FTTC-Konzept in den Varianten ADSL-/VDSL-Mischbestückung und VDSL-only an.

Für 97 % der Anschlüsse steigt damit die verfügbare Geschwindigkeit auf einen Wert > 16 MBit/s, nur bei 3 % der Anschlüsse in Ortsrandlagen kann der Wert von 2 MBit/s aufgrund von Leitungslängen unterschritten werden. Mit VDSL steht unmittelbar nach dem Ausbau eine entfernungsabhängige Downstream-Bandbreite von bis zu 50 MBit/s für über 40 % der Anschlüsse zur Verfügung. Mit dem VDSL-only-Angebot für Holzbüttgen wird die Verfügbarkeit in den Ausbaugebieten weiter verbessert, sodass nur 3 % der Anschlüsse keine 16 MBit/s nutzen können.

Der Ausbau wurde ausschließlich mit Haushaltsmitteln finanziert und bis Mitte 2013 abgeschlossen.

9.2.1.5 Gemeinde Rheurdt

Rheurdt gehört als kreisangehörige Gemeinde zum Kreis Kleve im Regierungsbezirk Düsseldorf und hat 6650 Einwohner (Stand 31. Dezember 2010). Die gesamte Gemeindefläche beträgt 30,01 km², über 87 % des Gemeindegebietes sind Grünflächen, Wald und landwirtschaftlich genutzte Flächen.

Eigentlich ist die Breitbandversorgung in der Gemeinde Rheurdt gar nicht so schlecht. Immerhin sind in der Kerngemeinde sowohl die Deutsche Telekom als auch Unitymedia mit Breitbandanschlüssen vertreten, sodass bis zu 128 MBit/s im Downstream genutzt werden können. Dies setzt allerdings voraus, dass in der jeweiligen Straße Kabel-TV verlegt wurde. Während es bei Breitband über das Kabel-TV-Netz eine digitale Aussage zur Verfügbarkeit gibt, führt die entfernungsabhängige Dämpfung in der Kupferdoppelader bei DSL zu einer langsamen Abnahme der Bandbreite. In einigen Teilen der Gemeinde sinkt die verfügbare Bandbreite bis auf DSL-light-Niveau, bei der eine effiziente Internet-Nutzung nicht mehr möglich ist. In Rheurdt waren zu Beginn des Projektes 355 Haushalte und Betriebe in den nördlichen und östlichen Teilen der Kerngemeinde, weitere 271 in den westlich gelegenen Bauernschaften Kengen, Finkenberg und Saelhuysen mehrheitlich mit

< 2 MBit/s unterversorgt. Die durchschnittliche verfügbare Bandbreite lag anhand der Ergebnisse einer Befragung bei allen Haushalten und Betrieben in den nördlichen und östlichen Gemeindeteilen knapp < 1 MBit/s, in den Bauernschaften immerhin bei 1,5 MBit/s.

Die Gemeinde wird aufgrund ihrer Lage aus unterschiedlichen Versorgungsrichtungen angebunden, die zwei unterschiedliche Vorwahlnummern zur Folge haben. Daher sollte auch der Ausbau diesen Richtungen folgen. Die ersten Kalkulationen im Rahmen der Markterkundungen führten für die Bauernschaften zu einer Deckungslücke von deutlich über € 300.000; mit einem zu erwartenden Eigenanteil von über € 150.000 wäre das zu viel für den Haushalt der Gemeinde. Als kostensparende Verlegungstechnik bleibt noch die oberirdische Verlegung von Lichtwellenleitern mithilfe von Masten. Auf diesem Weg können die Kosten von ca. € 50 pro Meter (bei unterirdischer Verlegung) auf unter € 10 gesenkt werden. Die oberirdische Verlegung ist zwar nicht die bevorzugte Variante und je nach Zuordnung der Straßen mit aufwendigen Genehmigungsverfahren verbunden, doch da im Fall von Rheurdt die betreffenden Straßen der Gemeinde gehören und keine wesentliche optische Beeinträchtigung erwartet wird, konnte dieser Weg eingeschlagen werden. Die Deckungslücke ist nun nur noch halb so hoch wie bei der Variante mit unterirdischer Verlegung, und der Eigenanteil der Gemeinde sinkt auf ca. € 40.000. Auf dieser Basis ist ein Ausbau möglich. Dabei entsteht im Hinblick auf die Leistungen an den Anschlüssen keine Beeinträchtigung und das leicht erhöhte Risiko einer Unterbrechung der Leitung ist auch akzeptabel.

Der Ausbau wurde mit Mitteln aus dem GAK-Programm finanziert und bis Mitte 2013 abgeschlossen.

9.2.1.6 Stadt Radevormwald

Die Stadt Radevormwald war in drei Ortsteilen schlecht versorgt bzw. mehrheitlich unterversorgt. Insbesondere aus den unterversorgten Teilen der Wupperorte und aus Krebsöge/Wilhelmstal erhoben sowohl Bürgerinnen und Bürger als auch Unternehmer und Gewerbetreibende die Forderung nach höheren Bandbreiten für Internet-Zugang und Datenkommunikation.

Größere Unternehmen können sich einen Glasfaserdirektanschluss legen lassen, für Gewerbebetriebe und mittelständische Unternehmen, die die Mehrzahl der Unternehmen in den Stadtteilen ausmachen, ist dies wirtschaftlich nur in Ausnahmefällen möglich. Um die Attraktivität der Stadtteile aufrechtzuerhalten, den Wegzug von Bürgern und Unternehmen zu verhindern und im Gegenteil Anreize für den Zuzug zu geben, war die Stadt bereit, zum zukunftssicheren Ausbau der Breitbandinfrastruktur beizutragen. Die Deutsche Telekom und Unitymedia bekundeten dabei Interesse, gegen Zuwendungen zum Ausgleich der bestehenden Wirtschaftlichkeitslücke einen Breitbandausbau vorzunehmen.

Als Ergebnis des ersten Projektes ergab sich ein Ausbau in der Kernstadt und in wesentlichen Teilen der Wupperorte durch Unitymedia ohne Zuwendungen durch die Stadt Radevormwald. Das veränderte die Grundlage der Angebote, die auf das damalige Auswahlverfahren 2011 eingegangen waren, wesentlich, sodass eine Vergabe nicht mehr erfolgen konnte: In der Kernstadt und großen Teilen der Wupperorte waren seit dem rückkanalfähigen Ausbau durch Unitymedia im Herbst 2011 Bandbreiten von maximal 150 MBit/s verfügbar. In den übrigen Stadtteilen liegt die maximale Bandbreite bei 4 MBit/s.

Daher wurde Anfang 2012 eine erneute Ausschreibung durchgeführt. Aus der Bedarfs- und Potenzialanalyse ergab sich ein Kundenpotenzial (Neukunden oder Upgrader) von ca. 120 in den Wupperorten (bei insgesamt 244 unterversorgten Haushalten); in Krebsöge und Wilhelmstal liegt das Kundenpotenzial bei 70 (58 Haushalte und 12 Unternehmen) von insgesamt 116 unterversorgten Haushalten und 24 unterversorgten Unternehmen.

Im Ergebnis war die Gewährung einer Zuwendung an Unitymedia für den Ausbau in den unterversorgten Teilen der Wupperorte die wirtschaftlichste Lösung. Die Deckungslücke war ausschließlich durch die erforderlichen Tiefbauarbeiten zur Verlegung von Koaxialkabeln bedingt.

Der Ausbau wurde mit Mitteln aus dem GAK-Programm gefördert und bis Ende 2012 abgeschlossen.

9.2.1.7 Stadt Arnsberg (Krankenhausvernetzung)

Parallel zum Ausbau der Gewerbegebiete von Arnsberg (siehe 9.2.4.2) war die Vernetzung der drei Standorte des Klinikums notwendig, und zwar mit mindestens 800 MBit/s. Weil die Standorte aber über das Stadtgebiet verteilt liegen, war eine direkte Vernetzung schwierig. Letztlich kam in diesem Bandbreitenbereich nur eine Glasfaserverbindung oder Richtfunk als Übertragungstechnologie in Betracht. Eine durchgehende Leerrohrstrecke gab es jedoch nicht und auch keine direkte Sichtverbindung. Es war daher klar, dass Relaisstationen erforderlich werden würden. Außerdem war für den Krankenhausbetrieb eine parallele, physikalisch getrennte Backup-Lösung mit mindestens 100 MBit/s angestrebt.

Eine entsprechend durchgeführte öffentliche Ausschreibung mit Finanzierung der Deckungslücke über das Zukunftsinvestitionsgesetz stieß auf relativ großes Interesse und ergab Angebote für Richtfunk und Glasfaser. Die Entscheidung fiel letztlich zugunsten des Angebots von Innofactory. Umgesetzt wurde dabei nur die Richtfunklösung; für die physikalisch getrennten Lösungen reichten die Mittel nicht aus. Allerdings erreicht Innofactory durch unterschiedliche Polarisationen für die Übertragung in zwei unabhängigen Systemen eine erhebliche Steigerung der Verfügbarkeit. Normalerweise arbeiten beide Systeme parallel. Fällt eines der Systeme aus, verbleibt immerhin noch die Hälfte der Bandbreite für einen Notbetrieb.

Der Ausbau zur Vernetzung der Krankenhäuser wurde mit Mitteln aus dem Konjunkturpaket II finanziert und bis Ende 2011 abgeschlossen.

9.2.2 Ausbau unter Nutzung vorhandener Infrastrukturen

9.2.2.1 Stadt Haltern am See (Fernwasserleitung)

Die Verwaltung von Haltern am See hatte Gespräche mit etlichen Netzbetreibern geführt, war dabei aber auf keine einfache und finanzierbare Lösung gestoßen (siehe Anhang I.7). Die Stadt hat insgesamt ca. 38.000 Einwohner. Im Ortsteil Hullern mit 2300 Einwohnern waren ca. 850 Haushalte unterversorgt. Hullern wird überwiegend als Wohnort genutzt, ist aber auch Sitz einer Reihe von kleineren Gewerbebetrieben, Freiberuflern und landwirtschaftlichen Betrieben. Der Ortsteil Hullern liegt ca. 7 km Luftlinie vom Netzknoten entfernt. Die Zuleitung war seinerzeit noch in Kupfer ausgeführt, und die Teilnehmeranschlussleitung (TAL) ist wie in den meisten deutschen Kommunen als Kupferdoppelader realisiert. Das bedeutet, dass Hullern stark unter der Signaldämpfung litt. Die Dämpfung im Lichtwellenleiter ist dagegen sehr gering und ermöglicht die Überbrückung langer Wegstrecken.

Ein „klassischer“ Ausbau nach dem FTTC-Konzept mit Verlegung von Glasfasern vom Netzknoten bis zu den Kabelverzweigern wäre aufgrund der erforderlichen Tiefbaumaßnahmen normalerweise teuer gewesen und hätte zu einer hohen Wirtschaftlichkeitslücke geführt: Die Umsetzung des ausgewählten Ausbaus mit VDSL nach dem FTTC-Konzept erforderte Investitionen in Tiefbaumaßnahmen zur Verlegung von Leerrohren über eine Gesamtstrecke von 2000 m, das Einziehen von gut 9000 m Kabel und Kosten für den Ausbau der aktiven Übertragungstechnik. Hierfür wurden sechs der Kabelverzweiger zu Outdoor-DSLAMs ausgebaut.

Die für den nahezu vollständigen Umbau des Telekommunikationsnetzes in Hullern erforderlichen Tiefbauarbeiten wurden durch regional ansässige Bauunternehmen realisiert. Die Kalkulation der Wirtschaftlichkeitslücke führte insbesondere aufgrund der Tatsache, dass eine vorhandene Leerrohrtrasse entlang einer Fernwasserleitung über eine Strecke von 5000 m genutzt werden konnte, zu einer vergleichsweise niedrigen Deckungslücke. So wurde ein nachhaltig zukunftssicherer und trotzdem wirtschaftlicher Ausbau möglich.

Die verbleibende Deckungslücke wurde unter Nutzung von Fördermitteln aus dem GAK-Programm kofinanziert; der Ausbau wurde bis Ende 2011 abgeschlossen.

9.2.2.2 Stadt Ennepetal (Stromtrasse)

3000 Einwohner in den Ennepetal-Stadtteilen Oberbauer und Rüggeberg waren noch 2012 mit einer Verbindung < 0,4 MBit/s (DSL-light) unterversorgt und konnten Internet-Anwendungen kaum nutzen. Es ist nicht verwunderlich, dass die Bevölkerung mit der Situation unzufrieden war und sich eine Bürgerinitiative bildete. Für keinen Netzbetreiber war jedoch der Ausbau in den beiden Stadtteilen wirtschaftlich.

Die Stadt Ennepetal selber betreibt im Stadtgebiet keine eigenen längeren Leerrohrtrassen, die für die Verlegung von Glasfaserleitungen geeignet gewesen wären. Gespräche mit der für die Versorgung mit Strom zuständigen AVU in Gevelsberg erreichten jedoch, dass ein von Breckerfeld zu verlegendes Schutzrohr so durch Oberbauer verlegt wurde, dass es für die Anbindung des Ortsteils mit Glasfaser genutzt werden konnte. Die Stadt hat zudem an zwei Stellen kurze Leerrohre zur Querung von Straßenkreuzungen, die für den Durchzug von Leitungen verwendet werden konnten. Beide Infrastrukturen senkten die Deckungslücke der Deutschen Telekom für den Ausbau nach dem FTTC-Konzept in Oberbauer erheblich.

In Rüggeberg drohten die Kosten für die Zuführung der Bandbreite durch die Längen bis zum Netzknoten ebenfalls zu hoch zu werden, sodass alternative Zuführungen anstatt einer Glasfaserstrecke geprüft werden mussten. Eine mögliche Umsetzung wäre eine Richtfunkverbindung nach Oberbauer gewesen. Allerdings entdeckten aufmerksame Mitarbeiter des Tiefbauamts bei verschiedenen Straßenarbeiten an der Rüggeberger Straße ein nicht benutztes Leerrohr, das der Stadt nicht gehörte. Nach verschiedenen Recherchen konnte der Eigentümer des Leerrohrs identifiziert werden. Auch hier war eine Finanzierung des Eigenanteils nur durch die Nutzung dieses Leerrohrs darstellbar.

Der Ausbau in Oberbauer und Rüggeberg wurde Anfang 2013 abgeschlossen, zur Finanzierung wurden Mittel aus dem GAK-Programm genutzt.

9.2.3 Ausbau mit bürgerschaftlichem Engagement

9.2.3.1 Hamminkeln-Loikum

Der Ortsteil Loikum in der Gemeinde Hamminkeln wird in Kooperation mit dem Infrastrukturbetreiber BORnet mit Glasfaserhausanschlüssen ausgebaut, nachdem sich 87 % der Haushalte im Vorfeld zum Abschluss eines Vertrages entschlossen haben. Die Tiefbauarbeiten in Hamminkeln sind weitgehend abgeschlossen, und die Portierung der Anschlüsse erfolgte 2013.

Nur die ländlichen Regionen im Außenbereich von Loikum sind für den Ausbau durch die BORnet unwirtschaftlich. Die Loikumer Bürger wollen die erforderlichen 20 km Glasfaserkabel daher in Eigenregie verlegen. Das ist für sie ebenso wie für die Bornet GmbH ein Pilotprojekt. Neben den 20 km Kabel, die in den Boden gebracht werden müssen, sollen 102 Anschlüsse gelegt werden, und die Loikumer werden die Glasfaser selbst mit dem Pflug verlegen. Der Generalunternehmer wird nur dort tätig, wo qualifizierte Arbeiten anfallen, etwa bei der Querung von Straßen oder der Issel, sowie bei der Anschlusstechnik. Nur so konnten die Anschlusskosten pro Haushalt im Außenbereich von € 3500 brutto mehr als halbiert werden. Der verbleibende Kostenanteil wird von den betroffenen Bürgern getragen.

9.2.3.2 Gemeinde Oerel

Die Gemeinde Oerel in Niedersachsen war mit < 1 MBit/s unterversorgt, und die von Netzbetreibern ermittelten Deckungslücken eines Breitbandausbaus überstiegen die wirtschaftlichen Möglichkeiten der Gemeinde. Daher wurde ein alternatives Konzept entwickelt, bei dem das Unternehmen Sacoin, ein Consulting-Unternehmen für Netzwerkinfrastrukturlösungen, ein Glasfaserbreitbandnetz im Gemeindegebiet errichtete.

Dazu baute Sacoin einen zentralen Verteiler im Ort, und mit der Glasfasertiefbaufirma KFM aus Kiel wurden alle Haushalte in Oerel angeschlossen. Mit Komponenten von BKtel, Extreme Networks und anderen Herstellern erhalten 300 Haushalte und 30 Gewerbetreibende in Oerel nun seit Mitte 2009 einen schnellen Internet-Zugang mit 50 MBit/s.

Das Konzept von Sacoin sah als Voraussetzung für die Wirtschaftlichkeit die Gründung einer PPP-Gesellschaft, der Oerel – Unser Ortsnetz GmbH vor. Dieses gemeinsame Unternehmen, eine öffentlich-private Partnerschaft von Sacoin und der Gemeinde Oerel, ist zugleich Investor und auch künftiger Betreiber des Netzes. Der erste Spatenstich erfolgte am 22. November 2008. Die Gemeinde hat als Mitgesellschafter durch ihre Mandate im Aufsichtsrat die Kosten im Blick und kann das Netz jederzeit ihrem Bedarf entsprechend erweitern.

9.2.4 Ausbauoptionen mit Stadtwerken

9.2.4.1 Technische Betriebe Solingen: Solicom

Die Technischen Betriebe Solingen betreiben unter dem Label Solicom im Auftrag der Stadt Solingen ein eigenes Glasfaser- und Kupferkabelnetz, das stetig ausgebaut wird. Die Vorhaben der Stadt nehmen dabei vor allem die Gewerbegebiete ins Visier. Der Ausbau erfolgt seit fast 15 Jahren entweder im Beilauf zu Tiefbauarbeiten der Technischen Betriebe oder im Auftrag von Netzbetreibern. Die Vermarktung der Glasfaserstrecken erfolgt nach einem langfristig vereinbarten Vertrag exklusiv über Versatel. Solicom hat Anfang 2013 bereits 110 km Glasfaser im Stadtgebiet verlegt.

9.2.4.2 Stadtwerke Arnsberg: passives NGA-Netz

Die Stadt Arnsberg hatte schon vor der Durchführung des Breitbandprojekts eine mehrheitlich gute Breitbandversorgung in den Wohngebieten, insbesondere durch eine weitgehende Abdeckung mit dem Kabel-TV-Netz von Unitymedia. Mit der Umstellung auf den Standard DOCSIS 3.0 war damit in weiten Teilen der Stadt eine Bandbreite von 150 MBit/s im Downstream verfügbar. Arnsberg hat eine ganze Reihe von Gewerbegebieten. Da die Kabel-TV-Anbieter Gewerbegebiete in der Vergangenheit aber nicht versorgten, weil es kein passendes Diensteangebot gab, war auch in den meisten Gewerbegebieten von Arnsberg die Breitbandversorgung unzureichend.

Da sich in einer Markterkundung keine Betreiber mit konkreten Konzepten meldeten, wurden zunächst Workshops mit interessierten Betreibern durchgeführt, um Interessen und Voraussetzungen für einen Ausbau zu klären. Hierfür wurden Informationen über die Struktur der Unternehmen zusammengestellt und das Vorhandensein von gegebenenfalls nutzbarer Infrastruktur in den Gewerbegebieten überprüft. Auch die Möglichkeiten einer Zuführung der Bandbreite in die einzelnen Gebiete über vorhandene Infrastrukturen wurden analysiert. Diese Schritte waren notwendig, um nach Möglichkeit einerseits die Kosten zu reduzieren und andererseits die Attraktivität aus Sicht des Netzbetreibers zu steigern.

Während der Ausbau gegen Ausgleich einer Wirtschaftlichkeitslücke bei vielen Breitbandprojekten bereits erprobt und erfolgreich umgesetzt ist, gibt es für den Aufbau von NGA-Netzen in Gewerbegebieten noch nicht viele Vorbildprojekte. Aus Sicht der Stadt Arnsberg war klar, dass die eigene Leistung mit der Bereitstellung der passiven Infrastruktur im Sinne eines Kabelschutzrohres endet.

Um sicher zu gehen, wurde entschieden, vor der Ausschreibung für den Tiefbau und die Leerrohrverlegung nach späteren Nutzern zu suchen. Dies geschah in einer öffentlichen Ausschreibung. Neben den wirtschaftlichen Aspekten wurden Kriterien für die Angebotsauswahl aufgestellt, die helfen sollten, das technische und betriebliche Konzept des Betreibers sowie die Nachhaltigkeit der Lösung im Vergleich zu bewerten. Dabei ergab sich, dass die Verlegung von Koaxialkabeln durch die Leerrohre für die Stadt Arnsberg die günstigste Lösung sein würde. So fiel die Entscheidung der Stadt schließlich zugunsten des Koaxialkabelangebots von Unitymedia.

Mit dem Entschluss zur Nutzung von DOCSIS 3.0 für Geschäftskundenprodukte betraten beide Seiten Neuland – bis dahin gab es keine Erfahrungen zur Akzeptanz von DOCSIS-Diensten bei Unternehmen. Hohe Bandbreiten im Downstream (150 MBit/s) und im Upstream (5 MBit/s) in Verbindung mit vergleichsweise niedrigen Preisen ließen allerdings insbesondere bei Gewerbebetrieben und mittelständischen Unternehmen hohe Akzeptanz erwarten. Nach der Entscheidung für einen Nutzer der Leerrohre konnten im nächsten Schritt die Tiefbauarbeiten und die Verlegung der Leerrohre ausgeschrieben werden.

Die Fertigstellung erfolgte bis Ende 2011, die Finanzierung erfolgte unter Nutzung von Mitteln aus dem Konjunkturpaket II (siehe Anhang I.2).

9.2.4.3 Stadtwerke Schwerte: Elementmedia

Die Stadtwerke Schwerte bauen seit einigen Jahren Glasfaseranschlussnetze. Ende 2010 waren 12.000 Haushalte versorgt. Für den Bau in neuen Wohngebieten ist eine Vorvertragsquote von ca. 50 % die Voraussetzung.

9.2.4.4 Stadtwerke Norderstedt: wilhelm.tel

Die Stadtwerke Norderstedt eröffneten 1999 ein neues Tätigkeitsfeld und gründeten mit wilhelm.tel einen regionalen Netzbetreiber. In Norderstedt wurde ein flächendeckendes Breitbandnetz verlegt. Mit der eigenständigen, redundanten Infrastruktur des wilhelm.tel-Netzes können Daten- und Kommunikationsdienste der nächsten Generation vereint werden – ohne Limitierung oder Teilung der Übertragungsbandbreiten. Die strukturellen Voraussetzungen für dieses Angebot, das seit 2005 auch Privat- und Geschäftskunden in benachbarten Städten und Gemeinden nutzen können, hat wilhelm.tel mit ringförmig verlegten Glasfaser-City-Netzen geschaffen.

Wilhelm.tel ist einer der wenigen Anbieter, die ausschließlich auf FTTB setzen und die Glasfaserhausanschlüsse als Open-Access-Lösung anderen Dienstebetreibern anbieten. Neben Norderstedt (hier sind über 95 % der Haushalte angeschlossen) werden Teile von Hamburg versorgt und in Schleswig-Holstein die zum Teil kleineren Kommunen Alveslohe, Henstedt-Ulzburg, Kayhude, Quickborn, Tangstedt und Wacken.

9.2.4.5 Stadtwerke Hamm, Ahlen, Sœst und Lünen: HeLi NET

HeLi NET ist der lokale Netzbetreiber für die Hellweg-Lippe-Region. Seit 1999 versorgt er die Menschen in den Städten und Gemeinden Ahlen, Bergkamen, Bönen, Fröndenberg, Hamm, Kamen, Lünen, Soest, Werl, Werne und Wickede. Die HeLi-NET-Gesellschafter sind die Stadtwerke in Hamm, Ahlen, Soest, Lünen (bis 2011), Kamen, Bergkamen und Bönen (GSW).

HeLiNet besitzt ein Glasfasernetz von ca. 250 km Länge. Der Breitbandausbau erfolgt bislang überwiegend nach dem FTTC-Konzept. Für Geschäftskunden werden Lösungen mit einer Bandbreite bis zu 10 GBit/s und einer Netzverfügbarkeit von 99,9 % angeboten. Die Anfang 2006 gegründete Systemhaussparte HeLi NET iTK bietet Rechenzentrumslösungen für externes Server Housing und für das Outsourcing kompletter IT-Umgebungen, außerdem VoIP-, E-Mail- und Sicherheitslösungen. Das Spektrum reicht von Festnetztelefonie über DSL-Anbindungen bis hin zu direkten Glasfaseranschlüssen. Ende 2012 hatte HeLi Net 33.000 Festnetzkunden

(DSL), davon 3000 mit FTTB-Glasfaserdirektanschlüssen. Mit diesen Kunden erzielt HeLiNet bei einem Umsatz in Höhe von € 17,5 Millionen eine Umsatzrendite von knapp 2 %.

9.2.4.6 Stadtwerke Steinfurt: Sparte Glasfasernetz

In Steinfurt führten die Notwendigkeit einer guten Breitbandversorgung zur Vermarktung von Gewerbeflächen und die Schaffung von Zukunftssicherheit für die Gewerbegebiete zur Beschäftigung mit dem Breitbandausbau. Zusätzlich war eine Aufbesserung des Images der Stadtwerke Steinfurt angestrebt. Derzeit werden ausschließlich Gewerbekunden durch Verlegung von Leerrohren mit FTTB versorgt (derzeit vier Fasern je Anschlussleitung). Der Netzaufbau erfolgt mit Point-to-Point-Ethernet als zukunftssicherer Netztopologie, GPON kommt vielleicht später in Wohngebieten zum Einsatz. Die Vermarktung von Dark Fibre (an Netzbetreiber oder Unternehmen) und beleuchteten Glasfaseranschlüssen erfolgt nur an Unternehmen als Nutzer, es wird keine Leerrohrkapazität und keine komplette Vermietung des Anschlussnetzes angestrebt.

Die Verlegung der Leerrohre erfolgte im Auftrag der Stadtwerke, und das komplette Netz einschließlich der Hausanschlüsse verbleibt im Eigentum der Stadtwerke. Zur Erstellung der Hausanschlüsse wird eine Grundstückseigentümererklärung eingeholt. Bei Interesse eines Unternehmens wird die Erstellung des Hausanschlusses im Einzelfall durch die Stadtwerke geprüft und kalkuliert. Bisher erfolgte die Verlegung durch Ziehen eines Grabens. Zur Schaffung von Rechtsicherheit und zur Einsparung von Gebühren an Straßen.NRW bei der Verlegung entlang von Landesstraßen wurde bei der Bundesnetzagentur Telekommunikationsbetreiberstatus beantragt sowie eine Wegerechtsübertragung nach § 69 TKG (Telekommunikationsgesetz).

Da Kompetenzen im aktiven Netzbetrieb weder vorhanden sind noch aufgebaut werden sollen, vergeben die Stadtwerke diese Aufgaben im Rahmen eines Geschäftsbesorgungsvertrages an einen Dienstleister (NDIX). NDIX betreibt den PoP und das Network Operations Center (in Holland), sorgt für eine redundante Backbone-Anbindung und kauft das Datenvolumen von Backbone-Betreibern ein. Zum Nachweis der Leistungsfähigkeit der

Stadtwerke gegenüber der Bundesnetzagentur wurde ein Sicherheitskonzept eingereicht. Für die Geschäftsbesorgung durch NDIX zahlen die Stadtwerke eine Pauschale, bei Überschreiten einer festgelegten Kundenzahl kommt ein Betrag je Kunde hinzu; darin sind die Kosten für die Backbone-Anbindung und das Datenvolumen enthalten. Sowohl für Kunden als auch für die Stadtwerke gibt es keine Begrenzung im Datenvolumen und keine Mehrkosten für hohe Datenvolumen.

Die Stadtwerke bieten keine eigenen Dienste an. Die Diensteanbieter stellen ihre Dienste zur Verfügung, und Kunden müssen zwei getrennte Verträge abschließen: mit den Stadtwerken über den Anschluss und mit mindestens einem Diensteanbieter, um Internet-Zugang und Anwendungen nutzen zu können. Entsprechend erhalten sie monatlich zwei getrennte Rechnungen.

Das Angebot von Glasfaseranschlüssen durch die Stadtwerke Steinfurt wird von den Unternehmen positiv aufgenommen. Die Mehrzahl der Kunden bucht heute einen 10-MBit/s-Anschluss, nur einer einen 100-MBit/s-Anschluss, nach Anschlüssen mit 1 GBit/s gibt es bislang keine Nachfrage.

Die Vermarktung von Breitbandanschlüssen ohne Dienste ist kaum möglich (außer bei VPN-Kunden und Konzernfilialen) und erfordert hohen Erläuterungsbedarf. Als Kunde wurde bisher ein Rechenzentrumsbetreiber in Emsdetten mit typischen IT-Dienstleistungen gewonnen.

Die Investition in die Infrastruktur erfolgt ausschließlich aus Mitteln der Stadtwerke, auf eine Kofinanzierung durch Fördermittel wird bewusst verzichtet, um Einschränkungen zu vermeiden. Das Erreichen der Gewinnschwelle wird nach wenigen Betriebsjahren erwartet, eine Amortisation nach ca. 10 Jahren.

9.2.5 Motivation von Netzbetreibern zum Ausbau

9.2.5.1 Masterplan für den Kreis Cœsfeld

Der Kreis Coesfeld beschäftigt sich seit über fünf Jahren mit Konzepten zur Verbesserung der Breitbandversorgung und einem nachhaltigen Infrastrukturausbau. Durch die Kreiswirtschaftsförderung wurde die aktuelle

Versorgung in allen Kommunen im Kreisgebiet detailliert erhoben, auch hat man vorhandene Infrastrukturen ermittelt. Die Ergebnisse wurden für Verhandlungen mit Netzbetreibern aufbereitet und dokumentiert.

Nach verschiedenen Überlegungen setzt der Kreis Coesfeld auf die mittelfristige Errichtung eines Glasfaseranschlussnetzes. Daher wurde im Auftrag des Kreises die Erstellung eines Masterplans beauftragt, aus dem der Trassenverlauf für die Anbindung der Ortsteile und der Leerrohrverlauf bis zu jedem Hausanschluss hervorgeht. Auch die Standorte für die erforderlichen Glasfasernetzknoten wurden ermittelt. Die Planung wurde Anfang 2013 fertiggestellt. „Die Erarbeitung des Masterplans wird [...] gefördert von der Europäischen Union aus Mitteln des Europäischen Fonds für Regionale Entwicklung (EFRE) und dem Land NRW im Rahmen des Regionalen Wirtschaftsförderungsprogramms. In 15 bis 20 Jahren soll sich das Glasfasernetz über die ganze Region erstrecken." (Wirtschaftsförderung Kreis Coesfeld)

Der eigentliche Netzausbau erfolgt in Eigenregie durch die Kommunen. Es zeichnet sich ab, dass die Kommunen unterschiedliche Wege zur Umsetzung gehen, fallweise wird ein Ausbau zusammen mit einem Kabelnetzbetreiber erfolgen, andere Kommunen prüfen einen Ausbau mit der Deutschen Glasfaser als Infrastrukturbetreiber (z. B. in der Stadt Holtwick). Zusätzlich konnte bis Mitte 2012 eine fast flächendeckende Versorgung mit LTE sichergestellt werden.

9.2.5.2 Gewerbegebiete in Friedrichsdorf

In Friedrichsdorf (Hessen) hatten die Gewerbegebiete aufgrund ihrer Lage am Rand der Kommune und der damit verbundenen Signaldämpfung nur eine schwache und für die Unternehmen unzureichende Breitbandgeschwindigkeit. Gespräche der Wirtschaftsförderung mit verschiedenen Netzbetreibern führten zunächst zu keinem Ergebnis.

Der auf Geschäftskunden spezialisierte Anbieter teliko aus Limburg bot nach einer Analyse der technischen Voraussetzungen und der zu erwartenden Kundenpotenziale einen für die Stadt nicht mit Zuwendungen verbundenen Ausbau an, sofern eine Mindestanzahl an Vorverträgen mit Unternehmen zustande kommen und die Stadt bei Wegesicherung und Standortsuche unterstützt. Mitte 2012 wurde die erforderliche Quote an Vorverträgen erreicht, sodass Friedrichsdorf mit dem Ausbau beginnen konnte. Teliko baut dabei MPLS-Netze auf der Basis von Glasfaserhausanschlüssen auf.

9.2.5.3 Leerrohrnetz in Aalen

Aalen ist Modellkommune beim VDSL-Ausbau der Deutschen Telekom. Darum sollte auch Dewangen Glasfaseranschlüsse in allen Neubaugebieten und damit Geschwindigkeiten von mindestens 25 MBit/s erhalten: „In einer eineinhalb Kilometer langen Trasse werden Dreifach-Leerrohre mit einem Durchmesser von fünf Zentimetern verlegt und elf Kabelverzweiger angelegt, von denen acht innerhalb von Dewangen aber noch verbunden werden müssen. Der Bau des Leerrohrnetzes, das die Erneuerung der Gehwege beinhaltet, soll in zwei Monaten von Ende April bis Ende Juni 2013 realisiert werden. Danach stehen die Ausschreibung und die Angebotsabgabe des Netzbetriebes an.“ (Schwäbische Post vom 1. märz 2013).

Das Modell in Aalen sieht einen FTTC-Ausbau mit VDSL-Diensten vor. Dabei investieren die Stadtwerke Aalen in die passive Infrastruktur mit Leerrohren und Glasfaser. Die Deutsche Telekom mietet die fertigen Trassen und betreibt das aktive Netz. Die Anmietung erfolgt nach dem Fasermietmodell.

9.2.5.4 Leerrohrnetz in Chemnitz

In Chemnitz arbeitete die Deutsche Telekom mit eins energie in sachsen GmbH & Co. KG zusammen. Der Energiedienstleister übernimmt die Errichtung der Infrastruktur mit Glasfaserleitungen bis in die Wohnung, die Telekom den Netzbetrieb.

Bei dem in Chemnitz gewählten Geschäftsmodell erfolgt die Investition in den Netzausbau ausschließlich durch den regionalen Energieversorger. Über den Kooperationsvertrag wird durch die Deutsche Telekom eine Vergütung in Form einer Anmietung des Netzes garantiert, der die Amortisation der Investitionen garantiert. Durch den Ausbau mit FTTB steht den angeschlossenen Haushalten eine Bandbreite von 200 MBit/s zur Verfügung.

9.2.6 Kooperationen mit Infrastrukturbetreibern

9.2.6.1 Kreise Heinsberg, Viersen, Borken, Wesel: Deutsche Glasfaser

In Deutschland sind kaum reine Infrastrukturbetreiber tätig, deren Geschäftsmodell auf der Vermietung von eigenen (in der Regel passiven) Infrastrukturen aus Leerrohren und unbeleuchteten Fasern besteht. Kunden sind Netz- und Dienstebetreiber, die auf eigene Rechnung Verträge mit privaten und gewerblichen Nutzern schließen. Historisch gesehen sind die meisten Anbieter vertikal integriert und betreiben selber sowohl die passive Infrastruktur als auch die aktiven Netzkomponenten und vermarkten zudem Dienste an den Verbraucher.

Der erste größere Anbieter passiver Infrastruktur ist die Deutsche Glasfaser Holding GmbH, deren Muttergesellschaft Reggeborgh seit über zehn Jahren mit der Tochtergesellschaft Reggefiber Glasfaseranschlüsse erstellt und vermarktet. Reggefiber hat deutlich über 1 Million Glasfaseranschlüsse geschaffen. Mit der Deutschen Glasfaser soll das Geschäft mit passiven Infrastrukturen auch in Deutschland betrieben werden. Im Zuge der Tätigkeit in Deutschland wurde Ende 2012 die von regionalen Stadtwerken gegründete BORnet übernommen, die überwiegend im Kreis Borken, aber auch im Gebiet der Kreise Coesfeld und Wesel tätig ist.

Der Kreis Heinsberg hatte sich bereits seit mehreren Jahren unter der Federführung der Kreiswirtschaftsförderung in Zusammenarbeit mit den Energieversorgern NEW und Alliander mit der Verbesserung der Breitbandversorgung beschäftigt. Daher sind im Kreisgebiet bereits viele Trassen mit Leerrohren zwischen den Ortsteilen vorhanden. Im Rahmen eines Breitbandprojektes wurde bis auf einzelne Teilorte und Gewerbegebiete die aktuelle Breitbandversorgung ermittelt. Auch wurden alle verfügbaren und für den Aufbau von Breitbandnetzen nutzbaren Infrastrukturen identifiziert. Nach längeren Diskussionen mit den Kommunen wurde entschieden, dass ein Masterplan für die Verlegung von Glasfaserhausanschlüssen (FTTB) beauftragt werden solle. Vor der Umsetzung hat sich jedoch eine Alternative durch eine Kooperation mit der Deutschen Glasfaser ergeben, die das Ziel verfolgt, alle Haushalte und Betriebe im Kreisgebiet mittelfristig mit FTTB anzubinden. Auch die Netzplanung wird von der Deutschen Glasfaser übernommen.

Die aus Sicht der Deutschen Glasfaser entscheidende Voraussetzung für den Infrastrukturausbau ist das Erreichen einer im Vorfeld ermittelten Vorvertragsquote (in der Regel 40 % der Haushalte). Die Kommunen haben die Aktivitäten der Deutschen Glasfaser intensiv unterstützt: durch die Begleitung von Informationsveranstaltungen und durch Hilfe bei der Standortsuche. Bis Anfang Mai 2013 erreichten bereits 30 Ortsteile in den zehn Kommunen die erforderliche Vorvertragsquote bzw. übertrafen sie teilweise mit Quoten bis zu 90 % deutlich. Diese Ortsteile waren allerdings bislang mit < 2 MBit/s mehrheitlich unterversorgt. Bis Anfang Juni 2013 lief die Akquisition von Vorverträgen in weiteren 18 Ortsteilen.

Im Kreis Viersen liefen bis Ende Juli 2013 weitere Projekte in 18 Ortsteilen in den Kommunen Brüggen, Niederkrüchten und Schwalmtal. Auch für die flächendeckende Versorgung mit Glasfaserhausanschlüssen in Grevenbroich war eine Zusammenarbeit mit der Deutschen Glasfaser beabsichtigt. Um die geschätzten € 45 Millionen an Investitionen für Grevenbroich zu bekommen, muss die Vorvertragsquote von 40 % aller Haushalte erreicht werden.

Unter dem Namen der BORnet laufen ähnliche Vorhaben in den Kreisen Borken, Coesfeld, Steinfurt und Wesel. Allen Projekten ist gemeinsam, dass mit Glasfaseranschlüssen eine nachhaltige Infrastruktur aufgebaut werden soll, die der Deutschen Glasfaser bei einer Lebensdauer von mindestens 50 Jahren eine Amortisation im Zeitraum von 10 bis 20 Jahren ermöglicht. Umsätze erzielt die Deutsche Glasfaser nicht mit den Verbrauchern, sondern mit Netzbetreibern, die für einen vertraglich gewonnenen Kundenanschluss eine monatliche Miete für die Teilnehmeranschlussleitung (TAL) zahlen.

Obwohl der Infrastrukturbetreiber offen für andere Netzbetreiber ist und alle Betreiber gleichbehandelt, ist die Deutsche Glasfaser auch mit einer eigenen Betreibergesellschaft tätig (Flink), um Abhängigkeiten von anderen Netzbetreibern zu vermeiden. Neben Flink vermarkten NetAachen und eine Tochtergesellschaft des regionalen Energieversorgers NEW eigene Dienste. Die Dienstebetreiber müssen selber nicht in den Ausbau der passiven Infrastruktur investieren und können überwiegend mit variablen Kosten kalkulieren. Für die Deutsche Glasfaser stellt sich das Geschäftsmodell ähnlich dar wie der Bau und Betrieb einer Gewerbeimmobilie.

9.2.6.2 Kerpen-Manheim und Wesseling-Berzdorf: RWE FiberNet

Die Stadt Wesseling hat eine vergleichsweise gute Breitbandversorgung, nur die Gewerbegebiete sind schwach oder unterversorgt. Frühere Versuche der Verwaltung, Netzbetreiber zu einem Ausbau zu motivieren, scheiterten unter anderem an zu hohen Wirtschaftlichkeitslücken. In Zusammenarbeit mit RWE und der für Glasfasernetze zuständigen Tochtergesellschaft RWE FiberNet kann jetzt Glasfaser bis in das Gewerbegebiet Berzdorf gebracht werden. Den Aufbau der aktiven Netztechnik (VDSL nach dem FTTC-Konzept) und die Vermarktung an die Geschäftskunden übernimmt NetCologne. Für die Stadt Wesseling ist die Umsetzung nicht mit finanziellen Zuwendungen verbunden. Für RWE FiberNet ergibt sich eine Wirtschaftlichkeit durch die vereinbarten Mietzahlungen von NetCologne; der Service Provider wiederum muss beim Netzaufbau keine Investitionen in Tiefbauarbeiten leisten.

In Kerpen-Manheim ergibt sich durch die Neuansiedlung des Ortsteils eine Sondersituation, die sich nicht einfach auf andere Kommunen übertragen lässt: „RWE hat ein modernes Glasfasernetz in Manheim neu gelegt, der Anschluss ist für die Umsiedler kostenlos, selbst wenn man das Netz (noch) nicht nutzt. [...] Einziger Anbieter ist zurzeit Unitymedia. Telefonprodukte werden hier über die Voice-over-IP-Technik ausgeführt [...]. Internet-Geschwindigkeit ist maximal 150 MBit/s im Downstream und 5 MBit/s im Upstream. Eine feste IP gibt es aber erst im Business-Bereich, und da ist das Produkt recht teuer, Anlagenanschlüsse mit Durchwahlblock werden zurzeit gar nicht angeboten. Maximaler Upload liegt mit 5 MBit/s, leider nur bei 50 % der Telekom [...]“ (Telekommunikations-Infos vom 8. April 2013 auf www.dickbusch.de)

Aufgrund der durch den Braunkohle-Tagebau bedingten Umsiedlung wird die neue Siedlung komplett neu erschlossen, sodass die Mehrkosten für die Glasfaserhausanschlüsse (FTTB) deutlich niedriger liegen als bei bestehender Bebauung. Vermutlich steht die Kostendeckung für das passive Netz in Kerpen-Manheim zudem nicht im Vordergrund.

9.2.7 Netzaufbau in Verbindung mit Sanierungsarbeiten

Die meisten Stadtwerke nutzen Sanierungsarbeiten zur Mitverlegung von (Standard-)Leerrohren. In der Regel erfolgen diese Maßnahmen ohne einen übergeordneten Netzplan (Masterplan). Trotzdem können diese Leerrohre hilfreich sein: Kerken z. B. konnte ein 800 m langes Leerrohr, das die Gemeinde im Straßendorf Stenden verlegt hatte, beim Ausbau nutzen.

Sofern ein Stadtwerk im Vorfeld einen Netzplan erstellen lässt, können Sanierungen in einem Teil des Versorgungsnetzes genutzt werden, um geschlossene Netzteile mit Glasfaserhausanschlüssen auszubauen. Da jedoch die Investition in einen Netzplan einen nicht unerheblichen Aufwand bedeutet, wird dieser Weg noch vergleichsweise selten beschritten. Die Stadtwerke in St. Ingbert sind nach diesem Muster vorgegangen und haben die komplette Sanierung der Versorgungsleitungen bis zum Hausanschluss in einem Viertel genutzt, um Microduct-Leerrohre bis ins Haus zu verlegen. Selbst wenn man ein solches passives Anschlussnetz nicht unmittelbar für einen Breitbandanschluss braucht, können solche Infrastrukturinseln früher oder später an Netzbetreiber vermietet werden.

9.2.8 Gründung von Infrastrukturinstitutionen

9.2.8.1 TeleKommunikationsGesellschaft Südwestfalen (TKG-SWF)

Die TKG (www.tkg-swf.de) geht auf eine 2005 gestartete Initiative im Hochsauerlandkreis zurück und hat nach Gründung der Telekommunikationsgesellschaft Hochsauerlandkreis mbH erfolgreich an der Beseitigung von Unterversorgung gearbeitet. Hierzu wurde ein regionaler Backbone-Ring auf der Basis von Richtfunkstrecken errichtet, von dem aus die Bandbreite zu den größtenteils sehr kleinen Siedlungen gebracht wurde. Diese mit eigenem Kapital sowie mit Förder- und Finanzierungsmitteln errichtete passive Infrastruktur wird an geeignete Netzbetreiber verpachtet, die den Dienst gegenüber dem Kunden erbringen und das Kundenmanagement von der Akquisition bis zur Abrechnung übernehmen. In den Folgejahren sind mit Olpe,

Soest, Siegen-Wittgenstein und dem märkischen Kreis weitere Landkreise als Gesellschafter beigetreten, und die Telekommunikationsgesellschaft erhielt den heutigen Namen. Bei den Investitionen in Netzinfrastruktur wird eine langfristige Amortisation der Investitionen angestrebt.

Nach der Beseitigung der Unterversorgung mit damals weniger als 1 MBit/s übernimmt die TKG-SWF infrastrukturpolitische Aufgaben. Ein wichtiges Instrument ist die Analyse der vorhandenen Infrastrukturen, die in einem Kataster mit georeferenzierten Daten (GIS) aufbereitet werden. Mit Breitbandkoordinatoren in den angeschlossenen Kreisen unterstützt die TKG-SWF die weitere Verbesserung der Breitbandversorgung. Außerdem wurden Kontakte zu den in den Kreisen tätigen Netzbetreibern aufgebaut, und man hat gemeinsam mit den Kreisen Übersichten zur aktuellen Versorgungssituation erarbeitet.

Die Aktivitäten der TKG-SWF in den Kreisen hat in Verbindung mit der geschaffenen Informationsbasis auch bei anderen Netzbetreibern Investitionen ausgelöst – zusätzlich zu den eigenen Projekten. Sofern ein eigenwirtschaftlicher Ausbau der privaten Netzbetreiber unter den gegebenen Siedlungsstrukturen und topografischen Gegebenheiten nicht möglich ist, unterstützt die TKG-SWF die betroffenen Kommunen bei der Konzeption von Lösungsansätzen und bei der Beantragung von Fördermitteln aus den verschiedenen Programmen. Somit wird ein insgesamt schnellerer Ausbau in den Gebieten der beteiligten fünf Kreise erreicht, als es bei einem eigenen Ausbau durch die TKG-SWF alleine möglich wäre.

Obwohl auch die TKG-SWF die flächendeckende Versorgung mit Glasfaserhausanschlüssen als nachhaltiges Ziel des Infrastrukturaufbaus sieht, greift sie auch zu Brückentechnologien wie VDSL, Vectoring, Kabelnetze und Richtfunk, da der flächendeckende FTTB-Ausbau insbesondere in den ländlichen Strukturen des Versorgungsgebietes nur über einen langen Zeitraum und unter Nutzung von Synergien möglich ist. Trotzdem wird der FTTB-Ausbau in Fällen, in denen die Voraussetzungen gegeben sind, unterstützt oder auch selber betrieben.

Mit den geschaffenen Voraussetzungen werden die Kreise auch bei der Bearbeitung der kreisweiten Förderanträge nach dem im Oktober 2015 gestarteten Bundesförderprogramm für den NGA-Ausbau unterstützt, sodass bereits zum ersten Stichtag im Januar 2016 aus dem Kreis der Gesellschafter ein erster Antrag für einen kreisweiten Ausbau eingereicht werden konnte.

9.2.8.2 Brenergo – Gesellschaft für Breitband sowie regenerative Energien im Odenwaldkreis

Die Brenergo (www.odenwald-breitband.de) ist eine hundertprozentige Tochtergesellschaft der Odenwald-Regional-Gesellschaft mbH (OREG), die sich als Wirtschaftsförderungsgesellschaft des Kreises um die nachhaltige Entwicklung der Odenwald-Region bemüht. Ein zunehmend wichtigerer Standortfaktor ist eine leistungsfähige Infrastruktur für die Breitbandversorgung. Für die Umsetzung plant die Brenergo gemeinsam mit den 15 Kommunen im Kreis in einem mehrstufigen Konzept den Aufbau einer nachhaltigen Breitbandinfrastruktur. Bereits Ende 2011 ermöglichte die aus Leerrohren und Glasfasertrassen bestehende Netzinfrastruktur der Brenergo im Odenwaldkreis die fast vollständige Erfüllung des politischen Ziels, bis 2018 alle Haushalte mit bis zu 50 MBit/s zu versorgen.

Für den flächendeckenden Ausbau zur Versorgung der ca. 98.000 Einwohner und der 5500 Gewerbebetriebe wurde zunächst auf einen FFTC-Ausbau gesetzt, der schneller umzusetzen ist als der Ausbau mit Glasfaserhausanschlüssen. Für beide Netzstrukturen ist ein regionales Backbone zur Zuführung der Bandbreite zwingend erforderlich. Hierfür wurde ein Glasfaserring im Kreisgebiet verlegt. Der Baubeginn war im Herbst 2010, der letzte Bauabschnitt wurde Ende 2014 abgeschlossen; die Herstellungskosten beliefen sich auf ca. € 20 Millionen. Die Finanzierung erfolgte durch die Volksbank Odenwald e.G. und die Sparkasse Odenwaldkreis, wobei die Bürgschaftszusage durch das Land Hessen eine wichtige Voraussetzung darstellt.

Die Brenergo errichtet und betreibt die passive Infrastruktur, der aktive Netzbetrieb und die Bereitstellung von Diensten erfolgen durch Partner, die das passive Netz anmieten. Als Netzbetreiber ist die ENTEGA Medianet GmbH aus Darmstadt in das Vorhaben eingebunden. Die Rückflüsse werden zur Finanzierung der Netzerweiterungen genutzt. Eine Veräußerung der Netzinfrastruktur ist nicht geplant, sodass der Kreis die Kontrolle über den weiteren Ausbau behält.

Nach dem FTTC-Ausbau wird bereits an der Errichtung von ersten FTTB-Gebieten gearbeitet, wobei der Fokus zunächst auf den Gewerbegebieten liegt, da die Unternehmen kurzfristig leistungsfähigere Netzzugänge mit symmetrischen Geschwindigkeiten bei Up- und Downstream benötigen.

9.2.8.3 BIG – Breitband-Infrastrukturgesellschaft Cochem-Zell

Aufgrund von Siedlungsstruktur und Topografie war der Kreis Cochem-Zell (www.cochem-zell.de) früher nur mit langsamen Internet-Zugängen versorgt. Ein Ausbau durch die regional tätigen Netzbetreiber war auch bei punktueller Förderung unwirtschaftlich. Daher haben die fünf Verbandsgemeinden und der Landkreis gemeinsam mit Partnern für den Aufbau von Infrastrukturen und den Netzbetrieb ein Konzept für einen kreisweiten Ausbau erarbeitet. Hieraus ging Ende 2011 erste kreisweite Public-private-Partnership hervorgegangen. Gesellschafter der gegründeten GmbH sind die Verbandsgemeinden Kaisersesch, Cochem, Ulmen, Zell, der Kreis Cochem-Zell, die Infrastrukturbetreiber und Energieversorger RWE Deutschland, Energieversorgung Mittelrhein, der Softwareanbieter mps public solutions und der Netzbetreiber inexio.

BIG soll für die 92 Gemeinden im Kreis eine zukunftssichere Breitbandversorgung ermöglichen. Ab Frühjahr 2012 wurde mit der Verlegung von Leerrohren begonnen. Neben den bei den Kommunen und den Gesellschaftern vorhandenen und für den Aufbau der Breitbandinfrastruktur nutzbaren ca. 180 km an Leerrohrtrassen mussten dazu weitere 160 km Leerrohre verlegt und 135 Technikstandorte für den FTTC-Betrieb errichtet werden. Wie in vielen anderen Vorhaben in ländlichen Regionen nutzt auch die BIG die vorhandenen Kupferdoppeladern für den Hausanschluss. Der Ausbau erfordert ein Kapital in Höhe von € 17 Millionen, von denen die Gesellschafter € 8 Millionen in Form von Sach- und Geldeinlagen einbringen.

Anders als bei anderen Vorhaben unter Beteiligung von Kreisen und Kommunen fallen bei BIG für den Ausbau in Cochem-Zell keine verlorenen Zuschüsse an Netzbetreiber an. Im Gegenteil sollen sich die getätigten Investitionen über einen längeren Zeitraum amortisieren. Da die beteiligten Verbandsgemeinden mit nur 3,29 % am Gesellschafterkapital beteiligt sind und der Kreis nur mit 5,49 %, entstehen keine beihilferechtlichen Probleme beim Infrastrukturaufbau, die Markterkundung und Auswahlverfahren erfordern würden; BIG agiert als privatwirtschaftlicher Betreiber mit Gewinnerzielungsabsicht. Eine Öffnung des Netzes für andere Netzbetreiber (Open Access) ist ebenfalls nicht erforderlich. Als Netzbetreiber und in der Vermarktung der Dienste gegenüber den Kunden tritt inexio auf.

Im Wettbewerb „Innovationen querfeldein – Ländliche Räume neu gedacht" wurde das Projekt für den Kreis Cochem-Zell zum Bundessieger in der Kategorie „Wirtschaft" gewählt.

Der Infrastrukturausbau konnte Anfang 2014 innerhalb von rund 24 monaten abgeschlossen werden und ermöglicht zunächst auf der Basis von VDSL den meisten Nutzern Anschlüsse mit bis zu 50 MBit/s. Aufgrund der Leitungsdämpfung erhalten entferntere Anschlüsse geringere Geschwindigkeiten (bis zu 16 MBit/s). Die Aufrüstung auf Vectoring erhöht die Geschwindigkeit auf bis zu 100 MBit/s. Bis 2015 haben 89 Ortsgemeinden Zugang zu schnellem Internet erhalten. Da technologiebedingt entfernte Regionen und auch einige Gewerbegebiete immer noch schwach versorgt sind, hat der Kreis einen Zuwendungsbescheid für Beratungsleistungen nach dem Bundesförderprogramm für den NGA-Ausbau erhalten und will damit 2016 einen Förderantrag für den weiteren Ausbau der Infrastruktur erarbeiten. Voraussetzung für den Erhalt der Fördermittel ist dann allerdings die Durchführung eines Markterkundungs- und Ausschreibungsverfahrens für die mit < 30 MBit/s versorgten Gebiete.

9.2.9 Zweckverbände als interkommunale Aktivitäten

9.2.9.1 Zweckverband Breitbandversorgung Steinburg (ZVBS)

Der Zweckverband „Breitbandversorgung Steinburg" (zvbs.de) organisierte Ende 2010 insgesamt 102 Gemeinden im Kreis Steinburg und hat die flächendeckende Verbesserung der Breitbandanbindung für die Ämter Horst-Herzhorn, Kempermarsch, Wilstermarsch und die Stadt Wilster als Ziel. Die Stadt Glücksstadt prüft den Anschluss an den Zweckverband.

Als Ergebnis einer Ausschreibung wurden 2015 die Stadtwerke Neumünster (www.swn-glasfaser.de) beauftragt, die Glasfaserinfrastruktur zu errichten. Bis 2019 sollen alle Mitgliedskommunen des Zweckverbandes ausgebaut sein. 95 % der Haushalte sollen angeschlossen werden. Die Stadtwerke Neumünster benötigen dabei für den Anschluss auf 100 m mindestens einen Kunden. Man benötigt in der Vorvermarktung eine Anschlussquote von 45 %, um mit dem Ausbau zu beginnen, allerdings werden 60 % als realistischer Wert erwartet. Die Gemeindevertreter unterstützen die Aktion. Für Eigentümer, die sich während der Vorvermarktung beteiligen, entfallen die später erhobenen Anschlusskosten von € 990 je Hausanschluss. Erst bei Entfernungen von mehr als 20 m auf dem Grundstück werden € 35 pro Meter für die Verlegung erhoben.

Aufgrund der Netzplanung können vorhandene Leerrohre nicht genutzt werden. Die verlegten Leerrohre wiederum müssen geeignet sein, um Glasfaserkabel einzublasen. Das passive Anschlussnetz, bestehend aus Leerrohren, Glasfaserleitungen und Kopflöchern, geht nach Fertigstellung in das Eigentum des Zweckverbandes über. Die Refinanzierung erfolgt über die zu erwartenden Pachteinnahmen, sodass keine verlorenen Zuschüsse durch die beteiligten Kommunen anfallen.

Die Übertragungsrate in dem fertigen FTTB-Netz hängen später nur von der gewählten Übertragungstechnik und den gebuchten Diensten ab. Netzbetrieb und Dienste realisieren die Stadtwerke Neumünster, 2015 kostete ein 50-MBit/s-Anschluss € 49 pro Monat. Der schnellste derzeit angebotene Tarif ermöglicht im Downstream 250 MBit/s (Upstream 50 MBit/s).

Für die Stadtwerke Neumünster ist der Zweckverband Steinburg bereits das zweite im Ausschreibungsverfahren gewonnene Ausbauprojekt im ländlichen Raum. Im März 2015 waren 102 km Leerrohre verlegt und man hatte 1000 Kunden unter Vertrag. 2016 sollen ca. 37.000 Haushalte in 60 Gemeinden im Gebiet des Zweckverbands erreicht werden.

9.2.9.2 Zweckverband Breitband Altmark (ZBA)

Im Juli 2012 gründeten die Landkreise Salzwedel und Stendal den ersten kommunalen Breitbandzweckverband gegründet, um in Eigenregie nachhaltige Telekommunikationsnetze auf der Basis von FTTH-Anschlüssen zu errichten. 20 Städte und Gemeinden sind dem Zweckverband Breitband Altmark (www.breitband-altmark.de) beigetreten, sodass damit ca. 210.000 Einwohner vertreten sind.

Der Gründung vorangegangen war eine Machbarkeitsstudie. Unmittelbar nach der Gründung wurden Bedarfsanalysen und eine Markterkundung durchgeführt. Im Juni 2013 folgte eine Ausschreibung zur Vergabe des Netzbetriebes, die im Dezember 2014 abgeschlossen wurde. Anfang 2015 wurde der Ausbau der Glasfaserinfrastruktur zusammen mit dem Netzbetreiber DNS:NET Internet Service GmbH (www.dns-net.de) begonnen, der die Ausschreibung gewonnen hatte. Bau- und Netzplanung erfolgen durch den Zweckverband, der auch das Eigentum an der passiven Infrastruktur behält. Um Kosten bei den Baumaßnahmen zu sparen, werden nach Möglichkeit vorhandene Infrastrukturen anderer Anbieter genutzt.

Bis Ende 2016 soll die Region um Arneburg-Goldbeck und das Elbe-Havel-Land fertiggestellt sein. In der Vorvermarktung 2015 haben sich 60 % der Haushalte in Arneburg, 49 % in Storkau und 42 % in Sandau für den schnellen Glasfaseranschluss entschieden. Allerdings fand man dabei die Erfahrung aus anderen Regionen bestätigt, dass nicht in allen Gemeinden ein ausreichend hohes Interesse an einem Glasfaseranschluss besteht. Diese Gebiete werden konsequenterweise vorerst nicht ausgebaut. DNS:NET ist als Pächter und Technologiedienstleister beteiligt und bietet Datenraten bis zu 500 MBit/s an.

9.2.10 Vectoring als Brückentechnologie

Bereits Mitte 2013 begannen die Planungen und die Umsetzung von Vectoring-Vorhaben, erste Netze wurden Anfang 2014 in Betrieb genommen. STZ-Consulting hat einige Kommunen bei den entsprechenden Ausbauprojekten begleitet.

9.2.10.1 Ahlen

Die Stadt Ahlen mit knapp 52.000 Einwohnern führte 2011 das erste Breitbandprojekt durch: zur Verbesserung der Internet-Anbindung im Stadtteil Dolberg mit knapp 3500 Einwohnern (Vorwahlbereich 02388) und zwei

Bauernschaften. Nach einem „klassischen" Projektablauf konnte mithilfe von GAK-Fördermitteln ein VDSL-Ausbau vorgenommen werden, der 2013 zu einem erfolgreichen Abschluss kam. Für die beiden Bauernschaften konnte kein wirtschaftliches Konzept für eine leitungsgebundene Lösung gefunden werden, sodass man hier auf Satelliten-DSL und eine Forcierung des LTE-Ausbaus zurückgriff.

Nach dem Abschluss der Maßnahme für Dolberg rückten die Gewerbegebiete in den Fokus. Hier sollten Breitbandprojekte entsprechend dem Leitfaden für das RWP-Programm durchgeführt werden. So wurden nacheinander Befragungen und Markterkundungsverfahren für die fünf Gewerbegebiete Olfetal, Industriegebiet Ost, Kleiwellenfeld, Vatheuershof und Vorhelm-Bahnhof durchgeführt. Für alle fünf Gewerbegebiete konnte ein Ausbau ohne Zuwendungen vereinbart werden, der bis 2016 durchgeführt werden soll. Die Kommune profitiert dabei vom Vectoring-Vorhaben der Deutschen Telekom, die nicht nur die fünf Gewerbegebiete mit MSAN-Technik ausbauen wird, sondern das komplette Vorwahlgebiet 02382, in dem sie liegen. Im Fall des Gewerbegebietes in Vorhelm-Bahnhof zeigt sich allerdings das auch durch Vectoring nicht beseitigte Problem der Signaldämpfung: Der Kabelverzweiger, der das Gebiet versorgt, steht ca. 3 km entfernt, und es werden auch nach dem Ausbau voraussichtlich nicht > 6 MBit/s im Downstream erreicht werden, ein sicher nicht zukunftssicherer Wert.

Somit verbleibt zukünftig nur noch ein kleines Wohngebiet im Stadtteil Vorhelm-Bahnhof mit einer unzureichenden Internet-Anbindung. Da dieses Gebiet aus einer anderen Richtung versorgt wird und mit 02528 eine andere Vorwahl hat, ist ein Eigenausbau durch die Telekom unwahrscheinlich. Für dieses Gebiet verbleibt nur der bisherige Weg eines VDSL-Ausbaus gegen Ausgleich einer Deckungslücke.

9.2.10.2 Bedburg

Seit Jahren ist der Breitbandausbau für 23.000 Einwohner ein erklärtes Ziel von Bedburg. So konnte für einige Ortsteile recht früh ein DSL-Ausbau erreicht werden. Die Versorgung des kleinen Ortsteils Pütz mit unter 150 Haushalten stellte schon eine größere Herausforderung dar. Hier ergibt die Wirtschaftlichkeitsanalyse für die Anbindung und den Ausbau eines Kabelverzweigers keine attraktiven Ergebnisse. Mithilfe eines WLAN-Netzes konnte aber auch in diesem Ortsteil die Unterversorgung beseitigt werden.

Es verblieben jetzt aber immer noch Teilbereiche mit einer Unterversorgung oder mit Bandbreiten knapp oberhalb davon. Die Stadt suchte darum aktiv Gespräche mit mehreren Betreibern und diskutierte und prüfte über längere Zeit in Workshops Alternativen. Schließlich waren die Bemühungen von Erfolg gekrönt: Anfang 2014 konnte gemeinsam mit NetCologne verkündet werden, dass das Stadtgebiet 2015 mit Vectoring aufgerüstet sein werde. Hierzu mussten 56 Kabelverzweiger mit Leerrohren angebunden und mit Multifunktionsgehäusen überbaut werden.

In Verbindung mit dem Kabelnetz von Unitymedia wurden große Teile im Stadtgebiet zu schwarzen NGA-Flecken, die für die nächste Zeit über auskömmliche Geschwindigkeiten verfügen. Allerdings werden wohl viele Kunden hierfür den Anbieter wechseln müssen, da auch in Bedburg die Mehrzahl der Internet-Nutzer bis dato wohl den Anschluss der Deutschen Telekom nutzen. Den schnellen Zugang gibt es nur über NetCologne oder, sofern schon verfügbar, über das Kabelnetz von Unitymedia.

9.2.10.3 Erftstadt

Erftstadt (gut 49.000 Einwohner) führte in den Jahren 2009 und 2010 ein Projekt zum Ausbau der Internet-Anbindung in fünf Ortsteilen und für ca. 15.000 Einwohner durch (siehe Anhang I.4). Das nach der Zahl der versorgten Einwohner bislang wohl immer noch größte GAK-Projekt in Nordrhein-Westfalen ergab bis Anfang 2012 einen VDSL-Ausbau bis zu 50 MBit/s. 2013 wurde dann in einem Folgeprojekt auf der beihilferechtlichen Grundlage des RWP-Programms der Ausbau in zwei Gewerbegebieten in Lechenich durchgeführt. In beiden Vorhaben erfolgte der Ausbau nach Gewährung einer Zuwendung und unter Einsatz von Eigenmitteln aus dem Haushalt der Stadt.

Nach der Fertigstellung des Ausbaus in Lechenich Anfang 2014 gab es keine größeren unterversorgten Gebiete mehr in Erftstadt. Unter der NGA-Perspektive verbleiben allerdings noch größere Gebiete und ganze Ortsteile als weiße NGA-Flecken mit zum Teil deutlich < 30 MBit/s. Um die digitale Spaltung im Stadtgebiet zu beseitigen, wurde im Frühjahr 2014 auf der Basis der neuen und seinerzeit noch nicht notifizierten NGA-Rahmenregelung eine Markterkundung durchgeführt. Dabei war von Anfang klar, dass ein mögliches Auswahlverfahren erst nach der Notifizierung durchgeführt werden könnte.

Allerdings ergab sich bei der Markterkundung, dass ein Vectoring-Ausbau möglich ist, wenn auch voraussichtlich erst 2017. Da der Ausbau ohne Zuwendungen erfolgen wird, kann die Durchführung eines Auswahlverfahrens entfallen. Mit dem Abschluss der Infrastrukturarbeiten werden in Erftstadt überwiegend graue NGA-Flecken entstehen, da ein Kabelnetz als alternatives NGA-Netz nur in Teilen von zwei Stadtteilen verfügbar ist; diese werden dann zu schwarzen NGA-Flecken.

Der bis 2012 erfolgte VDSL-Ausbau mit GAK-Fördermitteln war vermutlich eine wichtige Voraussetzung für die Vectoring-Aufrüstung, da im Zuge dieser Maßnahme 17 km Glasfaserleitungen verlegt wurden, davon 14 km in neuen Leerrohren. Gleichzeitig wurden 32 Kabelverzweiger mit Multifunktionsgehäusen überbaut. Die Aufrüstung in diesem Teil des Netzes kann jetzt ohne größeren Aufwand erfolgen.

9.2.10.4 Nettetal

Die Stadt Nettetal mit gut 41.000 Einwohnern hatte vor der Umsetzung des Breitbandvorhabens auch aufgrund ihrer Grenzlage eine eher schwache Versorgung mit maximal 16 MBit/s (siehe Anhang I.9). Nach einer Analyse der Ausgangslage wurde ein zeitliches Stufenkonzept für die Umsetzung erstellt. Denn ein flächendeckender Ausbau mit Glasfaseranschlüssen in einem Schritt erfordert einen zu hohen Mitteleinsatz. Daher wurde mit Unitymedia ein rückkanalfähiger Ausbau des Primacom-Kabelnetzes vereinbart. Durch den Bau fehlender Glasfasertrassen für den Anlauf durch die Stadtwerke Nettetal werden heute nahezu 90 % der Haushalte mit 150 MBit/s erreicht.

In Gewerbegebieten waren in der Vergangenheit keine Kabelnetze verlegt worden, sodass die Betriebe nicht von deren Aufrüstung profitierten. Es war daher eine folgerichtige und nachhaltige Entscheidung, dass die Stadtwerke Nettetal sich für den sukzessiven Ausbau aller Gewerbegebiete mit

Glasfaseranschlussnetzen entschieden. Hierdurch wird nachhaltig Zukunftssicherheit geschaffen, und bereits zum Start sind symmetrische Bandbreiten von 2 bis 100 MBit/s verfügbar; auf Anfrage können auch Anschlüsse bis 10 GBit/s eingerichtet werden. Zusammen mit dem niederländischen Unternehmen Systemec B.V. wurde ein Joint Venture gegründet, das den Betrieb des aktiven Netzes übernimmt und eine offene Plattform für Diensteanbieter betreibt. Damit sind symmetrische Dienste von 2 MBit/s bis 10 GBit/s verfügbar. Der Ausbau der ersten Gewerbegebiete und des Kabelnetzes war Anfang 2014 abgeschlossen.

Unabhängig vom rückkanalfähigen Ausbau des Primacom-Kabelnetzes und des Aufbaus eines FTTB-Netzes durch die Stadtwerke baut die Deutsche Telekom große Teile von Nettetal mit dem neuen VDSL-Vectoring-Verfahren auf Basis der vorhandenen Kupferdoppelader aus. Mit Vectoring werden in einem Umkreis von ca. 600 m um die Outdoor-DSLAMs Downstream-Geschwindigkeiten von 100 MBit/s erreicht. Bei der Vectoring-Technik müssen nahezu alle Kabelverzweiger mit Glasfaser angebunden und zu einem Outdoor-DSLAM überbaut werden, sodass auch die Randgebiete von einem Ausbau profitieren.

Im Vergleich zum Ausbau der Kabelnetze wird mit Vectoring eine großflächige Versorgung erreicht. Dies kann in Nettetal insbesondere den Teilen, die Primacom nicht erreicht, zugutekommen. Allerdings bleibt es auch nach dem Vectoring-Ausbau bei einer zunehmenden Dämpfung der Signale je nach Länge der Kupferdoppelader zwischen Outdoor-DSLAM und Hausanschluss. Zudem ist zu beobachten, dass die Akzeptanz neuer Glasfaseranschlüsse unter dem Vectoring-Angebot leidet und daher die Ausbaupläne für die Gewerbegebiete zeitlich gestreckt werden müssen. Für den FTTB-Ausbau hat sich Vectoring auch in diesem Fall als hinderlich erwiesen und hätte den Ausbau möglicherweise ganz verhindert, wenn die Ankündigung früher erfolgt wäre.

9.2.10.5 Radevormwald

Die Stadt Radevormwald mit gut 23.000 Einwohnern und einer hohen Zahl einzelner Ortsteile beschäftigt sich schon seit 2010 mit den Möglichkeiten zur Verbesserung der Breitbandversorgung. In einem ersten Schritt wurde

2012 eine Maßnahme nach dem GAK-Förderprogramm eingeleitet, die das Kabelnetz von Unitymedia rückkanalfähig machen sollte und im Ergebnis nicht nur die bislang unterversorgten Wupperorte mit bis zu 150 MBit/s NGA-fähig gemacht hat, sondern auch die gesamte Kernstadt. Für die beiden Stadtteile Krebsöge und Wihelmstal konnte damals allerdings keine wirtschaftliche Ausbauoption realisiert werden.

Ermutigt von dem Ergebnis und der positiven Resonanz in der Bevölkerung wurde eine Verbesserung der Internet-Anbindung für das Gewerbegebiet Ost angestrebt. Die 2013 nach dem RWP-Programm durchgeführte Markterkundung konnte erfolgreich abgeschlossen werden: Die Deutsche Telekom wird das Gebiet im Eigenausbau auf ein derzeit ausreichendes Niveau von 50 MBit/s heben. Damit ist das Gewerbegebiet nicht mehr unterversorgt, und es werden keine Haushaltsmittel zur Umsetzung benötigt. Dieser Ausbau erfolgt im Zuge des Vectoring-Ausbaus für das gesamte Stadtgebiet bis 2016 und hat bereits 2014 zu einer Verbesserung für die bislang unterversorgten Ortsteile Krebsöge und Wihelmstal geführt, die durch die Zuführung von Remscheid-Lennep schneller von der Umsetzung profitieren als die anderen Stadtgebiete; dabei wäre ein Ausbau für sie noch Anfang 2012 unverhältnismäßig teuer geworden.

Für Radevormwald stellt die Breitbandversorgung in den nächsten Jahren somit kein Problem mehr dar. Das Ergebnis der Vorgehensweise bestätigt die Tendenz der Betreiber, unterversorgte Gebiete mit Vectoring ohne Zuwendungen auszubauen. Es kann sich also für Kommunen lohnen, eigene Aktivitäten zu entwickeln und eine öffentliche Markterkundung durchzuführen, selbst wenn keine Haushaltsmittel zur Behebung einer Deckungslücke zur Verfügung stehen!

9.2.10.6 Solingen

Solingen hat bei über 155.000 Einwohnern eine teilweise schwierige Topografie und eine verteilte Siedlungsstruktur. Zu Beginn des Projektes war die Breitbandverteilung äußerst heterogen. In den Kernbereichen war die Abdeckung gut und erreichte bis zu 150 MBit/s. Alleine durch die Kabelnetzversorgung wurden NGA-Quoten von über 75 % erreicht. Zu den nicht versorgten Gebieten an den Rändern und in kleineren Stadtteilen fiel die Versorgung allerdings erheblich ab, zum Teil auf < 2 MBit/s bis unter die Grenze der Unterversorgung.

Ein Zwischenergebnis der Projektbegleitung in Solingen ist der Ausbau mit Vectoring in fünf der acht Anschlussbereiche. Hierfür müssen 100 km Glasfaserleitungen neu verlegt und 153 Verteilerschränke zu Multifunktionsgehäusen überbaut werden. Durch den Ausbau erhalten weite Teile der Stadt, die bislang schon durch Unitymedia mit > 50 MBit/s NGA-fähig waren, einen weiteren NGA-Anbieter. Aus bislang grauen NGA-Flecken werden somit schwarze, aber auch bislang schwach versorgte weiße NGA-Flecken mit < 30 MBit/s erhalten eine bessere Versorgung und werden zu grauen Flecken. Es ist zwar nicht abzusehen, wann es in diesen Gebieten einen weiteren NGA-Anbieter geben wird, aber für Haushalte und Betriebe in den bislang schwach versorgten Gebieten stellt das einen erheblichen Fortschritt dar. Die schon vor dem Vectoring-Ausbau mit über 75 % gute NGA-Verfügbarkeit (> 50 MBit/s) steigt nach dem Ausbau in den fünf Anschlussbereichen auf über 80 % und liegt damit deutlich über dem Durchschnitt in Nordrhein-Westfalen von gut 69 %. Andererseits fallen die verbleibenden, nicht ausgebauten Anschlussbereiche relativ gesehen weiter ab, und es wird die Aufgabe der Verwaltung sein, dafür zu sorgen, dass auch in diesen Gebieten eine gute Versorgung erzielt wird. Eine tatsächliche Unterversorgung wird es aber nach dem Ausbau durch die Deutsche Telekom in Solingen kaum noch geben, die Quote wird voraussichtlich auf unter 2 % sinken.

Da auch Solingen nicht bei der Brückentechnologie Vectoring stehen bleiben muss, sind Konzepte für einen mittelfristigen Aufbau von Glasfaseranschlussnetzen zu erarbeiten. Im Hinblick auf die für heutige Bedürfnisse sehr gute Versorgung kann dies investitionsschonend nur unter Nutzung aller Synergien erfolgen. Solingen hat als eine von wenigen Städten in Nordrhein-Westfalen seit Anfang 2014 einen eigenen Breitbandbeauftragten, der allerdings auch dringend erforderlich ist, um die langfristige Koordination zu ermöglichen und eine regelmäßige Abstimmung der beteiligten kommunalen Akteure untereinander und mit den einzelnen Netzbetreibern sicherzustellen.

9.2.10.7 Viersen

Die Stadt Viersen mit knapp 75.000 Einwohnern bemühte sich seit einer Reihe von Jahren um eine Verbesserung der Breitbandversorgung in den verschiedenen Gewerbegebieten. Insbesondere bei zwei Neuerschließungsgebieten mit bislang schlechter Internet-Anbindung zeichneten sich Vermarktungsprobleme ab, falls keine zeitgemäßen Breitbandgeschwindigkeiten erreicht würden. Aber auch aus Bestandsgebieten kamen dringende Wünsche nach höheren Geschwindigkeiten. Im Vergleich zu den Gewerbegebieten war die Versorgung in den Wohnbereichen bis auf zwei kleinere Ortsteile vergleichsweise gut, insbesondere durch eine weitreichende Verfügbarkeit durch den Kabelnetzbetreiber Unitymedia.

2011 und 2012 wurde ein erstes Projekt zur Verbesserung der Versorgungslage durchgeführt, das im Falle des Bestandsgebietes Mackenstein mit einer Aufrüstung von ADSL auf VDSL endete. Für die neuen Erschließungsgebiete sollte auf der Basis der Bundesrahmenregelung Leerrohre ein passives FTTB-Netz errichtet und an einen Betreiber vermietet werden. Doch nach einem zunächst positiven Ausgang machte der Betreiber der aktiven Netztechnik einen Rückzieher. Das Verfahren wurde also Anfang 2014 mit einem Markterkundungsverfahren neu aufgegriffen.

Mit dem Ablauf der Markterkundungsfrist für die Gewerbegebiete in Viersen zeichnet sich auch in diesem Fall ein Eigenausbau der Breitbandinfrastruktur durch die Deutsche Telekom auf der Basis von Vectoring ohne Zuwendungen der Stadt ab. Der Ausbau kommt dabei nicht nur den Gewerbegebieten zugute, sondern technologiebedingt dem gesamten Vorwahlbereich. Somit wird Viersen nach Abschluss des Ausbaus, dessen Beginn auf Wunsch der Stadt von 2016 auf 2015 vorgezogen wird, mit zwei leistungsfähigen NGA-Netzen fast flächendeckend zum schwarzen NGA-Fleck. Auch die unterversorgten Ortsteile profitieren vom Vectoring-Ausbau.

Das ursprüngliche Ziel, Glasfaseranschlussnetze für die Gewerbegebiete zu schaffen, ist damit aber hinfällig geworden. Da die Stadt Viersen nicht über eigene Stadtwerke verfügt, wird die Umsetzung des langfristigen Ziels flächendeckender Glasfaseranschlussnetze schwieriger zu erreichen sein.

9.2.10.8 Wegberg

Wegberg war eine der ersten Städte im ländlichen Raum, die von der Deutschen Telekom mit Vectoring (fast) flächendeckend versorgt wurden. Bis zum Frühjahr 2014 wurden in den Vorwahlbereichen 02431, 02434 und 02436 ganze 37 km Glasfaserleitungen verlegt und über 80 Kabelverzweiger mit Multifunktionsgehäusen überbaut. 13.000 Haushalte können auf der Basis der MSAN-Technik sofort bis zu 50 MBit/s nutzen und nach Freischaltung von Vectoring bis zu 100 MBit/s. Mit 40 Ortsteilen bei knapp 28.000 Einwohnern zählt Wegberg zu den typischen ländlichen Mittelstädten.

Neben den beiden mit Vectoring erschlossenen Vorwahlbereichen gibt es drei weitere Anschlussbereiche im Stadtgebiet, von denen in zweien noch unterversorgte Ortsteile liegen. Noch vor dem Projekt der Deutschen Telekom war die Deutsche Glasfaser mit einem Vorhaben zur Schaffung von Glasfaseranschlussnetzen im Stadtgebiet tätig geworden. Aufgrund von wirtschaftlichen Erfordernissen beginnt die Deutsche Glasfaser erst bei einer Vorvertragsquote von 40 % mit dem Ausbau. In einigen der Pilotregionen wurde die Mindestquote bei der Vorvermarktung erreicht, in anderen wurde sie deutlich verfehlt. Im Vorwahlbereich 02161 wurde die Mindestquote erst recht spät erreicht, und es ist offen, ob und wann ein Ausbau erfolgt. Ergänzend zum zuwendungsfreien Vectoring-Ausbau in den Vorwahlbereichen 02131, 02434 und 02436 hat die Deutsche Telekom ein Angebot zum Ausbau mit Zuwendungen für die verbleibenden Ortsteile im unterversorgten Teil des Vorwahlgebietes 02461 abgegeben.

Das Ergebnis des Breitbandprojektes für Wegberg zeigt deutlich die Problematik eines Vectoring-Ausbaus auf: Zwar wird in den ausgebauten Gebieten eine hohe Flächendeckung erreicht, aber es verbleiben angrenzend schwach versorgte Gebiete, in denen es zunehmend schwerer wird, eine ausreichende Versorgung zu erzielen. Auf jeden Fall ist Vectoring eine Brückentechnologie und muss in 10 bis 15 Jahren durch ein leistungsfähigeres Glasfaseranschlussnetz ersetzt werden. Dieses entsteht in Wegberg nur in einigen Ortsteilen, die von der Deutschen Glasfaser ausgebaut werden. In den verbleibenden Ortsteilen ohne FTTB-Netze wird es dafür umso schwieriger, einen Anbieter zu finden, der auf privatwirtschaftlicher Basis einen Netzaufbau betreibt. Nach der Vectoring-Ankündigung der Deutschen Telekom stagnierten offensichtlich die Abschlussquoten für einen Glasfaseranschluss. Das kann man zwar als kurzsichtig ansehen, ändert aber nichts daran, dass die zukünftigen Investitionen in ein Glasfaseranschlussnetz wohl überwiegend mit öffentlichen Mitteln erfolgen müssen (siehe Anhang I.5).

9.2.11 Fazit und Übertragbarkeit auf Kreise und Kommunen

Von den vorgestellten Optionen zur Umsetzung von Breitbandprojekten passen einige weniger gut und andere besser zu einem bestimmten Kreis oder einer bestimmten Kommune. Das *Modell mit Gewährung einer Zuwendung* (siehe 9.1.1 und 9.2.1) haben viele Kommunen bereits erfolgreich genutzt. Die Voraussetzungen zum Ausbau durch Ausgleich einer Deckungslücke sind:

- Erfüllung der beihilferechtlichen Voraussetzungen gemäß dem GAK- oder RWP-Förderprogramm,
- Identifikation mindestens eines Netzbetreibers, der gegen Gewährung eines einmaligen Zuschusses einen Ausbau vornimmt,
- ausreichende Haushaltsmittel zur Finanzierung der Eigenmittel und
- fallweise die Zustimmung der Kommunalaufsicht.

Für den *Ausbau unter Nutzung vorhandener Infrastrukturen* (siehe 9.1.2 und 9.2.2) gilt grundsätzlich dasselbe wie im Fall der Gewährung einer Zuwendung. Die Reduzierung einer Deckungslücke ist aber nur dann möglich, wenn im Ausbaugebiet oder in dessen Nähe geeignete Infrastrukturen vorhanden sind und deren Nutzung möglich ist.

Modelle, die auf *bürgerschaftliches Engagement* setzen (siehe 9.1.3 und 9.2.3), sind eher für kleinere und dörflich geprägte Gemeinden geeignet als für eine Mittel- oder Großstadt. Zur erfolgversprechenden Umsetzung von eigenen *Infrastrukturinstitutionen* (siehe 9.1.2 und 9.2.2) und *Zweckverbänden* (siehe 9.1.9 und 9.2.9) sind wiederum ausreichende Kundenpotenziale und somit größere Einheiten wie z. B. ganze Kreise erforderlich. Somit sind diese Ausbauoptionen zwar nicht grundsätzlich ungeeignet, aber doch ohne ein Engagement durch den zuständigen Kreis weniger passend für das weitere Vorgehen.

In vielen Fällen kommt die Variante *durch Motivation von Netzbetreibern* in Betracht (siehe 9.1.5 und 9.2.5). Hierzu ist zunächst eine genaue Analyse der Versorgungssituation bis auf Straßenzugebene und die Ermittlung des vorhandenen Bedarfs erforderlich. Zudem müssen die vorhandenen Infrastrukturen bei der Stadt, den Stadtwerken, der RWE und anderen Infrastrukturbetreibern ermittelt werden. In Verhandlungen mit geeigneten Netzbetreibern ist zu klären, welche Eigenleistungen von der Stadt erwartet werden.

Ähnliche Voraussetzungen erfordert die Variante einer *Kooperation mit einem Infrastrukturbetreiber* (siehe 9.1.6 und 9.2.6). Anders als bei der Motivation eines Netzbetreibers ist der Infrastrukturbetreiber offen in der Zusammenarbeit mit Netz- und Dienstebetreibern. Da er „nur" Infrastrukturen errichtet, ist eine Unterstützung durch die Stadt aus beihilferechtlicher Sicht weniger sensibel, sodass mehr an gemeinsamer Kommunikation und Unterstützung geboten werden kann. Als potenzielle Partner kommen in Nordrhein-Westfalen neben regional tätigen Energieversorgungsunternehmen und Netzbetreibern u.a. die RWE mit ihrer Tochter RWE FiberNet GmbH in Betracht sowie die u.a. in den Kreisen Heinsberg, Borken, Coesfeld, Steinfurt, Warendorf und Viersen tätige Deutsche Glasfaser GmbH.

Manche *Aktivitäten von Stadtwerken* (siehe 9.1.4 und 9.2.4) entstanden weniger aus der Motivation zum Aufbau einer NGA-Infrastruktur als aufgrund der Notwendigkeit, Steuerleitungen für Straßenbeleuchtung, Lichtverkehrsanlagen und Stromverteileranlagen zu errichten. Stadtwerke sind aber aufgrund der Kernkompetenzen aus ihrem Stammgeschäft prädestiniert, um als Institution den Aufbau und Betrieb einer passiven Netzinfrastruktur zu übernehmen. Daher sollte bei den Stadtwerken geprüft werden, ob eine Betätigung als Infrastrukturbetreiber (insbesondere auch in Verbindung mit Sanierungsarbeiten) eine zusätzliche Geschäftsoption darstellt.

Da der Aufbau einer Glasfaserinfrastruktur teuer ist, kann unter *Nutzung von Synergien* mit anderen Tiefbaumaßnahmen, insbesondere Sanierungen im Versorgungsnetz (siehe 9.1.7 und 9.2.7), ein kostengünstigerer Infrastrukturaufbau erfolgen, der allerdings über einen Zeitraum von 10 bis 20 Jahren angelegt sein sollte. Die Voraussetzungen sind auch hier die Analyse der Versorgungssituation und die Ermittlung von Infrastrukturen. Zwingend erforderlich ist allerdings in diesem Fall die Erstellung eines qualifizierten technischen Masterplans. Andernfalls könnten sich Leerrohrverlegungen später als unbrauchbar erweisen. Auch ist es sinnvoll, frühzeitig einen Partner für den aktiven Netzbetrieb zu gewinnen. Dieses Vorgehen erscheint für die Mehrzahl der Anschlüsse als langfristige Maßnahme sinnvoll.

10 Von der Grundversorgung zu Glasfaseranschlüssen

In den letzten Jahren wurden viele Anstrengungen unternommen, um unterversorgte Gebiete, sogenannte weiße Flecken auf der Breitbandkarte, zu beseitigen. Trotz aller Bemühungen verblieben 2014 noch ca. 5 % aller Anschlüsse, die sich selbst unter Inanspruchnahme von Fördermitteln kaum ausbauen lassen. Dies trifft Siedlungen, die nur über lange Anlaufstrecken erreicht werden oder wenige Anschlüsse an einem Verteilerschrank haben.

Mit dem verstärkten Einsatz von Vectoring wird sich diese Situation verbessern, da statt der Wirtschaftlichkeitsanalyse pro Kabelverzweiger die Wirtschaftlichkeit pro Anschlussbereich als Entscheidungsgrundlage dient. So können auch eigentlich unwirtschaftliche Kabelverzweiger in der Peripherie mit überbaut werden. STZ-Consulting hat in den vergangenen Jahren in mehreren Dutzend Fällen Breitbandausbauprojekte für unterversorgte Wohn- und Gewerbegebiete durchgeführt, die in der Regel zu deutlich höheren Geschwindigkeiten geführt haben als die EU-weit festgelegte Unterversorgungsgrenze von 2 MBit/s.

Mit Vectoring werden über die Kupferdoppelader zum Hausanschluss bis zu 100 MBit/s bereitgestellt, über die Koaxialkabel können die Kabelnetzbetreiber schon heute 150 MBit/s realisieren, und eine weitere Steigerung der Geschwindigkeiten ist zu erwarten. Trotzdem ist absehbar, dass beide Technologien nur Brückentechnologien auf dem Weg zu Glasfaseranschlussnetzen darstellen. Dabei ist die maximale Downstream-Geschwindigkeit weniger entscheidend als das zu übertragende Datenvolumen. Zudem sind Leitungsdämpfung und Energieeffizienz im Netz wichtige Kriterien. Ein durchgängiges Glasfasernetz bietet nicht nur nahezu unbegrenzte Kapazität und ermöglicht Geschwindigkeiten im Gigabit-Bereich, sondern es hat auch nur eine geringe Leitungsdämpfung und kann zwischen Glasfaser-PoP und Hausanschluss in der Regel auf aktive Netzkomponenten verzichten.

10.1 Ein Umstieg auf Glasfaseranschlüsse ist unausweichlich

Wann der Übergang von den bislang kupferbasierten Anschlussnetzen auf durchgängige Glasfaserstrecken für FTTB- oder FTTH-Netze erfolgen wird, kann derzeit nur vermutet werden. Realistisch ist aber eine Zeitdauer von 10 bis 15 Jahren. Dann werden auch weitere Updates bei der Übertragungstechnik über die bestehenden Kupferanschlussnetze nicht mehr helfen.

Bei VDSL-Lösungen führt eine Erhöhung der Geschwindigkeit unweigerlich zu einer höheren Dämpfung und somit zu einer abnehmenden Reichweite, denn mit höherer Bandbreite und damit höherer Übertragungsfrequenz wird das Medium Kupfer zunehmend undurchlässig. Mit Vectoring werden voraussichtlich nur Anschlüsse im Umfeld von 600 m um den Verteilerschrank die volle Leistung erhalten. Für den ländlichen Raum bleibt somit die Steigerung der Geschwindigkeit über längere Anschlussstrecken begrenzt.

Eine Zeitdauer von bis zu 15 Jahren eröffnet Chancen für den Aufbau der erforderlichen Infrastruktur. Von den großen Netzbetreibern mit Bestandsnetzen ist ein Ausbau von Glasfaseranschlussnetzen nicht zu erwarten, da der mögliche Mehrumsatz die Investitionen im Bereich von € 1500 bis über € 3500 pro Glasfaseranschluss kaum decken kann. Die Errichtung eines neuen Anschlussnetzes ist typischerweise mit Amortisationszeiten von über 10 Jahren verbunden. Insbesondere für börsennotierte Unternehmen ist ein solcher Zeitraum nur schwer gegenüber den Analysten und Aktionären zu vertreten.

10.2 Die Trennung von Netz und Diensten wäre der Schlüssel

Der flächendeckende Glasfaserausbau wird daher in großem Stile arbeitsteilig erfolgen müssen (das wäre im Telekommunikationsmarkt dann erstmals der Fall), mit Infrastrukturbetreibern als Partner, die sich auf passive Infrastrukturen beschränken. Andere Wertschöpfungsstufen sind der Betrieb der aktiven Netzkomponenten und die Bereitstellung von Diensten über das angemietete Anschlussnetz. Mit einer durch Wirtschaftlichkeitsüberlegungen bedingten Auftrennung der Wertschöpfungskette wird einer der Konstruktionsfehler der Poststrukturreform II beseitigt und das Netz von den Diensten getrennt.

Der Betrieb passiver Anschlussnetze entspricht im Geschäftsmodell der Entwicklung von Gewerbeimmobilien oder dem Betrieb von Versorgungsnetzen für Strom, Gas oder Wasser. Entsprechend kommt Stadtwerken und Versorgungsbetrieben eine wichtige Rolle zu. Aber auch andere Arten von privatwirtschaftlichen Betreibern sowie Kreise oder Kommunen sind passende Kandidaten. Den Betrieb der aktiven Netzkomponenten können entweder technische Dienstleister erbringen oder die etablierten Netzbetreiber, die auch Dienste und Kundenmanagement übernehmen können. Die Aufteilung von passiven Netzen und aktiven Komponenten einschließlich der Dienste ermöglicht einen offenen Zugang (Open Access) zur passiven Infrastruktur für unterschiedliche Dienstebetreiber im Wettbewerb. Somit können auch Dienstebetreiber am Markt agieren, die über kein eigenes Zugangsnetz verfügen.

10.3 Ohne Nutzung von Synergien wird es zu teuer

Kommunen und kommunale Institutionen (z. B. Stadtwerke) können bei einer langfristigen Planung Synergien mit anderen Tiefbaumaßnahmen nutzen, was die Investitionskosten auf bis zu 15 % der Vollkosten bei gesonderter Betrachtung senken kann. Statistisch gesehen wird jede Straße alle 10 Jahre einmal aufgebrochen. Die Kostenvorteile können jedoch nur realisiert werden, wenn in der Kommune ein Breitbandkoordinator die übergeordnete Planung und die langjährige Koordination mit allen Baulastträgern übernimmt. Sobald größere zusammenhängende Gebiete ausgebaut sind, können sie interessierten Netzbetreibern im Rahmen eines transparenten Auswahlverfahrens angeboten werden.

Im Idealfall stehen die zukunftssicheren Anschlussnetze fertig zur Verfügung, wenn die derzeitigen Infrastrukturen ihre Kapazitätsgrenzen erreicht haben werden. Leerrohre und Glasfaserleitungen haben Lebensdauern von über 50 Jahren, sodass eine ausreichende Nutzungszeit gegeben ist. Auch bei einer Verlegung unter Nutzung von Synergien sollten Amortisationszeiten von 10 bis 20 Jahren nach Vermietung an einen Netzbetreiber angesetzt werden. Sollte sich später die Notwendigkeit ergeben, Glasfaserleitungen auszutauschen, bedeutet dies bei den gängigen Leerrohrsystemen keinen größeren Aufwand. Es ist also sichergestellt, dass die Leerrohrinfrastrukturen über einen langen Zeitraum genutzt werden können.

Der Aufbau eines Glasfaseranschlussnetzes erfordert eine sorgfältige Planung und ein stimmiges Konzept, das aufgrund der unterschiedlichen

Voraussetzungen individuell ausgestaltet und optimiert werden muss. STZ-Consulting hat in den letzten Jahren gemeinsam mit Kreisen und Kommunen entsprechende Konzepte entwickelt.

10.4 Überbrückungslösungen aktiv suchen

Wenn sich eine Kommune zum Aufbau eines Glasfaseranschlussnetzes im Beilauf zu anderen Tiefbaumaßnahmen entschließt, ist für die Zeit des in der Regel gut zehnjährigen Aufbaus eine auskömmliche Brückentechnologie erforderlich. Vectoring ist hierfür eine geeignete Lösung. Zwar hat die Deutsche Telekom angekündigt, in den nächsten Jahren große Teile Deutschlands mit Vectoring auszubauen, damit die alten, für die reine Telefonie (POTS) benötigten analogen Netze abgeschaltet werden können. Aber welche Anschlussbereiche ausgebaut werden, entscheidet sich erst ein Jahr vor der Umsetzung, sodass nicht sicher ist, welche Anschlussbereiche erst später oder vielleicht gar nicht ausgebaut werden. Zudem können sich auch bei der Deutschen Telekom die Strategien ändern, wie sich schon bei den FTTB-Ausbauplänen gezeigt hat.

Wie bei der Sicherstellung der Grundversorgung sollten Kommunen also auch hier selbst aktiv werden, um eine gute Brückenlösung zu schaffen. Hierfür sind Informationen zur Versorgungssituation und zu vorhandenen Infrastrukturen zu beschaffen und aufzubereiten. Nach Gesprächen mit Netzbetreibern ist gegebenenfalls eine Bedarfsbündelung zu leisten, damit ein Ausbau für einen Netzbetreiber wirtschaftlich wird. Über eine Markterkundung und ein Auswahlverfahren können dann konkrete und verbindliche Angebote eingeholt werden.

10.5 Die Bedeutung eines Breitbandkoordinators

Die laufende Weiterentwicklung der Breitbandversorgung und die Umsetzung eines NGA-Konzeptes ist eine komplexe Aufgabe, für die individuelle Lösungen erarbeitet werden müssen. Musterlösungen, die man einfach übertragen könnte, gibt es nicht. Dies gilt auch für die favorisierten Geschäftsmodelle:

- Ausbau durch die Stadtwerke,
- Motivation von Netzbetreibern,
- Kooperationen mit Infrastrukturbetreibern und
- Netzaufbau in Verbindung mit Sanierungsarbeiten.

Gleichzeitig sind die analysierenden und konzeptionellen Vorarbeiten langwierig und müssen zahlreiche Beteiligte innerhalb und außerhalb der Verwaltung einbinden. Um weg vom bisherigen reaktiven und auf den Einzelfall bezogenen Vorgehen hin zu einem proaktiven, vorausschauenden und systematischen Handeln zu kommen, sollte die Funktion eines Breitbandkoordinators geschaffen werden. Gegenüber Dritten trifft er keine Entscheidungen oder Vorfestlegungen, aber er schafft die Voraussetzungen für Entscheidungen im Magistrat und in der Stadtverordnetenversammlung. In allen Kreisen in Hessen wurden bereits Breitbandkoordinatoren eingesetzt. Auch in der Stadt Arnsberg wurde bereits vor einigen Jahren ein Breitbandbeauftragter ernannt. In Solingen wird ein Breitbandbeauftragter gesucht.

Der Breitbandbeauftragte muss Querschnittsaufgaben für den Kreis bzw. die Kommune übernehmen und alle extern und intern zu erbringenden Leistungen im Zusammenhang mit der Breitbandversorgung koordinieren. Für eine Mittelstadt reicht eine Teilzeitstelle (50 %) aus, sofern keine Aktivitäten geplant sind, die über die Koordination und Konzeption von NGA-Netzen und die Zusammenarbeit mit Netz- und Dienstebetreibern hinausgehen.

Im Einzelfall (und je nach dem gewählten Geschäftsmodell für die Umsetzung des Breitbandaufbaus) hat ein Breitbandbeauftragter z.B. die folgenden Aufgaben:

- Erstellung von Breitbandversorgungsanalysen
- Identifikation von vorhandenen Infrastrukturen
- Erarbeitung von übergeordneten Zielen
- Erreichen eines Konsenses in Politik und Verwaltung
- Zusammenarbeit und Abstimmung mit dem Breitbandbeauftragten des Kreises
- Vorbereitung und Durchführung von Informationsveranstaltungen
- Ermittlung des vorhandenen und Ableitung des absehbaren zukünftigen Breitbandbedarfs bei Haushalten und Unternehmen in den jeweils anstehenden Ausbaugebieten

- Konzeption und Strategie für eine Umsetzung der Ziele mit Geschäftsmodellen unter Einbeziehung der Stadtwerke sowie Erarbeitung von Kooperationsszenarien mit Netzbetreibern und Dienstleistern
- Erstellung von Leistungsbeschreibungen und Koordination von Ausschreibungen für die Erarbeitung eines Masterplans
- Erstellung und Weiterentwicklung des Masterplans
- Einbindung der Schutzrohre anderer Eigentümer
- Beauftragung und Beaufsichtigung des Leerrohraufbaus (mit oder ohne Dark Fibre) im Beilauf oder eigenständig (je nach Geschäftsmodell)
- Betrieb und Instandhaltung des passiven Infrastrukturnetzes (je nach Geschäftsmodell)
- Unterstützung von Betreibern und kooperierenden Unternehmen bei der Wegesicherung für die Leitungsverlegung und bei der Standortsicherung für Netzknoten und andere Infrastrukturkomponenten
- Motivation von Unternehmen und Organisationen zur Verlegung von Kabelschutzrohrstrecken im Beilauf zu anderen Tiefbaumaßnahmen gemäß Masterplan
- Durchführung von Workshops mit geeigneten Netzbetreibern zur Ausgestaltung von Geschäftsmodellen
- Konzeption und Abstimmung von Brückenlösungen für ausgewählte Gebiete, falls der NGA-Ausbau in diesen Gebieten erst später möglich ist
- Gestaltung/Begleitung der Verhandlungen mit Kooperationspartnern, gegebenenfalls Abschluss von Rahmenverträgen mit Dienstleistungsunternehmen sowie mit Netzbetreibern über die Anmietung von Anschlussnetzen, z.B. auf der Basis eines Fasermietmodells
- Unterstützung bei der Geschäftsplanung unter fallweiser Beantragung von Mitteln aus Finanzierungsprogrammen
- Feinplanung und Adjustierung während des Umsetzungsprozesses
- Kommunikationsmaßnahmen während der Bauphase und aktive Unterstützung der Betreiber bei der Kundengewinnung nach Inbetriebnahme
- Unterstützung bei der Entwicklung und Vermarktung innovativer

Diensten durch Dienstebetreiber aus der Stadt, unter Umständen auch Unterstützung einer Neuansiedlung von Dienstebetreibern

Die Aufteilung zwischen internen und externen Leistungen ist abhängig von den jeweiligen Aufgabestellungen und Projektphasen. Folgende spezielle Fähigkeiten sollten gegeben sein:

- Grundsätzliches Verständnis der verschiedenen Telekommunikationstechnologien und der Voraussetzungen für ihren Einsatz
- Erfahrung mit der Gestaltung von neuen Geschäftsmodellen und im Kooperationsmanagement, da mit traditionellen Paradigmen ein effizienter Ausbau von NGA-Netzen selten möglich ist
- Verständnis der unternehmerischen Vorgehensweisen bei Telekommunikationsunternehmen
- Erfahrung mit Entscheidungsfindungsprozessen in der Kommune
- Kommunikationsstärke und Überzeugungskraft in schriftlichen Darstellungen und bei Veranstaltungen
- Verhandlungserfahrungen mit entsprechender rechtlicher Verständnis- und Beteiligungskompetenz
- Kenntnisse der Abläufe von Finanzierungsprojekten bei Förderbanken oder KfW.

11 Neue Förderprinzipien für Glasfasernetze

Die Möglichkeit einer finanziellen Förderung hat vielen Kommunen in den letzten Jahren geholfen, trotz knapper Haushalte einen Breitbandausbau umzusetzen. Trotzdem hinterlassen die verschiedenen Förderprogramme einen wenig positiven Eindruck. Die Gründe dafür sind mannigfaltig und je nach Region unterschiedlich. Wie bei anderen Förderprogrammen konnte man den Eindruck gewinnen, dass Angebote mit Deckungslücke eher etwas teurer kalkuliert werden als ohne eine Förderunterstützung. Eine richtige Kostentransparenz ist eigentlich nie gegeben, und die für ein Ausbauvorhaben vorgelegten Finanzkennzahlen können kaum verifiziert werden.

Neben dieser allgemeinen Problematik gibt es spezifische Kritikpunkte, die nicht unbedingt durch die Fördergeber in den Bundesländern bedingt, sondern eine Folge von EU-Vorgaben sind, z.B. aus dem Beihilferecht. Trotzdem können diese Aspekte Auswirkungen auf ein spezifisches Ausbauvorhaben haben.

11.1 Kriterium „billig“ statt „nachhaltig“?

Die Förderprogramme zur Sicherstellung der Grundversorgung aus den EU-Gemeinschaftsaufgaben geben für den Vergleich mehrerer Angebote Kriterien und deren Wichtung vor, die nur bedingt Interpretationsspielraum einräumen. Die größte Bedeutung kommt der Höhe der Deckungslücke zu: mit einer Wichtung von 45 %!

Zwar soll der Fokus richtigerweise auf der Auswahl des wirtschaftlichsten Angebotes liegen. Da aber die Minimalanforderungen an die Grundversorgung niedrig sind, erhält die Deckungslücke eine dominante Bedeutung. Nachhaltige Lösungen können bei der Errichtung höhere Investitionen bedingen, z.B. wenn Tiefbauarbeiten zur Verlegung von Glasfasertrassen erforderlich sind. Eine andere Möglichkeit zur Senkung der Deckungslücke sind vergleichsweise hohe monatliche Kosten für die Endkunden. Diese Lösungen stoßen dann auf eine geringere Akzeptanz und ermöglichen auch nicht die gewünschten Nutzungsergebnisse.

Im Einzelfall kann die überhöhte Gewichtung der Deckungslücke bedeuten, dass ein Angebot zum Ausbau ohne Deckungslücke einem nachhaltigen

Ausbau unter Verlegung von neuen Infrastrukturen vorgezogen werden muss, selbst wenn Performance-Werte, geringe Ausbaumöglichkeiten und schlechte Kundenkondition eindeutig dagegen sprechen.

Dieser Befund bedeutet nichts gegen alternative Technologien, die weiterhin ihre Berechtigung haben, wenn niedrige Kundenpotenziale, lange Anlauflängen, schwierige Topografien oder niedrige Besiedlungsdichten einen leitungsgebundenen Ausbau unwirtschaftlich bzw. die Deckungslücken unverhältnismäßig hoch ausfallen lassen. Diese Technologien kommen dann aber auch zum Zug, wenn die generellen Auswahlkriterien eine höhere Wichtung auf Nachhaltigkeit legen.

11.2 Die Förderkulissen sind ungerecht

Um Fördermittel zu erlangen, müssen Kommunen eine Reihe von Voraussetzungen erfüllen. Eine davon betrifft die Lage des Gebietes in einer vorgegebenen Förderkulisse; sie ist somit durch die Kommune nicht beeinflussbar. Ballungsgebiete und ihre Randbereiche sind regelmäßig von einer Förderung ausgenommen. Dabei ist die Versorgung in diesen Regionen zum Teil ebenso schlecht wie in rein ländlichen Gebieten, und auch die Besiedlungsstrukturen unterscheiden sich nicht grundsätzlich. Für den Nutzer ist es natürlich unerheblich, ob er mit DSL-light am Rande eines Ballungsgebietes kein Internet nutzen kann oder in ländlicher Umgebung. Der regelmäßige Gang in ein Internet-Café in der Innenstadt stellt für beide Nutzer keine Lösung dar.

In Hessen hat man dieses Problem frühzeitig erkannt, und die Landesregierung hat mithilfe einer generell abstrakten Notifizierung bei der EU die Fördermöglichkeit auf alle unterversorgten Gebiete ausgeweitet, die die sonstigen Voraussetzungen an die Unterversorgung erfüllen.

In Nordrhein-Westfalen dagegen konnten aufgrund der Förderkulisse unter anderem die Städte Kaarst und Solingen keine Fördermittel nutzen, obwohl signifikante Teile im Stadtgebiet unterversorgt und in ihrer Siedlungsstruktur durchaus ländlich geprägt waren. Kaarst finanzierte die Deckungslücke für den Breitbandausbau schließlich vollständig aus Haushaltsmitteln. Solingen musste warten, bis die Planung der Telekom einen Vectoring-Ausbau für große Teile der Stadt ohne Zuwendungen ermöglichte. In Hessen lag Bad

Homburg zunächst ebenfalls nicht in der Förderkulisse. Nach der Notifizierung konnte der unterversorgte Stadtteil Ober-Erlenbach dann aber erfolgreich und unter Nutzung von Fördermitteln ausgebaut werden.

Da Gewerbegebiete in vielen Fällen am Rande der Siedlungskerne liegen, sind die Anlaufwege oft lang und daher ist die Internet-Geschwindigkeit ebenso oft gering. Gewerbegebiete sind im Hinblick auf eine mögliche Förderung ebenfalls von der Lage in einer Förderkulisse der RWP- oder GRW-Programme abhängig. Nicht wenige Kommunen haben notgedrungen den Ausbau ihrer Gewerbegebiete ohne Nutzung von Förderprogrammen aus Haushaltsmitteln vorgenommen.

11.3 Die Grenzwerte hinken der Realität hinterher

Ein Förderprogramm, das in einem dynamischen Markt mit jährlichen Wachstumsraten von ca. 20 % beim übertragenen Datenvolumen Grenzwerte der Unterversorgung setzt, ist schon bei Verabschiedung eines Grenzwertes veraltet. Die Unterversorgungsgrenze von 2 MBit/s war vor sechs Jahren gerade noch passend, heute ist sie es sicher nicht mehr. Aber auch eine derzeit diskutierte Erhöhung von 2 auf 6 MBit/s löst das zugrunde liegende Problem nicht.

Die Grenzwerte schaffen fast automatisch Unzufriedenheit und Ungerechtigkeit in nicht ausgebauten Nachbarortsteilen. Wenn es gelingt, in einem unterversorgten Gebiet einen Ausbau mit Werten > 50 MBit/s umzusetzen, verbleiben recht häufig benachbarte Gebiete mit 7 MBit/s, die fast genauso schlecht versorgt waren. Die Internet-Nutzung mit einem 7-MBit/s-Anschluss ist ebenso wenig effizient wie mit einem 6-MBit/s-Anschluss. Nur gibt es für den Ausbau in diesen Gebieten eben keine Fördermittel aus den EU-Gemeinschaftsaufgaben. Seit der Inkraftsetzung der NGA-Rahmenregelung im Sommer 2015 gibt es immerhin eine rechtliche Grundlage für Kommunen, einem Netzbetreiber für einen Ausbau Haushaltsmittel als Zuwendung für eine Deckungslücke zu gewähren. Und auch das Bundesförderprogramm setzt auf der NGA-Rahmenreglung auf. Damit sind Gebiete mit < 30 MBit/s weiße NGA-Flecken, und Kommunen dürfen unter Einsatz eigener Mittel tätig werden und als Beihilfen Zuwendungen an Netzbetreiber gewähren oder einen Förderantrag beim Breitbandbüro des Bundes stellen.

Mit Grenzwerten für die Versorgung bleibt die Förderung eine Maßnahme, die eher punktuell als flächig wirkt und nicht die Anforderungen an einen nachhaltigen und zukunftssicheren Ausbau erfüllt. Sinnvoller wäre eine Zieldefinition in Richtung eines längerfristig flächendeckenden Ausbaus mit Glasfaserhausanschlüssen.

11.4 Der bürokratische Aufwand behindert Projekte

Ein Förderantrag ist aufwendig und überfordert oft die Verwaltungen, die bislang keine Zuständigkeit für Breitbandinfrastrukturen haben und daher auch kein Personal. So werden oft zusätzlich externe Berater benötigt, deren Kosten teilweise auch wieder über einen Förderantrag erstattet werden können.

Bei den EU-Förderprogrammen wird zunächst eine Befragung bei Haushalten und Unternehmen gefordert, die den Bedarf an schnelleren Internet-Zugängen bestätigen soll. Dabei ist es grundsätzlich unstrittig, dass öffentliche Mittel nur bei einem tatsächlichen Bedarf eingesetzt werden. Gerade im Breitbandbereich kann der Bedarf aber verlässlich aus der vorhandenen Versorgungslage hochgerechnet werden, gegebenenfalls verfeinert mit Angaben zur jeweiligen Bevölkerungs- oder Betriebsstruktur.

Im Durchschnitt nutzen über 75 % der Bevölkerung in Deutschland das Internet, 58 % der Anschlüsse verfügen hierfür über einen Breitbandanschluss mit > 2 MBit/s, und geschätzte 20 % der Anschlüsse (in entsprechend gut versorgten Gebieten) haben mindestens 25 MBit/s. Es müssten schon besondere Bedingungen gegeben sein, damit die (repräsentativen) Werte einer bestimmten Kommune erheblich von den Durchschnitten abweichen. Selbst breit angelegte Befragungsaktionen, die mit guter Kommunikation vorbereitet und unterstützt werden, erreichen aber nur sehr selten repräsentative Werte, sodass die Ergebnisse kaum als Grundlage eines Geschäftsplans geeignet sind. Da die Antworten in den Fragebögen teilweise anonym und auf jeden Fall unverbindlich sind, ist der Wert der Befragungsergebnisse an sich schon mehr als fraglich. Gleichzeitig bereitet die Durchführung einer flächendeckenden Befragung zusätzlichen finanziellen und personellen Aufwand und weckt Erwartungen bei den Befragten, die nicht in jedem Fall zeitnah befriedigt werden können.

Die Unterlagen für einen Förderantrag sind insgesamt recht umfangreich und umfassen nicht selten mehrere Aktenordner. Umfang und Komplexität bedingen oft Nachfragen und eventuell Nacharbeiten, die Zusatzaufwand erzeugen. Die gründliche Prüfung durch den Fördergeber hat allerdings für die Kommunen den positiven Effekt, dass Verstöße gegen das Beihilfe- oder Vergaberecht mit größerer Sicherheit im Vorfeld erkannt werden können, was spätere negative Auswirkungen oder gar eine Rückabwicklung weitgehend vermeidet.

11.5 Die Fristen bei der Abwicklung bergen Risiken

Neben dem Aufwand des Förderantrags bleibt für die Kommunen das zwar vergleichsweise geringe Risiko einer Bewilligung, aber die reale Unsicherheit, wann ein Förderbescheid ergeht und wann ein Ausbau abgeschlossen wird. Eine Reihe von Vorhaben, die im Sommer 2013 abgeschlossen wurden, wartete Mitte 2014 aufgrund fehlender Budgets bei den Fördergebern noch auf den Förderbescheid.

Nun sind aber die Bindefristen in den Angeboten in der Regel nicht länger als sechs Monate; daher sind zwischenzeitlich Verlängerungen mit dem anbietenden Netzbetreiber auszuhandeln. Diese können gewährt werden – oder eben nicht. Falls die Bindefristen nicht ohne Neukalkulation verlängert werden und die Kalkulation zu höheren Deckungslücken führt, muss das Auswahlverfahren in vielen Fällen erneut durchgeführt werden.

Es kann über einen so langen Zeitraum in den ausgeschriebenen Gebieten auch Teilausbauten durch Netzbetreiber geben, was ebenfalls eine erneute Durchführung des Auswahlverfahrens erforderlich macht.

11.6 Ein Ausbau mit Fördermitteln verhindert die Aufrüstung mit Vectoring

Da Vectoring aufgrund des nur bedingt gegebenen offenen Netzzugangs (Open Access) bislang und mit Recht nicht zuwendungsfähig ist, dürfen mit Fördermitteln ausgebaute Gebiete während der siebenjährigen Bindefrist nicht von VDSL auf Vectoring aufgerüstet werden. Ob der Netzbetreiber den verbleibenden, nicht mit Fördermitteln ausgebauten Teil eines

Anschlussbereichs dann auf Vectoring hochrüstet und ob dieser überhaupt aufgerüstet werden kann, ist noch offen. Die Erfahrungen aus ersten Vorhaben sprechen eher dafür, dass die betroffenen Anschlussgebiete bis zum Ablauf der Zweckmittelbindung warten müssen.

So könnte es sein, dass mit Fördermitteln ausgebaute Gebiete während der Zweckmittelbindefrist von 7 oder 14 Jahren beim technischen Fortschritt zunächst außen vor bleiben. In diesem Sinne bremsen bewilligte Fördermittel die nachhaltige Weiterentwicklung bereits ausgebauter Gebiete und die Verbesserung von Nachbargebieten im gleichen Vorwahlbereich. Volkswirtschaftlich kann dies nicht sinnvoll sein, rechtlich ist es aber eine Konsequenz des Fördermitteleinsatzes.

11.7 Die Förderung der Grundversorgung einstellen!

Im Hinblick auf den erreichten Stand des Breitbandausbaus verbleiben heutzutage nur kleinere Siedlungen und Ortsteilen sowie Einzelgehöfte, die mit Bandbreiten < 2 MBit/s unterversorgt sind. Vermutlich liegt die Rate der unterversorgten Anschlüsse aktuell im Bereich zwischen 2 und 5 %, und die unterversorgten Gebiete können mit den herkömmlichen Methoden oft nur zu unangemessen hohen Kosten eine bessere Versorgung erhalten. Selbst die Möglichkeiten alternativer Technologien sollten in diesen Gebieten inzwischen überprüft worden sein.

Da beim Vectoring-Ausbau nicht die Wirtschaftlichkeit einzelner Kabelverzweiger zugrunde gelegt wird, sondern diejenige eines kompletten Anschlussbereichs, können unter Umständen solche Gebiete von einem Vectoring-Ausbau profitieren, sodass sich hier die Eigeninitiative der Kommune lohnen kann. Da ein Vectoring-Ausbau aber nicht zuwendungsfähig ist, berührt eine solche Möglichkeit die Frage nach Förderprogrammen in keiner Weise. Kommen weder ein Vectoring-Ausbau noch ein Ausbau unter Nutzung alternativer Technologien in Betracht, verbleibt die fast überall in Deutschland verfügbare Breitbandversorgung via Satellit mit meist bis zu 20 MBit/s (ohne Kanalbündelung). Darum stellt sich die Frage, ob eine Förderung zur Sicherstellung der Grundversorgung überhaupt noch sinnvoll ist. Rational betrachtet sollte diese Art der Förderung eingestellt werden.

11.8 Alternative Ansätze einer nachhaltigen Förderung

In Anbetracht der Haushaltslage vieler Kommunen wäre die Bereitstellung von Fördermitteln für den nachhaltigen Ausbau von Glasfaseranschlussnetzen trotz aller Kritik an den bisherigen und wesentlich durch die EU vorgegebenen Bedingungen sinnvoll, um zu vermeiden, dass sich in 10 Jahren eine ähnliche Situation ergibt wie 2007 bei der Grundversorgung.

Anstatt einzelne Netzbetreiber mit Zuschüssen zur Deckung einer Wirtschaftlichkeitslücke zu unterstützen, sollten öffentliche Fördermittel auf Nachhaltigkeit beim Infrastrukturausbau ausgerichtet werden. Eine wesentliche Voraussetzung hierfür ist die langfristige Verankerung der Zuständigkeit für Breitbandinfrastrukturen bei Kreis- und Kommunalverwaltungen. Die Zuständigkeit im Sinne der Daseinsvorsorge bedingt die Einrichtung von Breitbandbeauftragten zur dauerhaften Koordination und Steuerung der regionalen Ausbauaktivitäten. Dabei muss nicht in jeder Kommune ein Breitbandbeauftragter eingesetzt werden; interkommunale oder kreisweite Lösungen sind ebenfalls geeignet.

Die Einrichtung von Personalstellen für die Breitbandkoordination bedingt zwar zusätzliche Personalkosten, doch könnte eine anteilige und zeitlich befristete Kompensation durch Fördermittel den Kommunen die Umsetzung erleichtern. Bereits bei den Förderprogrammen für die Grundversorgung waren Mittel für die Erbringung von Planungsarbeiten eingestellt und wurden genutzt, um externe Beratungsunternehmen zu beauftragen. Warum sollte dann nicht auch die Planungsarbeit innerhalb einer Kreis- oder Stadtverwaltung anteilig förderfähig sein?

Zukunftssicherheit bei weiter stark steigenden Datenvolumen schaffen letztlich nur Glasfaseranschlussnetze. Aufgrund der hohen Investitionskosten wirkt die synergetische Nutzung anderer Tiefbaumaßnahmen in hohem Maße kostensenkend. Das bedeutet jedoch längere Zeiträume in der Realisierung. Regionale Infrastrukturbetreiber wie z. B. Stadtwerke könnten den Aufbau neuer Anschlussnetze in Ergänzung zu den Kernaufgaben übernehmen und dabei ihre gewohnt langen Amortisationszeiten für Versorgungsleitungen auch für Breitbandanschlussnetze nutzen. Die rechtlichen Grundlagen für den Aufbau von Glasfaseranschlussnetzen in grauen oder schwarzen

NGA-Flecken (> 30 MBit/s im Downstream und mindestens zwei Anbieter mit eigener Infrastruktur) durch kommunale Institutionen müssen allerdings erst geschaffen werden, da weder die angepasste Bundesrahmenregelung Leerrohre noch die NGA-Rahmenregelung diese Möglichkeit vorsieht.

Die Nutzung von Synergien mit anderen Tiefbaumaßnahmen setzt die Erstellung eines Masterplans mit Trassenverläufen, Standorten für Glasfaserknoten, Schächten, Muffen und der Anbindung an ein Backbone-Netz voraus. Anhand des Plans kann der Breitbandbeauftragte oder der Infrastrukturbetreiber entscheiden, ob und wie eine konkrete Tiefbaumaßnahme zur Netzerweiterung genutzt kann und welche Leerrohrsysteme (z.B. Microducts) eingesetzt werden. Da auch die Kosten der Erstellung eines flächendeckenden Netzplans nicht unerheblich sind, können sie für Kreise und Kommunen eine Hemmschwelle darstellen. Auch bei dieser Maßnahme könnte eine anteilige Kostenübernahme im Rahmen eines Förderprogramms die Barrieren senken. In diesem Fall sollte aber vor Bewilligung von Fördermitteln ein schlüssiges Geschäftsmodell vorliegen und ein Betreiber der passiven Anschlussinfrastruktur identifiziert worden sein.

Sofern bereits ein privatwirtschaftlich aufgestellter Infrastrukturbetreiber tätig oder für die Übernahme der Aufgabe gewonnen worden ist, kann er die Erstellung des Netzplans übernehmen. Um den Einsatz öffentlicher (Förder-)Mittel niedrig zu halten, kann man vor Beauftragung einer Netzplanung nach einem privatwirtschaftlichen Infrastrukturbetreiber suchen. Unter Umständen kann der Betrieb eines Glasfaseranschlussnetzes in einer Region mit Auflagen langfristig in Form einer Konzession ausgeschrieben und vergeben werden, sodass Unternehmen einen Anreiz und Planungssicherheit erhalten. Die Einsetzung von Breitbandbeauftragten und die Erstellung von Netzplänen gehören eng zusammen und können im Verbund nachhaltige Zukunftssicherheit für die betreffende Region auf einer finanzierbaren Basis ermöglichen.

12 Maßnahmenplan für die Politik

Im Telekommunikationsmarkt gibt es aufgrund der asymmetrischen Regulierung einen im Großen und Ganzen funktionierenden Wettbewerb. Alle Regelungen basieren auf den bekannten Technologien. Im Mobilfunk funktioniert der Wettbewerb seit Einführung der GSM-Netze Anfang der 1990er Jahre, hier sind nur Eingriffe zur Wahrung der Kundeninteressen erforderlich, wie z. B. beim grenzüberschreitenden Roaming. Leitungsgebundene Anschlussnetze wie die Kupferdoppelader oder das Koaxialkabel verlegen die etablierten Betreiber wegen der hohen Tiefbaukosten derzeit allerdings kaum, außer bei der Aufrüstung von bestehenden Anschlussnetzen (VDSL, Vectoring, Rückkanalfähigkeit von Kabel-TV-Netzen) sowie in Neubaugebieten. Daher ist eine Regulierung des Wettbewerbs bei der Nutzung der bestehenden Anschlussnetze in hohem Maße erforderlich.

Während der Wettbewerb bei NGA-Diensten noch gut funktioniert, versagt er bislang bei Glasfaseranschlussnetzen. Aufgrund der hohen Investitionskosten der Errichtung ist eine rein privatwirtschaftliche Umsetzung schwierig. Zudem wächst das Datenvolumen mit Raten von ca. 20 % p.a. stetig über die Jahre hinweg an und macht den Umstieg auf Glasfaserhausanschlüsse in der Breite vermutlich in 10 bis 15 Jahren erforderlich. Die derzeitige Diskussion um Bandbreiten ist dabei allerdings nicht hilfreich, da vorerst keine Massenmarktdienste verfügbar sind, die > 100 MBit/s erfordern würden.

Die für die Mehrzahl der derzeitigen Anforderungen in der Regel ausreichende Leistung der DSL-Technologien und Kabelnetze ist ein erhebliches Handicap und Geschäftsrisiko für die Betreiber neue Hochleistungsnetze, weil bei den potenziellen Kunden die Akzeptanz fehlt und die Wechselbereitschaft nur gering ist. Trotzdem muss jetzt mit dem Bau der neuen Anschlussnetze begonnen werden, wenn Synergien zur Kostensenkung genutzt werden sollen, damit in 10 bis 15 Jahren bei weiter steigendem Bedarf neue Anschlüsse bis in den Gigabit-Bereich zur Verfügung stehen.

Um einen flächendeckenden Ausbau zu stimulieren, ist ein Aufbruch der Wertschöpfungsketten erforderlich, insbesondere bei den traditionell vertikal integriert arbeitenden Netzbetreibern. Das Geschäft mit passiver

Infrastruktur folgt mit hohen Vorabinvestitionen und langen Amortisationszeiten anderen Geschäftsprinzipien als der aktive Netzbetrieb und der Dienstebetrieb. Im Unterschied zur bisherigen Infrastruktur ist zu erwarten, dass nicht einige wenige große Infrastrukturbetreiber den Aufbau übernehmen werden, wie dies in der Vergangenheit insbesondere durch die damals staatliche Post bei Kupferdoppelader und Kabel-TV-Netz erfolgte, sondern viele regionale und mittelständisch aufgestellte Betreiber. Beim Ausbau der Infrastruktur können gerade kommunale Unternehmen wie z.B. Stadtwerke eine wichtige Rolle spielen. Bei diesen Unternehmen besteht eine enge Verwandtschaft zum Kerngeschäft mit Versorgungsnetzen, und diejenigen Versorger, die Stromverteilnetze betreiben, benötigen in Zukunft für die zeitnahe Zählerfernablesung und die Steuerung von Energieerzeugern in Smart Grids Datenleitungen zu jedem Haushalt.

Hohe Vorleistungskosten bei derzeit niedriger Kundenakzeptanz und langen Amortisationszeiten lassen Investoren zurückschrecken. *Dabei müsste jetzt mit dem Bau der neuen Anschlussnetze in der Fläche begonnen werden,* um spätere hohe Kosten zu vermeiden.

Die Politik kann maßgeblich dazu beitragen, das neue Geschäft mit passiven Anschlussnetzen unter diesen Randbedingungen zu entwickeln. Dabei ist es nicht erforderlich oder sinnvoll, das neue Anschlussnetz ähnlich wie das alte Anschlussnetz der Kupferdoppelader durch den Staat oder ein Staatsunternehmen zu errichten. Vielmehr müssen Rahmenbedingungen und Planungssicherheit für potenzielle Investoren geschaffen werden.

Ganz ohne öffentliche Mittel und eine aktive Koordination wird der Infrastrukturaufbau aber nur sehr langsam und vermutlich oft auch ineffizient erfolgen. Öffentliche Mittel im Rahmen von Förderprogrammen können, richtig eingesetzt, nachhaltig unterstützend wirken. Offensichtlich ist, dass für den Aufbau eines nachhaltigen Anschlussnetzes eine Abkehr vom Grundsatz der Technologieneutralität erforderlich ist.

Dies sind die Möglichkeiten zur Förderung des Netzaufbaus durch Politik und Regierung:

- Festlegung und Kommunikation des *Ziels eines flächendeckenden Ausbaus mit Glasfaseranschlüssen innerhalb von 10 bis 15 Jahren,* damit Haushalte und Unternehmen frühzeitig sensibilisiert werden, um die erforderliche Nachfrage zu generieren und um Dienstebetreibern zur Entwicklung innovativer Breitbanddienste zu motivieren. Für Investoren kann dies ein starkes Signal darstellen, rechtzeitig in dem entstehenden Markt tätig zu werden.

- Behandlung von Glasfasernetzen als eigenständiger Dateninfrastruktur, nicht als eines weiteren NGA-Netzes. *Glasfaseranschlussnetze* (FTTB oder FTTH) *als Infrastrukturen zur langfristigen Sicherstellung einer Daseinsvorsorge* müssen auch in den sogenannten schwarzen NGA-Flecken aufgebaut werden, und es müssen in Kommunen und Kreisen Haushaltsmittel für einen gesteuerten Ausbau unter Nutzung aller möglichen Synergien mit Tiefbaumaßnahmen bereitgestellt werden.
- Schaffung der *rechtlichen Grundlagen zum Ausbau in schwarzen NGA-Flecken* für Kommunen und kommunale Unternehmen, da alle derzeitigen Rahmenregelungen (angepasste Bundesrahmenregelung Leerrohre oder die NGA-Rahmenregelung) keinen rechtlichen Ansatz zum Aufbau von neuen Anschlussnetzen in Gebieten mit einer Breitbandversorgung von mehrheitlich > 30 MBit/s schaffen (also in grauen oder schwarzen NGA-Flecken je nachdem, ob nur einer oder mehrere Infrastrukturbetreiber tätig sind).
- Schaffung von *Investitionssicherheit für Infrastrukturbetreiber*, z. B. durch Vergabe einer regionalen Konzession für die passive Infrastruktur. Hohe Baukosten sowie lange Bau- und Amortisationszeiten sind für Betreiber von Gewerbeimmobilien nichts Ungewöhnliches, aber die Entscheidung braucht Investitionssicherheit. In den meisten Regionen sind zwei parallele Glasfaseranschlussnetze nicht rentabel, daher sollte ein Investor eine realistische Chance auf eine Amortisation erhalten.
- Eine *Konzessionsvergabe* für langfristige Versorgungsinfrastrukturen ist üblich und sowohl für Kommunen als auch für Stadtwerke und Versorgungsunternehmen geübte Praxis. Warum sollte nicht auch eine langfristige Infrastruktur wie ein Leerrohranschlussnetz im Rahmen einer öffentlichen Ausschreibung als langfristige Konzession vergeben werden? Die Forderung nach einem offenen und

diskriminierungsfreien Netzzugang an den Konzessionsnehmer sollte ebenso selbstverständlich sein wie die Garantie von Versorgungssicherheit und Verfügbarkeit.

- Die *Ausgestaltung neuer Förderprogramme für den Bau von Glasfaseranschlussnetzen* ist ein wichtiger Baustein zur nachhaltigen Verankerung des Infrastrukturausbaus in der Fläche. Das im Oktober 2015 vorgestellte Bundesförderprogramm ermöglicht zwar ausdrücklich den Bau von FTTB-Anschlussnetzen, allerdings begünstigen die Randbedingungen des Programms einen Ausbau nach dem FTTC-Konzept und hier insbesondere mit Vectoring (sobald voraussichtlich Mitte 2016 das VULA-Vorprodukt für den offenen Zugang zu Vectoring zertifiziert ist).
  Zusätzlich sollten anteilig und zeitlich befristet Personalkosten für Breitbandkoordinatoren in Kreisen und Kommunen übernommen werden, damit diese Positionen möglichst flächendeckend eingesetzt werden. Das für 2016 geplante Landesförderprogramm von Nordrhein-Westfalen sieht z. B. eine Förderung der Kosten eines Breitbandkoordinators auf Kreisebene vor und fördert über drei Jahre (2016–2018) mit jeweils € 50.000. Zusätzlich kann der tatsächliche Ausbau durch Förderung der einmaligen Erstellung von Netzplanungen stimuliert werden, die für die Nutzung von Synergien mit Tiefbaumaßnahmen erforderlich sind. Als Voraussetzung sollte ein fundiertes Geschäftskonzept vorliegen und ein Betreiber der Infrastruktur identifiziert worden sein. Hiermit kann auch in Regionen, in denen sich z. B. im Rahmen einer Konzessionsausschreibung kein privatwirtschaftlicher Anbieter bewirbt, ein Ausbau durch kommunale Institutionen ermöglicht werden.
- Verbindung von *Finanzierungsangeboten an Kommunen und kommunale Institutionen mit einer Landesbürgschaft,* damit auch finanziell schwächere Kommunen eigene Aktivitäten zum langfristigen Aufbau von neuen Anschlussnetzen aufnehmen können.
- Entwicklung von *verbindlichen Normen und Verordnungen für die Verlegung von Leerrohrsystemen* (auch) in niedrigerer Tiefe und unter Umgehung der bisher üblichen Tiefenschichtung der Infrastrukturen;

das schafft Sicherheit sowohl für genehmigende Behörden als auch für investierende Infrastrukturbetreiber. Die Tiefbaukosten sind stark von der Tiefe und Breite der Gräben für die Leerrohrsysteme abhängig. Bei einer Verlegung im Beilauf zu anderen Tiefbaumaßnahmen kann weiterhin die Standardtiefe von 60 cm verwendet werden, für Verlegemaßnahmen ohne Synergien reduzieren alternative Verlegetechniken die Kosten erheblich. Damit dies sowohl für die genehmigenden Kommunen als auch für die Infrastrukturbetreiber planbar und ohne zusätzliche Risiken erfolgen kann, sollten hierfür verbindliche DIN-Normen geschaffen werden.

- Die *Förderung von interkommunalen oder kreisweiten Aktivitäten* kann durch Schaffung von gesonderten Anreizen zu großflächigen Ausbauregionen führen, die eine höhere Wirtschaftlichkeit erwarten lassen als der Betrieb von kleineren kommunalen Netzen. Die regelmäßige Kommunikation zum Stand der Aufbauaktivitäten und das Herausheben von Best-Practice-Beispielen erhöht die Wahrnehmung und erzeugt zusätzlichen öffentlichen Druck für die Umsetzung des Infrastrukturaufbaus. Eine fachliche Beratung der Kommunen und eine aktive Begleitung der Ausbauvorhaben können vor Ort fehlendes Wissen ausgleichen.

13 Schritte zur Schaffung einer NGA-Netzinfrastruktur

Die Beschäftigung mit dem Internet-Infrastrukturausbau ist für Kreise und Kommunen mit der Sicherstellung der Grundversorgung nicht beendet. Erst mit einem flächendeckenden Glasfaseranschlussnetz ist der nachhaltige Netzaufbau abgeschlossen. Dies sind die wichtigsten Aspekte und Handlungsoptionen für Kreise und Kommunen im Hinblick auf den NGA-Ausbau:

- Analyse vorhandener Infrastrukturen und der konkreten Versorgungssituation
- Entwicklung eines Geschäftsmodells mit Kooperationsansätzen und einem Konzept für den Aufbau des Glasfaseranschlussnetzes
- Entscheidung über eine Betreiberinstitution für die entstehende passive Infrastruktur (z. B. Stadtwerk)
- Beauftragung einer Netzplanung (Masterplan) für den Netzaufbau unter Nutzung von Synergien
- Nutzung der NGA-Rahmenregelung zur Schaffung einer Brückenlösung in weißen NGA-Flecken mit < 30 MBit/s während des langfristigen Infrastrukturaufbaus, entweder durch Verlegung von Leerrohren mit oder ohne Deckungslücke oder nur unter Gewährung einer Deckungslücke mit den Verfahrensschritten
    - Markterkundung zur Abfrage bei Netzbetreibern bezüglich vorhandener NGA-Ausbaupläne und
    - Durchführung eines transparenten Auswahlverfahrens

Die „Rahmenregelung der Bundesrepublik Deutschland zur Unterstützung des Aufbaus einer flächendeckenden Next Generation Access (NGA)-Breitbandversorgung“ (NGA-Rahmenregelung) wurde am 15. 6. 2015 in Kraft gesetzt und ist befristet bis zum 31. 12. 2021. Sie kann Kreisen und Kommunen als rechtliche Grundlage für eigene Aktivitäten zur Schaffung schneller Internet-Zugänge dienen. Ebenso wichtig ist die Bereitstellung von Fördermitteln, damit die Kommunen auch bei schlechter Haushaltslage Vorsorge mit einer nachhaltigen Infrastruktur treffen können. NGA-Förderprogramme wie das Bundesförderprogramm basieren auf der NGA-Rahmenregelung. Mit Landesmitteln plant das Land Nordrhein-Westfalen die Förderung anteiliger Personalkosten für Breitbandbeauftragte der Kreise und kreisfreien Städte.

Um neben Ausbauvorhaben für die Grundversorgung eine nachhaltige Breitbandversorgung im Sinne der Daseinsvorsorge und als wesentlichen Standortfaktor abzusichern, ist eine langfristige Beschäftigung mit der Breitbandversorgung unabdingbar. Der nach dem laufenden Ausbau erreichte Versorgungsgrad ist zwar durchaus überdurchschnittlich, wird aber langfristig bei weiter wachsenden Datenvolumen nicht mehr ausreichen. Zur Verankerung der Beschäftigung mit dem Breitbandausbau und der Schaffung einer langfristig nachhaltigen Infrastruktur sollten folgende Aufgaben erledigt werden:

- Bestellung eines *Breitbandbeauftragten*
    - Schaffung einer Voll- oder Teilzeitstelle
    - Organisatorische Zuordnung in der Verwaltung
    - Benennung des Breitbandbeauftragten
- *Analyse des verbleibenden kurzfristigen Bedarfs* und Erarbeitung von Lösungsoptionen
    - Konkretisierung der aktuellen Bedarfe in den derzeit unter- oder schwach versorgten Wohngebieten sowie in den Gewerbegebieten durch eine Bedarfsanalyse
    - Durchführung von Workshops mit interessierten Netzbetreibern
    - Entwicklung eines Umsetzungskonzeptes
- *Festlegung von Zielen* für den Breitbandausbau
- Schaffung der Voraussetzungen für einen mittelfristig erfolgenden *nachhaltigen Ausbau mit Glasfaseranschlussnetzen*
    - Beauftragung der Erstellung eines Masterplans (Netzplans) bei einem qualifizierten Ingenieurbüro
    - Prüfung der Möglichkeiten zur Zusammenarbeit mit Infrastrukturbetreibern
    - Prüfung von Synergien (insbesondere bei Sanierungsvorhaben) für den mittelfristigen Aufbau eines Leerrohrnetzes bis zum Hausanschluss
    - Prozesse zur regelmäßigen Absprache mit anderen Infrastrukturbetreibern

Anlage I: Detailbeschreibung ausgewählter Fallbeispiele

Dieser Abschnitt dokumentiert Berichte über Breitbandausbauprojekte, die zum Zeitpunkt der Berichterstattung größtenteils abgeschlossen waren bzw. deren Fertigstellung absehbar schien. Die Beiträge sind zu unterschiedlichen Gelegenheiten an unterschiedlichen Stellen erschienen und geben den Kenntnisstand zum Zeitpunkt der Publikation wieder.

I.1 Kreis Heinsberg: Infrastruktur für Glasfaseranschlüsse

Breitband als ein wesentlicher Teil der Infrastruktur und ein wichtiges Element zur Steigerung der Standortattraktivität ist für die Kreiswirtschaftsförderung im Kreis Heinsberg schon seit einigen Jahren ein wichtiges Thema. Dabei hat Dr. Kaack von der STZ-Consulting Group die Kreiswirtschaftsförderung im Kreis Heinsberg beratend auf dem manchmal steinigen Weg zu flächendeckendem FTTB begleitet.

In einem ersten Schritt analysierte STZ-Consulting anhand der Informationen der Netzbetreiber die tatsächliche Versorgungslage getrennt für Wohn- und Gewerbegebiete und nahm dabei eine Einteilung in gut versorgte Gebiete (d. h. solche mit vorhandenem Infrastrukturwettbewerb und mindestens 16 MBit/s), schwach versorgte und unterversorgte Gebiete (beide ohne Wettbewerb in der Infrastruktur) vor. Im Kreis waren im Rahmen der Analysegenauigkeit ca. 40 % der Anschlüsse mit bis zu 150 MBit/s und „funktionierendem“ Wettbewerb so versorgt, dass Aktivitäten der öffentlichen Hand nicht erforderlich waren. 15 % der Anschlüsse waren unterversorgt, ca. 45 % schwach versorgt. Eine ländliche Struktur mit geringer Besiedlungsdichte und wenigen (nur 1,3) Wohneinheiten pro Anschluss machen den „klassischen“ VDSL-Ausbau nicht nur teuer, sondern auch im Hinblick auf die erzielbare Bandbreite oft wenig effizient.

Auf der Basis der Analyse wurden Geschäftsmodelle zur Umsetzung entwickelt und geprüft. Nach mehreren Gesprächsrunden mit den Bürgermeistern der Kommunen und den Energieversorgern ergab sich ein umsetzbares Modell für einen NGA-Ausbau mit Glasfaserhausanschlüssen, bei dem der Kreis zunächst einen Masterplan als Grobnetzplanung für die nicht ausreichend versorgten Gebiete beauftragt und dann Kreis und Kommunen gemeinsam über einen längeren Zeitraum passive Anschlussnetze errichten, während die Energieversorger fehlende Strecken im Zuführungsnetz ergänzen. Zur Schonung von Investitionsmitteln sollten nach und nach Sanierungsmaßnahmen und andere Tiefbauprojekte für eine Verlegung im Beilauf genutzt werden.

Aufgrund der Breitbandaktivitäten der vergangenen Jahre besteht bereits ein fast geschlossener regionaler Backbone-Ring, der zur Zuführung der Bandbreite zu den zu errichtenden Anschlussnetzen genutzt werden kann. Über die fortlaufende Schaffung von einzelnen FTTB-Inseln (z.B. einzelne Ortschaften, Stadtteile oder Gewerbegebiete) soll der erzielbare Erfolg belegt werden und der Anreiz zum weiteren Ausbau aufrechterhalten bleiben.

Durch die Aktivitäten der Kreiswirtschaftsförderung wurde die niederländische Reggeborgh auf den Kreis aufmerksam und bot den Ausbau des passiven Netzes als privatwirtschaftliches Investitionsvorhaben ganz ohne Zuwendung aus öffentlichen Kassen an. Für den Bau und den Betrieb der passiven Infrastruktur gründete der Investor eine eigene Gesellschaft: die Deutsche Glasfaser GmbH; die Gesellschaft ist ein Schwesterunternehmen der BORnet im Kreis Borken.

Damit die passive Infrastruktur aber nicht ungenutzt bleibt und Leerrohre leer bleiben, müssen Netzbetreiber als Partner gewonnen werden. Um eine vollständige Abhängigkeit zu vermeiden, gründete die Deutsche Glasfaser mit Flink einen eigenen Betreiber zur Vermarktung. Weitere benannte Partner sind der Netzbetreiber NetAachen und der Energieversorger NEW, der bereits früher im Telekommunikationsbereich aktiv war. Der Infrastrukturbetreiber ist offen für weitere Netzbetreiber und es bleibt abzuwarten, ob auch die großen Anbieter auf den Zug aufspringen.

Eine weitere Hürde musste mit der aus Wirtschaftlichkeitsaspekten benötigten Vorvertragsquote von 40 % genommen werden. Die Deutsche Glasfaser hat hierfür eine breite Informations- und PR-Aktivität entfaltet, die aber ohne eine aktive Rolle von Kreis und Kommunen nicht hätte gelingen können. Durch die Bürgermeister wurde eine weitgehende Unterstützung erbracht, da sie die Bedeutung einer nachhaltigen Breitbandinfrastruktur als Standortvorteil für ihre Kommunen erkannt haben.

Der Ausbau des Netzes erfolgt aus Kapazitätsgründen in Einzelschritten. Die ersten 32 Ortsteile in den zehn Kommunen erreichten bis Mitte Mai 2013 die Vorvertragsquote, und in der Gemeinde Gangelt wurde mit dem Aufbau der Glasfaser-PoP der technische Ausbau begonnen. Außerdem wurden weitere 18 Ausbaugebiete in Form von einzelnen Ortsteilen identifiziert (man findet sie auf der Website der Deutschen Glasfaser unter dem Menüpunkt „FTTH-Projekte“), sie befinden sich in der Phase der Vorvertragsakquisition. Bislang hat nur ein Ortsteil die erforderliche Vorvertragsquote nicht erreicht.

Parallel dazu werden regionale Unternehmen und Organisationen gesucht, die (ganz nach holländischem Vorbild) als Dienstebetreiber eine zusätzliche Differenzierung im Wettbewerb ermöglichen. Für regionale Breitbanddienste gibt es viele Möglichkeiten in den Bereichen Medizin, Bildung und Fortbildung, Sport und Kultur, aber auch durchaus rein kommerzielle Anwendungen, z. B. in den Bereichen Home Automation, Energiesteuerung oder Cloud Computing. Somit kann das Ausbauprojekt auch zu einer Weiterentwicklung zur Smart City oder zu mehreren Smart Cities im Kreis Heinsberg beitragen.

Die weitere Entwicklung des Vorhabens bleibt abzuwarten, aber grundsätzlich hat sich die Umsetzbarkeit des Geschäftsmodells mit dem Erfolg der ersten 32 Pilotregionen bereits erweisen. Der Kreis Heinsberg kann als Blaupause für weitere kreisweite Glasfaserprojekte dienen – vielleicht können andere Investoren für NGA-Vorhaben gewonnen werden, die bislang mit Gewerbeimmobilien Geld verdienen. Mit dem Projekt kann auf jeden Fall das immer wieder zu hörende Vorurteil „Glasfasernetze kann man nur in Ballungsgebieten wirtschaftlich betreiben“ ad acta gelegt werden. STZ-Consulting hat in den letzten Jahren auch immer wieder darauf hingewiesen, dass Glasfasernetze gerade für den Ausbau in ländlichen Regionen geeignet sind, da keine aktiven Netzkomponenten zwischen Knoten und Hausanschluss benötigt werden und die Streckenlänge keine Rolle spielt.

Viele Kreise sind in ihren Überlegungen noch nicht bei NGA-Plänen „angekommen“ und stecken tief in Fragestellungen zur Grundversorgung mit > 2 MBit/s. Auch für diese noch passiven Kreise ist das Vorgehen im

Kreis Heinsberg als Beispiel zu sehen – einerlei, ob das Vorhaben im ersten Anlauf erfolgreich ist oder erst nach einigen Anpassungen. Es werden aber wohl selbst bei weiterer Multiplikationswirkung durch den Kreis Heinsberg immer noch etliche Regionen im ländlichen Raum übrig bleiben, in denen kein Stadtwerk oder Energieversorger den Netzausbau übernimmt und auch kein privater Investor gefunden werden kann. Diese Regionen sind neben eigenen Aktivitäten auf tatkräftige Unterstützung des Bundes oder der Länder angewiesen!

I.2 Arnsberg: Zukunftssicherheit durch NGA-Strukturen

Die Stadt Arnsberg hatte schon vor der Durchführung des Breitbandprojekts eine mehrheitlich gute Breitbandversorgung in den Wohngebieten, insbesondere durch eine weitgehende Abdeckung mit dem Kabel-TV-Netz von Unitymedia. Mit der Umstellung auf DOCSIS 3.0 ist damit in weiten Teilen der Stadt eine Bandbreite von 128 MBit/s im Downstream verfügbar. Bürgermeister Vogel entschied nach der Zuweisung der Mittel aus dem Konjunkturpaket II, einen Großteil für den weiteren Breitbandausbau im Stadtgebiet einzusetzen, um Versorgungslücken in der Kernstadt zu beseitigen und die Gewerbegebiete mit zukunftssicherer Bandbreite auszustatten.

Im Gebiet der Kernstadt waren nur noch zwei kleinere Wohngebiete mit deutlich < 1 MBit/s schlecht versorgt. Da diese Gebiete recht klein und von Regionen umgeben sind, die durch Unitymedia gut versorgt werden, war absehbar, dass es schwierig werden würde, einen anderen Betreiber für einen Ausbau zu gewinnen. Andererseits ist ein Ausbau mit Kabel-TV teuer, da in jede der zu versorgenden Straßen mit Tiefbauarbeiten Koaxialkabel verlegt werden müssen.

I.2.1 Gewerbegebiete mit schwacher Versorgung

Die Stadt Arnsberg hat eine ganze Reihe von Gewerbegebieten. Dort ist die Breitbandversorgung unzureichend, weil Kabel-TV-Anbieter Gewerbegebiete in der Vergangenheit mangels eines passenden Diensteangebotes nicht versorgt haben.

Mit dieser Ausgangslage wurde das Breitbandprojekt gestartet und STZ-Consulting mit der Begleitung beauftragt. Dort erarbeitete man zusammen mit dem Projektleiter der Stadt zunächst ein Konzept für die Umsetzung, in dem konkrete Einzelmaßnahmen definiert wurden. Da sich in der zuvor durchgeführten, allgemein gehaltenen Markterkundung keine Betreiber mit konkreten Konzepten gemeldet hatten, wurden zunächst Workshops mit interessierten Betreibern durchgeführt, um Interessen und Voraussetzungen für einen Ausbau zu klären. Hierfür wurden Informationen über die Struktur der Unternehmen (z.B. Branche, Größe) zusammengestellt und das Vorhandensein von gegebenenfalls nutzbarer Infrastruktur in den Gewerbegebieten überprüft. Auch die Möglichkeiten für die Zuführung der Bandbreite in die einzelnen Gebiete über vorhandene Infrastrukturen wurden analysiert. Diese Schritte waren notwendig, um nach Möglichkeit einerseits die Kosten für einen Ausbau zu reduzieren und andererseits die Attraktivität für den Breitbandausbau aus Sicht des Netzbetreibers zu steigern.

I.2.2 Viele interessierte Betreiber

Als Ergebnis aus den Workshops lagen unterschiedliche technische Konzepte für einen Ausbau vor, die von einer Funkversorgung über einen FTTC-Ausbau bis zu Direktanbindungen mit Glasfaser oder Koaxialkabel reichten. Mit den Erkenntnissen aus den Workshops wurde in internen Diskussionen entschieden, die unterversorgten Wohngebiete im Kernstadtbereich über das Angebot einer Zuwendung zur Deckung einer Wirtschaftlichkeitslücke auszuschreiben. Auch für drei Gewerbegebiete sollte der Ausbau über den Ausgleich der Wirtschaftlichkeitslücke erfolgen. Dann wurden Gewerbegebiete ausgewählt, in denen ein NGA-Netz aufgebaut werden sollte. Hiermit wurde einerseits Neuland für Arnsberg betreten, andererseits der Grundstein für nachhaltige Zukunftssicherheit bei flexibler Auslegung der erforderlichen Bandbreiten gelegt.

Für den Aufbau von NGA-Netzen in Gewerbegebieten gibt es noch nicht viele Vorbildprojekte. Die Stadt wollte die eigene Leistung in jedem Fall mit der Bereitstellung der passiven Infrastruktur im Sinne eines Kabelschutzrohres enden lassen. Denn der Betrieb von aktiver Technik durch Beleuchten einer Glasfaser erfordert zusätzliche Erfahrungen und Ressourcen. Selbst beim Einziehen einer unbeleuchteten Faser (Dark Fibre) können durch unterschiedliche Glasfasertypen Akzeptanzprobleme eintreten. Die Beschränkung auf das reine Leerrohr bringt zudem den Vorteil, dass eine gewisse Technologieneutralität gewahrt bleibt, da sowohl Glasfaser als auch Koaxialkabel eingezogen werden können.

I.2.3 Ausschreibung zur Vermietung der geplanten Leerrohre

Damit der Bau der passiven Infrastruktur nicht zu einer längerfristig ungenutzten Investitionsruine führt, wurde entschieden, vor der Ausschreibung für den Tiefbau und die Leerrohrverlegung nach späteren Nutzern zu suchen. Hierfür wurde eine öffentliche Ausschreibung durchgeführt, die der Suche des aus wirtschaftlicher Sicht für die Stadt attraktivsten Betreibers diente. Neben den wirtschaftlichen Aspekten wurden Kriterien für die Angebotsauswahl aufgestellt, die helfen sollten, das technische und betriebliche Konzept des Betreibers sowie die Nachhaltigkeit der Lösung im Vergleich zu bewerten.

Neben attraktiven FTTB-Konzepten wurde die Verlegung von Koaxialkabeln durch die Leerrohre vorgeschlagen. Im Hinblick auf die Wirtschaftlichkeit ist dieses Konzept für die Stadt Arnsberg das günstigste, und auch für die Unternehmen stellt die Preisstellung eine attraktive Alternative zu anderen Geschäftskundenprodukten dar. Nach der Bewertung der Angebote fiel die Entscheidung der Stadt zugunsten des Koaxialkabelangebots von Unitymedia.

Die Nutzung von DOCSIS 3.0 für Geschäftskundenprodukte stellte ein Novum für beide Seiten dar; bis dahin gab es keine Erfahrungen zur Akzeptanz von DOCSIS-Diensten bei Unternehmen. Hohe Bandbreiten im Downstream (150 MBit/s) und im Upstream (5 MBit/s) in Verbindung mit vergleichsweise niedrigen Preisen ließen insbesondere bei Gewerbebetrieben und mittelständischen Unternehmen hohe Akzeptanz erwarten. Die Nachteile fehlender symmetrischer Bandbreiten und der damals noch nicht verfügbaren festen IP-Adressen trafen in erster Linie größere Unternehmen. Die Mehrzahl von diesen hat allerdings bereits einen Glasfaserdirektanschluss.

Nach der Entscheidung für einen Nutzer der Leerrohre konnten im nächsten Schritt die Tiefbauarbeiten und die Verlegung der Leerrohre ausgeschrieben werden.

I.2.4 Ausbau nach Kooperationsvertrag

Nach der Entscheidung für einen Nutzer der Leerrohre konnten im nächsten Schritt die Tiefbauarbeiten und die Verlegung der Leerrohre ausgeschrieben werden. Rechtzeitig vor dem 31. 12. 2010 konnte somit sowohl die Nutzung der Leerrohre als auch deren Verlegung vergeben werden. Die Fertigstellung erfolgte bis Ende 2011.

Auch die Ausschreibungen für einen Ausbau der beiden unterversorgten Wohnviertel und der drei Gewerbegebiete gegen Ausgleich einer Wirtschaftlichkeitslücke stießen auf Interesse bei Betreibern, wenn auch in geringerem Ausmaß als die Ausschreibung der NGA-Netze. Auch in diesem Fall erhielt Unitymedia den Zuschlag für alle Losgebiete. Die erforderlichen Tiefbaumaßnahmen erfolgen in diesem Fall im Rahmen der Wirtschaftlichkeitslücke durch den Betreiber. Als Ergebnis ergibt sich eine fast flächendeckende Versorgung in Arnsberg durch Unitymedia.

I.2.5 Richtfunkvernetzung der Krankenhäuser

Parallel zum Ausbau der Gewerbegebiete wurde in Arnsberg die Vernetzung der drei Standorte des Klinikums Arnsberg als eine erforderliche Maßnahme identifiziert. Zur Intensivierung der Zusammenarbeit und einer Ausweitung der Arbeitsteilung war eine breitbandige und symmetrische Vernetzung der Krankenhäuser im Bereich von mindestens 800 MBit/s erforderlich. Da die drei Standorte relativ weit verteilt liegen, war eine direkte Vernetzung nicht unkompliziert. Als Übertragungstechnologien kam in diesem Bandbreitenbereich nur eine Glasfaserverbindung oder Richtfunk in Betracht. Allerdings gab es keine durchgehende Leerrohrstrecke zwischen den Krankenhäusern, die zum Einziehen von Lichtwellenleitern geeignet gewesen wäre. Auch eine direkte Sichtverbindung ist aufgrund der Topografie nicht gegeben; es war daher klar, dass auf jeden Fall Relaisstationen erforderlich werden würden.

Da die Breitbandverbindung für den laufenden Betrieb genutzt werden sollte, wurde ergänzend zur Primärvernetzung eine physikalisch getrennte Backup-Lösung mit mindestens 100 MBit/s angestrebt. Der Betreiber sollte über eine öffentliche Ausschreibung gefunden werden und die Finanzierung der Deckungslücke über das Zukunftsinvestitionsgesetz erfolgen. Die entsprechend durchgeführte Ausschreibung stieß auf vergleichsweise großes Interesse, und es wurden Angebote mit einer Umsetzung mittels Richtfunk und Glasfaser abgegeben. Die eingereichten Konzepte waren durchwegs gut ausgearbeitet und hochwertig. Die Auswertung ergab nicht zuletzt unter Würdigung der sehr unterschiedlichen Investitions- und Betriebskosten eine Entscheidung zugunsten des Angebots von Innofactory.

Da die vorhandenen Budget-Mittel nicht für die Beauftragung von physikalisch getrennten Lösungen ausreichten, wurde nur die Richtfunklösung beauftragt. Mit der Lösung von Innofactory wird aber durch die Verwendung von unterschiedlichen Polarisationen für die Übertragung in zwei unabhängigen Systemen eine erhebliche Steigerung der Verfügbarkeit erreicht. Im Normalbetrieb arbeiten beide Systeme ergänzend. Fällt eines der Systeme aus, verbleibt immerhin noch die Hälfte der Bandbreite für einen Notbetrieb.

Die für Arnsberg umgesetzten Maßnahmen sind ein gutes Beispiel dafür, was im Rahmen des Konjunkturpakets zur Verbesserung der Breitbandinfrastruktur möglich war. Dank der Umsicht des Bürgermeisters konnten in vorbildlicher Weise Maßnahmen umgesetzt werden, die insbesondere die Attraktivität Arnsbergs als Wohn- und Wirtschaftsstandort nachhaltig absichern.

I.3 Ennepetal: Breitbandausbau durch überraschende Leerrohre

3000 Einwohner in den Stadtteilen Oberbauer und Rüggeberg von Ennepetal mit einer Internet-Verbindung unter 0,4 MBit/s (DSL-light) mitten in Deutschland? Auch 2012 gibt es das noch. Es ist nicht verwunderlich, dass die Bevölkerung mit der Situation unzufrieden ist und sich eine Bürgerinitiative gebildet hat. Nur ist für keinen Netzbetreiber der Ausbau in den beiden Stadtteilen wirtschaftlich. Also wurden im August 2011 die Breitbandexperten der STZ-Consulting Group damit beauftragt, eine Lösung zu finden.

Die Voraussetzungen für ein Förderprojekt konnten schnell geklärt werden. Nur die in den Gesprächen mit den Netzbetreibern ermittelten Wirtschaftlichkeitslücken für einen nachhaltigen Ausbau nach dem FTTC-Konzept lagen so hoch, dass ein Ausbau selbst bei einer Förderbewilligung zu teuer gekommen wäre. Musste man also auf eine Überbrückungslösung umsteigen, mit niedrigeren Investitionskosten und schlechteren Leistungen?

Bei den intensiven Analysen und Gesprächen u. a. mit dem Versorgungsunternehmen AVU ergaben sich Alternativen, die eine investitionsschonende Breitbandzuführung in die Stadtteile ermöglichten. Ein gutes Beispiel ist Ennepetal insofern, als die Neukalkulation des Ausbaus bewiesen hat, welchen entscheidenden Einfluss vorhandene Leerrohrinfrastrukturen auf die Kosten haben.

Nach den Analysen und Vorarbeiten konnte der weitere Prozess in erstaunlich kurzer Zeit durchgeführt werden, ein transparentes Auswahlverfahren kam erfolgreich zum Abschluss, und es erfolgte eine Vergabe an die Deutsche Telekom. Vier Monate nach Projektstart lag bereits kurz vor Weihnachten 2011 der Bewilligungsbescheid der Bezirksregierung vor. Bis Ende 2012 werden die 3000 Einwohner von Oberbauer und Rüggeberg aus der Internet-Steinzeit heraus sein und – sofern der weitere Ausbau planmäßig vorangeht – mehrheitlich > 16 MBit/s für ihre Aktivitäten im Internet nutzen können.

I.3.1 Unterversorgung in Oberbauer und Rüggeberg

Die Stadt Ennepetal hat 31.301 Einwohner, von denen 1523 in Oberbauer leben und 1544 in Rüggeberg. Nach einer Reihe von Beschwerden zur schlechten Breitbandversorgung hat die Stadt Ennepetal im Sommer 2010 gemeinsam mit der Bürgerinitiative eine schriftliche Befragungsaktion bei allen Haushalten und Unternehmen in Oberbauer und Rüggeberg durchgeführt. Die Ergebnisse bestätigen insgesamt die Beschwerden von Bürgern und Unternehmen.

Bis zu 30 % der Nutzer in den Haushalten müssen als Selbstständige oder Angestellte neben privaten Anwendungen von zu Hause aus berufsbedingte Arbeiten erledigen, können dies mit den zur Verfügung stehenden Bandbreiten aber nicht zufriedenstellend. Auch die Bedürfnisse von

Schülern und Studierenden führen bei der unzureichenden Versorgung zu Problemen.

Die verfügbare Bandbreite lag auf der Basis der Antworten bei durchschnittlich 0,284 MBit/s in Oberbauer und bei 0,426 MBit/s in Rüggeberg (dies stimmt mit den Versorgungsangaben der Deutschen Telekom überein). Die miserable Versorgungslage dokumentiert sich auch in der hohen Unzufriedenheit mit der derzeitigen Versorgung und in einer signifikanten Wechselbereitschaft von 80 % zu einem Anbieter mit einem besseren Angebot.

I.3.2 Moderater Bandbreitenbedarf in der Bevölkerung

Über 90 % der Befragten gaben an, dass sie eine höhere Bandbreite benötigen. Die Wunschvorstellungen lagen zwischen 2 und über 20 MBit/s. Vermutlich aufgrund mangelnder eigener Erfahrungen ist die Nachfrage nach hohen Bandbreiten (> 20 MBit/s) mit unter 10 % noch gering. Es ist zu vermuten, dass die Nachfrage nach höheren Bandbreiten deutlich steigt, sobald die Menschen eine bessere Versorgung erst einmal selbst erlebt haben. Dies entspricht jedenfalls der Erfahrung in „entwickelten" Breitbandmärkten, z.B. in Skandinavien oder in Ballungsgebieten.

So ist es nicht erstaunlich, dass ein recht hoher Anteil der Antwortenden von über 30 % sich eine Bandbreite von „nur" 2 MBit/s wünscht. In Oberbauer stellt die Nennung 2 MBit/s sogar die größte Einzelgruppe unter den Antwortenden. Allerdings liegt die heutige Versorgung mit 0,3 MBit/s wirklich extrem niedrig. In Rüggeberg wünscht die größte Gruppe (über 45 %) 4 bis 7 MBit/s, in Oberbauer wird diese Bandbreite von über 30 % gefordert. Eine signifikante Anzahl (rund 15 %) wünscht sich eine Bandbreite von 16 MBit/s, wie sie in größeren Städten und Ballungsgebieten heute Standard ist.

Die Wunschbandbreite beträgt im Durchschnitt 8,3 MBit/s in Oberbauer und 7,2 MBit/s in Rüggeberg. Die Angaben zur durchschnittlichen monatlichen Zahlungsbereitschaft spiegeln mit durchschnittlich € 35 (Oberbauer) und € 42 (Rüggeberg) eine realistische Einschätzung des Marktpreises.

I.3.3 Kostensenkung durch nutzbare Infrastrukturen

Die zu Beginn des Projektes vollständig unterversorgten Stadtteile Oberbauer und Rüggeberg sollten also möglichst schnell im Sinne der Daseinsvorsorge mit einer besseren Breitbandanbindung bedient werden. Idealerweise wünscht sich die Verwaltung für alle Einwohner und Unternehmen einen Breitbandanschluss mit 16 MBit/s, mindestens aber die als Grundversorgung definierte Bandbreite von 2 MBit/s.

Die Stadt selber betreibt im Stadtgebiet keine eigenen Leerrohre, die für die Verlegung von Glasfaserleitungen geeignet wären. Doch die Gespräche mit der für die Versorgung mit Strom zuständigen AVU in Gevelsberg haben erreicht, dass ein von Breckerfeld zu verlegendes Schutzrohr so durch Oberbauer verlegt wurde, dass es für die Anbindung des Ortsteils mit Glasfaser genutzt werden kann. Die Stadt hat zudem an zwei Stellen Leerrohre zur Querung von Straßenkreuzungen, die für den Durchzug von Leitungen verwendet werden können.

Beide Infrastrukturen haben die Deckungslücke der Deutschen Telekom für den Ausbau nach dem FTTC-Konzept in Oberbauer erheblich gesenkt. Da die Tiefbaukosten generell ca. 75 % der gesamten Investitionskosten umfassen und eine Förderung nur bis zu Deckungslücken von maximal € 200.000 gewährt wird, konnten erst durch die Nutzung des Leerrohrs der AVU Kostensenkungen erreicht werden, die eine Finanzierung des bei einer Förderung verbleibenden Eigenanteils aus dem städtischen Haushalt ermöglichten.

In Rüggeberg drohten die Kosten durch die Längen bis zum Netzknoten ebenfalls zu hoch zu werden, sodass alternative Zuführungen (statt einer Glasfaserstrecke) geprüft werden mussten. Eine mögliche Umsetzung wäre eine Richtfunkverbindung nach Oberbauer. Allerdings entdeckten aufmerksame Mitarbeiter des Tiefbauamts bei verschiedenen Straßenarbeiten an der Rüggeberger Straße ein nicht benutztes Leerrohr, das der Stadt nicht gehört. Nach verschiedenen Recherchen konnte der Eigentümer identifiziert werden. Auch hier war eine Finanzierung des Eigenanteils nur durch die Nutzung dieses Leerrohrs darstellbar.

I.3.4 VDSL mit bis zu 50 MBit/s nach schnellem Projektabschluss

Nach Durchführung des Auswahlverfahrens lag ein Angebot der Deutschen Telekom vor, das den Ausbau in beiden Stadtteilen ermöglicht. Mit den notwendigen umfangreichen Unterlagen wurde noch im Dezember 2011 eine Förderbewilligung der Bezirksregierung in Arnsberg erreicht, sodass der Ausbau im Laufe des Jahres 2012 abgeschlossen sein dürfte. Dann endet für die Haushalte in Oberbauer und Rüggeberg die Zeit ohne schnelle Internet-Anbindung. Es wird nicht nur eine Bandbreite von 2 MBit/s zur Verfügung stehen, die Mehrzahl wird mit VDSL auch Bandbreiten oberhalb von 25 MBit/s nutzen können. Das dürfte für die nächsten zehn Jahre ausreichen.

Die Dauer des Projektes war mit weniger als vier Monaten nach Beauftragung der STZ-Consulting Group Mitte August 2011 bis zur Bewilligung im Dezember äußerst kurz. Laut Dr. Kaack, dem verantwortlichen Berater von STZ-Consulting, ist eine so kurze Laufzeit wohl die neue Benchmark für Breitbandförderprojekte.

Insgesamt kann Ennepetal als vorbildlich für ein Breitbandförderprojekt gelten. Die zügige Durchführung war nur durch die gute und enge Zusammenarbeit mit der Verwaltung möglich. „Das Projekt in Ennepetal war sowohl im Hinblick auf die Schnelle der Durchführung als auch durch das Auffinden von vorhandenen und die Streckenanpassung der neu verlegten Trasse in Oberbauer vorbildlich für ein Breitbandförderprojekt“, so Dr. Kaack. „Ohne das enge und zielorientierte Zusammenwirken von Verwaltung, AVU, Netzbetreiber und den Zuständigen bei der Bezirksregierung wäre dieser Erfolg nicht möglich gewesen.“

I.4 Erftstadt: das bislang größte Ausbauprojekt in Nordrhein-Westfalen

Eine Förderung nach dem GAK-Programm unterliegt engen Auflagen und führt daher in vielen Fällen zu kleinteiligen Lösungen für Ortschaften oder Ortsteile, für die sich eine Unterversorgung nachweisen lässt. Daher ist es umso bemerkenswerter, dass mit dem Breitbandprojekt für das nordrhein-westfälische Erftstadt eine Umsetzung nach dem FTTC-Konzept in insgesamt fünf Stadtteilen mit insgesamt über 15.000 Einwohnern möglich war.

FTTC ist ein für den Ausbau anerkanntes Konzept einer nachhaltigen Versorgung. Bei diesem Ansatz wird eine Glasfaserversorgung bis in die Ortschaften und „bis zum Straßenrand“ (zu den Standorten der Kabelverzweiger) vorangetrieben. Aufbauend auf dem FTTC-Netz kann man durch einen konsequenten und geplanten Ausbau des Leerrohrnetzes in einigen Jahren ein Glasfaseranschlussnetz realisieren.

In die fünf Ortsteile Bliesheim, Dirmerzheim, Erp, Friesheim und Gymnich werden in den nächsten Monaten 31 km Glasfaserkabel verlegt werden. Insgesamt werden 32 Kabelverzweiger mit Multifunktionsgehäusen zum Outdoor-DSLAM überbaut und mit Stromanschlüssen für die aktive Übertragungstechnik ausgerüstet. Im Ergebnis wird nach dem Infrastrukturausbau für die überwiegende Mehrzahl eine Bandbreite von 16 MBit/s nutzbar sein anstatt der heute im Schnitt mit < 1 MBit/s unzureichenden Bandbreite.

Dem Vertragsabschluss mit dem ausgewählten Netzbetreiber (der Deutschen Telekom AG) ging ein Projekt mit einer Dauer von einem Jahr voraus. Ende 2009 beauftragte die Stadt Herrn Dr. Kaack von der STZ-Consulting Group mit der Durchführung der notwendigen Projektarbeiten. Dabei wurde zunächst die Unterversorgung durch Versorgungstabellen nachgewiesen und eine Markterkundung bei den Netzbetreibern durchgeführt. Es ist wenig erstaunlich, dass sich auch in Erftstadt kein Anbieter finden ließ, der einen wirtschaftlichen und nachhaltig zukunftssicheren Ausbau ohne öffentliche Zuwendungen plante. Erkundungen bei der Deutschen Bahn, den Stadtwerken, dem Gas- und dem Energieversorger förderten auch keine geeignete Leerrohrinfrastruktur zutage, die für einen Ausbau nutzbar gewesen wäre.

I.4.1 Befragungsaktion mit guter Rücklaufquote

Eine schriftliche Befragung bei allen Haushalten ergab eine Unterversorgung bei 79 % der Anschlüsse (im Durchschnitt der Befragten 714 kBit/s). Durch die frühzeitige Einbeziehung der Ortsbürgermeister und deren aktive Unterstützung konnte mit bis zu 25 % eine recht hohe Rücklaufquote erreicht werden. Die Unzufriedenheit mit der derzeitigen Versorgung lag mit 94 % entsprechend hoch; auch die Wechselbereitschaft von 83 % der Befragten unterstrich den Bedarf. Die Ergebnisse bei den befragten Unternehmen lagen bei ähnlichen Werten (91 % Unzufriedenheit). Ohne alternative Wettbewerbsangebote ist es nicht verwunderlich, dass ca. 85 % der Befragten DSL als die genutzte Breitbandtechnologie angaben. Nach DSL ist der Einsatz von Modems beim Analog- oder ISDN-Anschluss die meistgenutzte Technologie für den Internet-Zugang.

Mit den Ergebnissen der Befragung und einer parallel durchgeführten statistischen Ableitung des theoretischen Kundenpotenzials war die Potenzialanalyse abgeschlossen und eine weitere Voraussetzung zur Stellung des Förderantrags erfüllt.

Im Laufe der Projektdurchführung wurde die Grenze für eine Unterversorgung von 1 auf 2 MBit/s angehoben. Damit konnten anderthalb weitere Ortsteile mit einer Versorgungsleistung von etwa 1,5 MBit/s in die Projektarbeit einbezogen werden. Durch diese Erweiterung konnten mit fünf geschlossenen Ortsteilen erhebliche Teile des Stadtgebietes für einen Ausbau bearbeitet werden.

Für die Konkretisierung ist eine transparente Ausschreibung nach den Regeln des GAK-Programms erforderlich, die technologieneutral aufgestellt sein muss, um Wettbewerbsverzerrungen zu vermeiden.

I.4.2 Quantitative Bewertungskriterien der Anbieterauswahl

Um die Auswahl unter den Anbietern nicht nur mit qualitativen Argumenten zu treffen, hat Dr. Kaack quantitative Bewertungskriterien entwickelt. Dabei haben wirtschaftliche Aspekte wie die Höhe der Wirtschaftlichkeitslücke und die Kaufkraftabschöpfung durch veränderte Kundenkonditionen besondere Bedeutung. Auch andere Aspekte wie die verfügbare Bandbreite und das Angebot von weiteren Diensten wie z.B. Telefonie werden berücksichtigt.

Dabei darf man nicht außer Acht lassen, dass das Förderprogramm fordert, dass die mit Subventionen errichtete Infrastruktur über mindestens sieben Jahre in Betrieb gehalten werden muss. Dies stellt Anforderungen an die wirtschaftliche Leistungsfähigkeit des Anbieters. Für den späteren Kunden sind außerdem die Serviceleistungen des Anbieters von Bedeutung, falls es Fragen zum Dienst oder zur Rechnung gibt und insbesondere im Falle von Störungen.

Für den Anbieter wird die Erstellung eines Erfolg versprechenden Angebotes einfacher, wenn die Bewertungskriterien bereits zusammen mit der Ausschreibung veröffentlicht werden. In einer Leistungsbeschreibung können ergänzende Informationen über die auszubauenden Ortschaften, Besiedlungsstrukturen und die Ziele des Breitbandausbaus bereitgestellt werden. Die eigentliche Dauer der Ausschreibung sollte zwei Monate nicht unterschreiten, damit alternative Anbieter die Chance haben, Informationen über Netzinfrastrukturen und Trassenverläufe von der Deutschen Telekom einzuholen.

I.4.3 Ausbau mit VDSL und FTTC-Konzept

Nach der Submission wurden die eingegangenen Angebote bewertet und es wurde eine Vergabeempfehlung erarbeitet. Mit der Vergabeentscheidung der Stadt konnte der Förderantrag an das zuständige Dezernat der Bezirksregierung gerichtet werden. Nach Bewilligung des Förderantrags wurden die Vertragsverhandlungen zwischen der Kommune und dem Betreiber aufgenommen.

Nach Unterzeichnung des Kooperationsvertrages beginnt der eigentliche Infrastrukturausbau, der in der Regel innerhalb von zwölf Monaten abgeschlossen sein sollte. Ein erfolgreiches Breitbandprojekt kann bis zur Bereitstellung des neuen Dienstes durchaus zwei Jahre dauern. In Erftstadt wurden in der zweiten Jahreshälfte 2011 die ersten Ortschaften fertig ausgebaut, bis zum Ausbau der letzten der letzten Ortschaften dauerte es aber bis Frühjahr 2012.

Der Eigenanteil an der Deckungslücke belastet den städtischen Haushalt mit € 27.000, was vor allem an den erheblichen Tiefbauarbeiten liegt. Bei gut 4000 unterversorgten Haushalten ergibt sich somit ein öffentlicher Zuschuss in Höhe von € 6,75 pro unterversorgtem Haushalt – aus Sicht von Dr. Kaack ein sehr niedriger Wert zur Absicherung der Zukunftsfähigkeit, selbst für eine Kommune mit Nothaushalt.

Seit der Fertigstellung steht für die Mehrzahl der Anschlüsse eine Bandbreite von mindestens 16 MBit/s zur Verfügung. Die damit mögliche Internet-Geschwindigkeit sollte über einen Zeitraum von bis zu zehn Jahren ausreichen. Durch Änderungen in der aktiven Übertragungstechnik ist mit geringem Aufwand auch noch eine Erweiterung von ADSL zu VDSL möglich, d.h. Bandbreiten von 50 MBit/s, je nach Länge der kupfernen Teilnehmeranschlussleitung. Auch eine Umrüstung auf Vectoring mit bis zu 100 MBit/s ist bis 2016 wahrscheinlich.

Über einen längeren Zeitraum hinweg wird auch in Erftstadt nichts an einem FTTB-Ausbau mit Glasfaser bis zum Hausanschluss vorbeiführen. Aber auf der Basis des FTTC-Ausbaus ist auch dies bei rechtzeitiger Vorplanung mit überschaubarem Aufwand zu realisieren. Die Vorplanung sollte allerdings nicht verschleppt werden, sonst droht später ein erheblicher Investitionsaufwand für die Verlegung von Leerrohren bis zum Hausanschluss.

I.4.4 Breitbandausbau in Gewerbegebieten und für weiße NGA-Flecken

2013 wurde dann in einem Folgeprojekt der Ausbau in zwei schwach versorgten Gewerbegebieten in Lechenich auf der beihilferechtlichen Grundlage des RWP-Programmes betrieben. Beide Vorhaben erfolgten nach Gewährung einer Zuwendung und unter Einsatz von Eigenmitteln aus dem Haushalt der Stadt. Seit der Fertigstellung in den Gewerbegebieten in Lechenich Anfang 2014, von der auch noch 300 Haushalte profitieren, gibt es keine größeren unterversorgten Gebiete mehr in Erftstadt. Unter der NGA-Perspektive verbleiben allerdings noch größere Gebiete und ganze Ortsteile als weiße NGA-Flecken mit zum Teil deutlich < 30 MBit/s.

Um die digitale Spaltung im Stadtgebiet zu beseitigen, wurde daher im Frühjahr 2014 auf der Basis der NGA-Rahmenregelung eine Markterkundung durchgeführt. Dabei war von Anfang klar, dass ein mögliches Auswahlverfahren erst nach der Notifizierung durchgeführt werden könnte.

Allerdings ergab sich im Verlauf der Markterkundung, dass ein Vectoring-Ausbau möglich wäre, wenn auch voraussichtlich erst 2017. Der bis 2012 erfolgte VDSL-Ausbau mit GAK-Fördermitteln war vermutlich eine wichtige Voraussetzung für die nun angekündigte Aufrüstung, da im Zuge dieser Maßnahme 17 km Glasfaserleitungen verlegt wurden, davon 14 km in neuen Leerrohren. Gleichzeitig wurden 32 Kabelverzweiger mit Multifunktionsgehäusen überbaut. Die Aufrüstung in diesem Teil des Netzes kann jetzt ohne größeren Aufwand erfolgen. Da der Ausbau ohne Zuwendungen erfolgen wird, kann das Auswahlverfahren entfallen. Mit dem Abschluss der Infrastrukturarbeiten werden in Erftstadt zwölf graue NGA-Flecken entstehen (> 30 MBit/s, aber nur ein Infrastrukturanbieter). Da in Teilen von zwei Stadtteilen ein Kabelnetz als alternatives NGA-Netz verfügbar ist, werden diese dann zu schwarzen NGA-Flecken (> 30 MBit/s und mindestens zwei Anbieter mit NGA-Infrastruktur).

I.5 Erkelenz und Wegberg: Breitbandausbau unter dem Einfluss von Vectoring

I.5.1 Typische Ausgangslage in beiden Nachbarstädten

Wegberg und Erkelenz zeigen zu Beginn des Breitbandprojektes eine für den ländlichen Raum typische Versorgungslage mit einigermaßen gut versorgten Kernbereichen und unterversorgten Ortsteilen im Umfeld. Betrachtet man nicht nur die Grenze der Unterversorgung ab 2 MBit/s, sondern die zukünftig eher relevante Größe von 50 MBit/s, so bleibt in den beiden Nachbarstädten nicht mehr viel übrig. Nur die Kernstadt von Erkelenz und der Ortsteil Tenholt haben mehrheitlich mehr als 50 MBit/s.

Dabei gilt für Wegberg und Erkelenz, was heute für jeden Standort in Deutschland gilt: Die Möglichkeiten moderner Informations- und Kommunikationstechnologien sind ein zunehmend wichtiger Standortfaktor auch für ländliche Regionen als attraktive Lebens- und Wirtschaftsräume. Breitbandige Internet-Kommunikation ist eine immer wichtigere Voraussetzung für die Gewerbeansiedlung. Unternehmen, die im Datenaustausch nicht mehr auf DSL und Breitband verzichten können, werden kurz- bis mittelfristig eine Umsiedlung in Erwägung ziehen und realisieren. Der damit verbundene Wegfall von Arbeitsplätzen führt zu einer Schwächung der betroffenen Regionen.

50 MBit/s und mehr sind ebenso für die Lebensqualität der Menschen und bei der Wohnortwahl bedeutsam. Die meisten Familien entscheiden sich beim Kauf eines Wohnbaugrundstücks auch aufgrund der örtlichen DSL- und Breitbandverfügbarkeit. Nicht zuletzt ist die zunehmende Bedeutung

von Anwendungen im Bereich der Bildung, der Telemedizin und der häuslichen Pflege zu berücksichtigen.

Und die Lage wir durch Abwarten keineswegs besser – im Gegenteil. Mit neuen Anwendungen und einer intensivierten Nutzung steigt das Datenvolumen um derzeit ca. 18 % im Jahr. Das heißt: Ohne Maßnahmen zur Verbesserung der Breitbandversorgung wird die Situation schlecht versorgter Gebiete im Vergleich zu den Ballungsgebieten im Laufe der Zeit immer schlechter. Aus heute „grauen" Flecken mit mäßiger Versorgung werden dann „weiße" Flecken.

I.5.2 Zwei Breitbandprojekte für 30 Stadtteile

Die Städte Erkelenz und Wegberg gehören zum Kreis Heinsberg. Erkelenz hat 45.319 Einwohner, von denen zu Beginn des Projektes 4751 in 17 Ortsteilen mehrheitlich < 2 MBit/s haben; in Wegberg sind es 28.925 Einwohner, von denen 2401 in 13 Ortsteilen unterversorgt sind. Die Größe der unterversorgten Stadtteile reicht von 30 bis zu ca. 950 Haushalten. Die Unterversorgungsquote liegt somit zwischen 8 und 10 % und ist damit auch 2013 nicht untypisch für Kommunen im ländlichen Raum.

Die Kernstädte sind durch VDSL mit 25 MBit/s gut versorgt, Erkelenz hat in der Kernstadt und im Ortsteil Tenholt zudem eine Kabelnetzversorgung mit 150 MBit/s. Daher ist die digitale Spaltung im Vergleich zu den umliegenden Stadtteilen mit teils < 2 MBit/s erheblich; dort ist eine sinnvolle Internet-Nutzung kaum möglich, ganz zu schweigen von semiprofessionellen Anwendungen oder Heimarbeitsplätzen.

I.5.3 Unzufriedene Bürger und Unternehmer

Entsprechend der schwachen Versorgung ist in den vergangenen Jahren der Druck der Bevölkerung und der Betriebe auf die Stadtverwaltung und die Kommunalpolitik stetig gestiegen. Erste Gespräche mit Netzbetreibern ließen nicht auf schnelle Besserung hoffen – vor allem nicht ohne Zuwendungen aus dem Haushalt. So beschäftigten sich die Verwaltungen in beiden Städten mit den Möglichkeiten zur Kofinanzierung aus dem GAK-Förderprogramm

(Gemeinschaftsaufgabe zur Verbesserung der Agrarstruktur und des Küstenschutzes).

Eine erste Voraussetzung hierfür ist die Durchführung einer Befragung bei Haushalten und Betrieben zum Nachweis der unzureichenden Versorgung. Aus der Befragung lässt sich das Kundenpotenzial für den Abschluss von Verträgen mit höheren Bandbreiten abschätzen. Der Rücklauf der ausgefüllten Fragebögen entspricht über alle unterversorgten Stadtteile gerechnet 14 % aller Haushalte in Wegberg und 17 % in Erkelenz. Die Rücklaufquote liegt dabei in einem typischen Durchschnittbereich. Beachtlich ist die Streuung der Rücklaufquote, die in Wegberg zwischen ca. 3 und über 30 % liegt. In Erkelenz ist die Streubreite zwischen den unterversorgten Ortsteilen deutlich kleiner. Eine Ursache für die Streuung konnte nicht ermittelt werden.

Im Vergleich zu den unterversorgten Stadtteilen fällt die Rücklaufquote in den besser versorgten Kernstädten deutlich ab. Aus der Kernstadt von Erkelenz haben immerhin noch 8 % der Haushalte den Fragebogen ausgefüllt (bei gemessenen durchschnittlichen 8,1 MBit/s), in Wegberg waren es nur 2 %. Diese Zahlen bestätigen, dass der Bedarf und die Bereitschaft zum Wechsel bei einer Versorgung mit mindestens 6 MBit/s rapide abnehmen. In der Kernstadt von Wegberg liegt die durchschnittlich angegebene Download-Geschwindigkeit bei ca. 7,6 MBit/s und ist damit eigentlich nicht eher schwach. Aber auch der angrenzende Ortsteil Beeck kommt mit einer gemessenen Durchschnittsgeschwindigkeit von 3,5 MBit/s nur auf eine erstaunlich schwache Rücklaufquote von 6 %.

Die Auswertung der Fragebögen bestätigt trotz der breiten Streuung der Rücklaufquote die Ergebnisse der statistischen Analysen. Da in den unterversorgten Regionen für den Breitbandzugang derzeit nur die Deutsche Telekom, Reseller sowie Mobilfunk- und Satellitenanbieter tätig sind, ist in den Haushalten und Unternehmen DSL die mit Abstand dominierende Zugangstechnologie. Da LTE in den unterversorgten Gebieten noch nicht flächendeckend verfügbar ist, spielt Mobilfunk keine signifikante Rolle. In Erkelenz ist anhand der Antworten die Bedeutung der alternativen DSL-Anbieter geringfügig höher als in Wegberg.

Die Ergebnisse dokumentieren eine massive Unterversorgung. Während in den meisten unterversorgten Ortsteilen von Erkelenz immerhin noch knapp 20 % auf eine Downstream-Geschwindigkeit von über 2 MBit/s kommen, liegt dieser Wert in Wegberg im Durchschnitt bei unter 10 %! Mit den ermittelten Geschwindigkeiten ist jedenfalls so gut wie keine effiziente Internet-Nutzung möglich.

Wie bei vielen Befragungen zeigt sich auch in Erkelenz und Wegberg, dass die Home-Office-Nutzung einen hohen Stellenwert besitzt. In Erkelenz ist die Verteilung über die unterversorgten Ortsteile recht homogen und die Home-Office-Nutzung liegt mit ca. 40 % um etwa 10 % unter der Privatnutzung. Im Vergleich zu Erkelenz streuen die Ergebnisse für Wegberg in hohem Maße, und in fast der Hälfte der untersuchten Ortsteile liegt die Home-Office-Nutzung vor der Privatnutzung. Die Abweichungen zwischen den Ortsteilen können vermutlich nur durch Unterschiede in der Bevölkerungs- und Altersstruktur erklärt werden.

Bei einer typischen Internet-Nutzung ist heute erst ab 6 MBit/s mit einer grundsätzlichen Zufriedenheit zu rechnen, da diese Bandbreite als sinnvolles Minimum vieler Internet-Anwendungen anzusehen ist. Dies zeigt sich auch in den beiden Städten in ausgeprägter Weise. In Ballungsgebieten stellen 16 MBit/s heute bereits den üblichen Standard dar. Da die Bandbreiten in den letzten Jahren weltweit stark gestiegen sind, verschieben sich die Grenzwerte stetig nach oben.

Wenn man sowohl in Erkelenz als auch in Wegberg Wunschbandbreiten vorfindet, die deutlich oberhalb von 20 MBit/s und in zwei Stadtteilen sogar oberhalb von 40 MBit/s liegen, so ist dies vermutlich mehr durch die Kommunikationsmaßnahmen der Deutschen Glasfaser im Kreis Heinsberg bedingt als durch einen Bedarf, der durch spezifische Anwendungen bedingt wäre. Der Bedarf wird sich auch in den nächsten Jahren weiter steigern, aber mit 16 MBit/s sind derzeit gängige Anwendungen durchaus zu bewältigen.

I.5.4 Unterschiedliche Ansätze für den Breitbandausbau

Nach der Befragung sind bei einem mit Fördermitteln unterstützten Breitbandausbau nichtförmliche Markterkundungs- bzw. Interessenbekundungsverfahren durchzuführen. Sie sollen ausfindig machen, ob ein Netzbetreiber in den nächsten drei Jahren einen Ausbau mit einer Mindestbandbreite von 2 MBit/s im Downstream ohne öffentliche Zuwendungen plant. Damit die Betreiber Kenntnis von diesen Anfragen erhalten, werden sie nicht nur auf dem Stadtportal veröffentlicht, sondern auch auf dem Landesportal Breitband.NRW.

Sowohl in Erkelenz als auch in Wegberg hat sich erwartungsgemäß kein Betreiber mit einer fundierten Planung gemeldet, sodass der Weg für den nächsten Schritt offen stand: das transparente Auswahlverfahren. Zur Submission gingen in beiden Städten mehrere, z.T. deutlich unterschiedliche Angebote ein.

Die Deutsche Glasfaser GmbH gab zwar in beiden Verfahren kein schriftliches Angebot ab, ist aber seit Mitte 2012 mit Pilotprojekten im Kreisgebiet und seit Anfang 2013 auch in beiden Stadtgebieten tätig und muss daher bei einer Vergabe berücksichtigt werden. Das Unternehmen verfolgt die Erstellung von Glasfaseranschlussnetzen in allen Kommunen im Kreis Heinsberg und befindet sich in einzelnen Ortsteilen bereits in der Umsetzung. Die ersten Netze in Ganagelt und Selfkant werden voraussichtlich bis Ende 2013 in Betrieb genommen. Sofern in den ausgewählten Gebieten eine Vorvertragsquote von mindestens 40 % erreicht wird, hat die Deutsche Glasfaser einen Ausbau ohne finanzielle Zuwendung der Kommune für alle Anschlüsse im betreffenden Gebiet angekündigt; das ermöglicht nach Fertigstellung der Netzinfrastruktur symmetrische Bandbreiten von 100 MBit/s zu marktgerechten Konditionen.

I.5.5 Ergebnisse für Erkelenz

In Erkelenz wurden von der Deutschen Glasfaser die Ortsteile Hetzerath, Schwanenberg mit Grambusch und Lentholt, Gerderath mit Fronterath, Gerderhahn, Golkrath, Granterath, Houverath und Kückhoven als Ausbaugebiete ausgewählt. Von diesen Gebieten sind Gerderath und Fronterath im Sinne der gültigen Definition nicht unterversorgt. Sowohl in Hetzerath als auch in Schwanenberg mit Grambusch und Lentholt wurde vor Ablauf des Auswahlverfahrens die benötigte Vorvertragsquote von 40 % erreicht. Bis zum Ablauf der Nachverhandlungen übertrafen zusätzlich die Ortsteile Golkrath, Houverath, Gerderhahn und Kückhoven die geforderte Vorvertragsquote.

In diesen Gebieten, für die die erforderliche Vorvertragsquote erreicht wurde, besteht nach dem Ausbau keine Unterversorgung mehr und eine anderweitige Vergabe unter Gewährung einer Deckungslücke ist nach dem Beihilferecht nicht möglich. Granterath stand zum Zeitpunkt des Ablaufs der Nachverhandlungen (Ende Juli) bei einer Vorvertragsquote von 39 %; es ist zu erwarten, dass auch hier die Mindestquote erreicht wird. In dieser Zeit wurde aufgrund einer Initiative aus der Bevölkerung außerdem der Ortsteil Geneiken mit in die Vorvermarktung aufgenommen. Somit sind unter Berücksichtigung der Aktivitäten der Deutschen Glasfaser nur noch die folgenden Bereiche als unterversorgt anzusehen: Genfeld, Genhof, Mennekrath und Terheeg, Katzem und Kleinbouslar.

Sofern Genhof und Genfeld nicht im Zuge des Ausbaus eines anderen Loses mitversorgt werden, müsste für die beiden Orte ein neues Auswahlverfahren durchgeführt werden. Im Laufe des August 2013 wurden mit Bellinghoven und Tenholt weitere nicht unterversorgte Ausbaugebiete in die Vorvermarktung der Deutschen Glasfaser aufgenommen.

Die Deutsche Telekom hat Angebote für den Ausbau in allen ausgeschriebenen Losgebieten abgegeben und im Rahmen der Nachverhandlung mit den Bietern zum 31. 07. 2013 einige der Angebote überarbeitet. Die Nachkalkulation und die Prüfung von Synergien in Verbindung mit dem Umbau des Netzes zu einem IP-Netz (Vectoring) hat dazu ergeben, dass folgende Losgebiete 2015 ohne Zuwendungen im Eigenausbau erschlossen werden: Golkrath und Hoven, Granterath, Kückhoven, Mennekrath und Terheeg.

Die maximale Bandbreite beträgt zunächst – abhängig von der Leitungslänge – 50 MBit/s. Für 2014 ist eine Erhöhung der Leistung auf 100 MBit/s im Downstream und 40 MBit/s im Upstream angekündigt. 95 % der Anschlüsse werden mit mindestens 6 MBit/s versorgt und der Ausbau kann im vierten Quartal 2014 abgeschlossen sein.

Als Ergebnis des Breitbandprojekts in Erkelenz werden von den ursprünglich 17 unterversorgten Ortsteilen 13 ohne Zuwendungen bis auf 100 MBit/s ausgebaut, zwei Stadtteile können mit Zuwendungen auf einen zukunftssicheren Stand gebracht werden, und nur für zwei Ortsteile mit zusammen weniger als 200 Haushalten gibt es noch keine Lösung. Dies entspricht einem verbleibenden Teil von ca. 4 % der ursprünglich unterversorgten Haushalte.

I.5.6 Ergebnisse für Wegberg

In Wegberg werden von der Deutschen Glasfaser die Ortsteile Rath-Anhoven, Klinkum mit Bischofshütte, Merbeck mit Tetelrath, Venn, Vennhyde und Schwaam, Wegberg, Beeck, Kipshoven mit Moorshoven und Schönhausen, Holtum mit Kehrbusch und Isengraben sowie Rickelrath und Uevekoven bearbeitet. Davon sind Wegberg, Beeck, Klinkum, Bischofshütte und Uevekoven nicht unterversorgt. Die von der Deutschen Glasfaser geforderte Vorvertragsquote von 40 % wurde bis zum Submissionstermin nur für die Pilotregion Rath-Anhoven erreicht; für Merbeck, Teterath, Schwaam, Klinkum und Bischofshütte wurde die Quote im August 2013 erreicht, und in Kipshoven und einigen der anderen Regionen hat die Vorvermarktung Ende August gerade erst begonnen. Da die Deutsche Glasfaser keine finanziellen Zuwendungen von der Kommune erwartet, ist der nachhaltige Ausbau mit Glasfaserhausanschlüssen bei erfolgreicher Vorakquisition die zu bevorzugende Ausbauvariante.

Aufgrund von Synergien durch den geplanten Vectoring-Ausbau hat die Deutsche Telekom zum Submissionstermin einen Ausbau ohne Zuwendungen in neun der ursprünglich elf unterversorgten Gebiete angekündigt. Da mit dem geplanten Eigenangebot der Deutschen Telekom eine flächendeckende Versorgung ohne finanzielle Zuwendung durch die Stadt in den ausgeschriebenen Ortsteilen Holtum, Moorshoven, Schönhausen, Rath-Anhoven, Isengraben, Flassenberg, Kehrbusch, Merbeck, Tetelrath, Rickelrath und Schwaam mit bis zu 100 MBit/s im Downstream gegeben ist, müssen diese Gebiete als versorgt angesehen werden. Im Angebot wird die Einhaltung der Anforderungen an die Grundversorgung (mindestens 2 MBit/s für 97 % der Anschlüsse und eine Fertigstellung im vierten Quartal 2014) garantiert.

Nur für den Ausbau in Kipshoven und Mehlbusch hat die Deutsche Telekom eine Deckungslücke ermittelt. Da in einigen der durch die Telekom in nächster Zeit im Eigenausbau erschlossenen Ortsteilen auch die Deutsche Glasfaser Anschlussnetze verlegen wird, ergibt sich die für den ländlichen Raum ungewöhnliche Konstellation, dass auch in den kleineren ländlich gelegenen Ortschaften zwei hochwertige Breitbandinfrastrukturen errichtet werden.

Da Kipshoven von der Deutschen Glasfaser als Ausbaugebiet ausgewählt wurde, wird nach Erreichen der Vorvertragsquote nur Mehlbusch mit 18 Haushalten als unterversorgter Weiler übrig bleiben. 13 von 14 der ursprünglich unterversorgten Ortsteile werden somit ohne Zuwendungen durch die Stadt Wegberg mit schnellen Internet-Anschlüssen versorgt.

I.5.7 Bilanz: 25 von 30 Stadtteilen ohne Zuwendungen ausgebaut

Sowohl Erkelenz als auch Wegberg bieten aufgrund der Siedlungsstruktur mit vielen z.T. sehr kleinen Ortschaften und langen Anlaufwegen keine optimalen Voraussetzungen für ein Breitbandprojekt. Der Ausbau aller unterversorgten Ortsteile in beiden Städten hätte nach den ersten Angeboten Deckungslücken von über € 3 Millionen ergeben. Bei insgesamt über 7150 unterversorgten Haushalten entspricht dies einer Deckungslücke in Höhe von knapp € 420 pro unterversorgtem Haushalt und liegt damit in einem durchaus üblichen und durchschnittlichen Rahmen. Die beiden Städte Erkelenz und Wegberg hätten im Falle der Bewilligung von Förderanträgen mindestens € 750.000 aus Haushaltsmitteln aufbringen müssen.

Durch die Mitte 2012 im Kreisgebiet von Heinsberg aufgenommenen Aktivitäten der Deutschen Glasfaser und die Planungen der Deutschen Telekom zur Umrüstung auf VDSL mit Vectoring, der über die Einsparungen bei den Betriebskosten erhebliche Synergien freisetzt, wird der Ausbau in beiden Städten deutlich kostengünstiger. 26 der unterversorgten Ortsteile werden ohne Zuwendungen durch die Kommunen ausgebaut und mit Downstream-Geschwindigkeiten bis zu 100 MBit/s (im Falle eines Ausbaus durch die Deutsche Glasfaser stehen 100 MBit/s auch im Upstream zur Verfügung) auf ein zukunftssicheres Niveau gehoben.

Zwei der 30 unterversorgten Ortsteile können unter Ausgleich einer Deckungslücke ausgebaut werden, und nur für drei kleinere Ortsteile mit zusammen weniger als 3 % der ursprünglich unterversorgten Haushalte konnte bis Ende August 2013 keine Lösung gefunden werden.

I.5.8 Glasfaserhausanschlüsse als nachhaltige Lösung

Für die Bürger und Betriebe in den von der Deutschen Glasfaser ausgebauten Gebieten bricht nach dem Ausbau 2014–2015 mit Geschwindigkeiten von 100 MBit/s eine neue Ära der Breitbandversorgung an. In den verbleibenden unterversorgten Ortsteilen wird sich zeigen, ob die noch laufende Nachverhandlung einen hochwertigen Ausbau ermöglicht. Und: Der Ausbau in den 30 in Erkelenz und Wegberg von der Deutschen Glasfaser bearbeiteten Ortsteilen ist nicht nur nachhaltig und zukunftssicher, sondern erfolgt auch ohne Zuwendungen vonseiten der Kommune auf einer rein privatwirtschaftlichen Basis! Von den 30 bearbeiteten Stadtteilen hat Ende August schon fast die Hälfte (14) die erforderliche Vorvertragsquote von 40 % erreicht. In einigen der heute besser versorgten Gebiete, wie z. B. der Kernstadt Wegberg, in Beeck sowie in Gerderath und Tenholt liegt die Akzeptanz allerdings deutlich unter den Erwartungen. Hier bleibt abzuwarten, ob die Mindestquote erreicht wird.

Im Gegensatz zum teilweise parallel erfolgenden Vectoring-Ausbau durch die Deutsche Telekom ist die Übertragung über das Medium Glasfaser von Anfang an symmetrisch, mit identischen Geschwindigkeiten für Upstream und Downstream; außerdem weist sie bei den Entfernungen innerhalb der Kommunen keine längenabhängige Dämpfung auf. Zudem lässt sich die Übertragungsgeschwindigkeit über die Glasfaser bei Bedarf ohne größere Probleme steigern. Und auch größere Datenvolumina bringen keine Engpässe.

Ein Ausbau mit Vectoring erfüllt den bestehenden Bedarf der meisten Nutzer noch für einige Jahre und ist eine geeignete Brückentechnologie; langfristige Zukunftssicherheit ohne Kapazitätsprobleme bietet allerdings nur das durchgehende Glasfasernetz.

Einerseits zeigt das Ergebnis der beiden Breitbandprojekte, dass Glasfaseranschlussnetze auch im ländlichen Raum wirtschaftlich und ohne Subventionen betrieben werden können. Zum anderen hat der Wettbewerb zwischen den Anbietern vermutlich die Identifikation von Synergien merklich unterstützt. Für beide Kommunen ergibt sich auf diesem Wege ein kostengünstiger Ausbau mit zukunftssicheren Lösungen.

Andererseits ist im Vergleich mit anderen Angeboten deutlich, dass die eingerechneten Synergien nur Netzbetreibern zur Verfügung stehen, die ein ausgedehntes „altes" Anschlussnetz auf der Basis von Kupferdoppeladern besitzen. Andere Netzbetreiber haben bei einem Ausbau mit ähnlicher DSL-Technologie vermutlich im direkten Wettbewerb kaum noch eine Chance.

Es bleibt abzuwarten, ob es in Zukunft häufiger ähnliche Konstellationen gibt. Derzeit gibt es noch nicht viele andere Unternehmen, die ähnlich wie die Deutsche Glasfaser und ihr Schwesterunternehmen BORnet den Bau und Betrieb von passiven Glasfaseranschlussnetzen getrennt von der Bereitstellung von Diensten als Geschäftsmodell für sich erkannt haben. Weder von der Deutschen Telekom noch von den Kabelnetzbetreibern sind in dieser Richtung Aktivitäten zu erwarten. Es werden vermutlich eher regional tätige oder mittelständische Anbieter sein, die diese Geschäftsoption aufgreifen.

Ebenso offen bleibt zunächst das zukünftige Angebotsverhalten der Deutschen Telekom in Verbindung mit dem Vectoring-Ausbau. Schon die Angebote für die Nachbarstädte Erkelenz und Wegberg lassen deutliche Unterschiede erkennen. Eine Verringerung von Deckungslücken aufgrund von Synergien kommt sowohl den betroffenen Kommunen durch eine Entlastung des Haushalts entgegen als auch dem Fördergeber, der mit gleichen Mitteln mehr Projekte finanzieren kann. Auf der anderen Seite werden Glasfaserausbauprojekte möglicherweise gebremst, da der Nutzer derzeit mit den bei einem Vectoring-Ausbau möglichen Geschwindigkeiten gut bedient ist. Auch für alternative Anbieter kann es in Zukunft noch schwieriger werden, gegen die Deutsche Telekom anzubieten.

I.6 Geilenkirchen: Breitbandprojekt für 12 Stadtteile

Die Stadt Geilenkirchen gehört zum nordrhein-westfälischen Kreis Heinsberg und hat 28.255 Einwohner (Stand: 31. 12. 2009) verteilt auf 13 Stadtbezirke. Geilenkirchen hat eine durchaus bevorzugte Lage: zwar im ländlichen Raum, aber doch nahe an der Großstadt Aachen und in der Nähe des Dreiländerecks Belgien, Holland und Deutschland. Die Reichweite von zwei Autobahnen und eine durch das Stadtgebiet verlaufende Eisenbahntrasse sorgen für eine gute Verkehrsanbindung. Im Stadtgebiet befinden sich ein Luftstützpunkt der NATO und Militäreinrichtungen der Bundeswehr.

Freizeit und Tourismus nehmen eine zunehmend wichtige Rolle für die Stadt ein. Die gelungene Synthese aus Lebensqualität und Wirtschaftskraft eröffnet eine Vielfalt von Chancen und Möglichkeiten, die diese Gemeinde Unternehmern und Arbeitnehmern bietet.

Auf diesem Niveau nicht mithalten kann bislang die Breitbandversorgung. Zwar ist die Kernstadt mit 16 MBit/s gut versorgt, in den umliegenden Stadtteilen sind jedoch große Teile mit weniger als 2 MBit/s unterversorgt; es finden sich auch Ortsteile mit deutlich weniger als 1 MBit/s, in denen eine sinnvolle Internet-Nutzung kaum möglich ist (von semiprofessionellen Anwendungen und Heimarbeitsplätzen ganz zu schweigen). In dieser Hinsicht ist Geilenkirchen allerdings durchaus typisch für viele Mittelstädte im ländlichen Raum. Der Druck vonseiten der Bürger und Unternehmen auf die Stadtverwaltung und die Politik in Geilenkirchen nimmt weiter zu.

Die Stadt wollte diese Entwicklung nicht länger hinnehmen und insbesondere die Situation in den bislang unterversorgten Ortsteilen verbessern. Deren Größe reicht von 91 bis über 1300 Einwohner. In der Summe sind über 6500 Bürger der Stadt von der schlechten Breitbandversorgung betroffen.

Stadtteil	Einwohner	Haushalte	Unterversorgungsgrad
Müllendorf	136	57	100 %
Apweiler	124	52	100 %
Kraudorf	114	48	67 %
Hoven	38	16	50 %
Beeck	518	216	74 %
Lindern	1303	543	75 %
Immendorf	1181	492	57 %
Kogenbroich	91	38	63 %
Prummern	643	268	74 %
Tripsrath	690	288	43 %
Hatterath	436	182	59 %
Würm	509	212	52 %
Waurichen	766	319	65 %
Summe	6549	2729	

I.6.1 Unzufriedene Bürger

Entsprechend der schwachen Versorgung ist in den vergangenen Jahren der Druck aus der Bevölkerung und aus den Betrieben Geilenkirchens auf die Stadtverwaltung und die Kommunalpolitik stetig gestiegen. Erste Gespräche mit Netzbetreibern ließen nicht auf schnelle Besserung hoffen – vor allem nicht ohne Zuwendungen aus dem Haushalt. So hat sich die Verwaltung mit den Möglichkeiten der Kofinanzierung aus den Förderprogrammen beschäftigt.

Eine wesentliche Voraussetzung zur Stellung eines Förderantrags ist die Durchführung einer breiten Befragung bei Haushalten und Betrieben zum Nachweis der unzureichenden Versorgung. Aus der Befragung soll sich aber auch das Kundenpotenzial für den Abschluss von Verträgen mit höheren Bandbreiten ergeben. Aus der in Geilenkirchen von der Verwaltung im Januar und Februar 2010 mit einem Fragebogen durchgeführten Befragung ergibt sich konkret ein Kundenpotenzial von 450 Haushalten und 45 Unternehmen.

Der Rücklauf übertraf mit insgesamt über 1000 ausgefüllten Fragebögen die Erwartungen deutlich und entspricht über alle Stadtteile gerechnet 9,1 % aller Haushalte, bezogen auf die unterversorgten Ortsteile liegt der Rücklauf bei 19,1 %; er reflektiert deutlich das stärkere Bedürfnis nach einer Verbesserung der Breitbandversorgung (aus den mit mehrheitlich mehr als 2 MBit/s versorgten Stadtteilen schickten nur 6,0 % der Haushalte den Fragebogen zurück). Durch statistische Betrachtungen ergibt sich mit der in Deutschland durchschnittlichen Breitbanddurchdringung von 50 % und rechnerisch ermittelten 1768 unterversorgten Haushalten sogar ein Potenzial von fast 900 Haushalten. Die Abweichung der beiden Werte ist zum Teil mit den teilweise niedrigen Fallzahlen aus den kleineren Ortschaften zu erklären.

Die Auswertung der Fragebögen bestätigt im Wesentlichen die Ergebnisse der statistischen Analysen. Da in den unterversorgten Regionen für den Breitbandzugang derzeit nur die Deutsche Telekom und teilweise Mobilfunk- und Satellitenanbieter tätig sind, ist in den Haushalten und Unternehmen DSL die dominierende Zugangstechnologie.

Vergleicht man die Ergebnisse der versorgten mit denjenigen der unterversorgten Ortsteile, so wird der höhere Bedarf an schnelleren Anschlüssen und der Grad der Unzufriedenheit an den Unterschieden in den Rücklaufquoten deutlich. Aber auch in den versorgten Ortsteilen gibt es einen nicht unerheblichen Teil unversorgter Haushalte!

Bei der Befragung im Januar und Februar 2010 wurden auch die Unternehmen einbezogen. Da hier die Grundgesamtheit nicht einfach zu ermitteln ist und erst ein Aufbruch nach Branchen und Größenklassen Relevanz hat, wurde bei den Ergebnissen auf eine statistische Hochrechnung verzichtet. Es ist aber mit Sicherheit zu unterstellen, dass das Breitbandpotenzial bei den Unternehmen höher ist, als die Rückläufer erkennen lassen.

Da alle Ortsteile von Geilenkirchen in die Befragung einbezogen waren, lässt sich zwischen den versorgten und den unterversorgten Ortsteilen ein direkter Vergleich des Bedarfs an höheren Bandbreiten ziehen. Es ist nicht erstaunlich, dass auch in den Stadtteilen mit > 2 MBit/s ein Bedarf an höheren Bandbreiten besteht. Zum einen ist auch in diesen Ortsteilen die durchschnittliche Bandbreite mit 2 bis 3 MBit/s noch nicht so hoch, dass die Nutzer rundum zufrieden wären, zum anderen gibt es auch dort teilweise zweistellige Prozentsätze mit Anschlüssen, die unter 2 MBit/s liegen. Da hier die Einwohnerzahlen höher sind, ergeben sich aus den Rückmeldungen in Summe über 1100 unterversorgte Haushalte sowie bei 300 Haushalten und 35 Unternehmen ein Bedarf an höherer Bandbreite. (Der Ausbau dieser Ortsteile ist allerdings nicht Inhalt des aktuellen Vorhabens.)

Erst mit 6 MBit/s ist heute mit einer grundsätzlichen Zufriedenheit zu rechnen, da diese Bandbreite als Minimum einer sinnvollen Nutzung vieler Internet-Anwendungen anzusehen ist. In Ballungsgebieten stellen 16 MBit/s heute bereits den üblichen Standard dar. Da die Bandbreiten in den letzten Jahren weltweit stark gestiegen sind, ist dies als ein Übergangswert zu betrachten.

I.6.2 Kein Nutzen aus vorhandenen Leerrohren

Die Stadt Geilenkirchen betreibt im Eigenbetrieb keine operativen Aktivitäten im Bereich der Telekommunikation und verfügt derzeit nur in wenigen Ortslagen über Leerrohre, die für eine Verlegung von Glasfaserkabeln geeignet wären. Die Analyse zur Verfügbarkeit von Leerrohren oder

Glasfaserkabeln anderer Infrastrukturbetreiber im Stadtgebiet zeigten eine Reihe von Leerrohrtrassen auf, die vom Strom- bzw. dem Wasserversorger verlegt wurden und teilweise von diesen selbst genutzt werden. Kapazitäten für das Einziehen weiterer Glasfaserleitungen wären aber durchaus gegeben. Auch entlang der Gleisanlage der Deutschen Bahn sind Glasfaserkapazitäten anderer Versorgungsträger verfügbar.

Somit ergibt sich im Stadtgebiet eine zunächst deutlich bessere Voraussetzung als in vielen anderen Kommunen. Die Leerrohre liegen durchaus auch in Regionen, die für den Gastbeitrag:Breitbandausbau relevant sind. Die Grundlage für die Nutzung ist der Abschluss eines Vertrags zwischen den Netzbetreibern und den Inhabern der Leerrohre, der die Rechte und die Konditionen einer Nutzung regelt. Vorgespräche ergaben, dass es bei den beteiligten Parteien eine grundsätzliche Bereitschaft zur Kooperation gibt. Die Verhandlungen selbst zogen sich jedoch hin und scheiterten letztlich an den Preisvorstellungen der Infrastruktureigentümer.

Die Konditionen der Nutzung von vorhandenen Infrastrukturen werden zwar bilateral zwischen den Beteiligten ausgehandelt, ohne dass die Stadtverwaltung unmittelbar betroffen wäre. Aber für die Netzbetreiber gehen die Mietkosten in die Wirtschaftlichkeitsrechnung ein und letztlich muss die Kommune für die Deckungslücke des Betreibers aufkommen, ist also mittelbar betroffen. In Workshops mit den Betreibern wurde daher am Ende aus Gründen der Wirtschaftlichkeit auf die Nutzung der vorhandenen Leerrohrinfrastrukturen verzichtet.

I.6.3 Unterschiedliche Ansätze für den Breitbandausbau

Der nächste Schritt auf dem Weg zu einem mit Fördermitteln unterstützten Breitbandausbau ist die Durchführung eines nichtförmlichen Interessenbekundungsverfahrens. Es soll klären, ob es nicht doch einen Netzbetreiber gibt, der in den nächsten drei Jahren einen Ausbau mit einer Mindestbandbreite von 2 MBit/s im Download ohne öffentliche Zuwendungen plant. Damit die Betreiber Kenntnis von dieser Anfrage erhalten, wird sie nicht nur auf dem Stadtportal veröffentlicht, sondern auch auf dem Landesportal IKT.NRW.

Als Reaktion erhielt die Verwaltung eine Reihe sehr unterschiedlicher Konzepte. Das Spektrum reicht von Satelliten-DSL-Diensten über ein lizenzfreies WLAN-Funknetz und den Aufbau eines leitungsgebundenen Netzes mit Schaltverteiler bis zu einem „klassischen“ FTTC-Ausbau, bei dem die Mehrzahl der Kabelverzweiger in den einzelnen Ortsteilen mit Glasfaser an den Hauptverteiler angebunden und mit aktiver Übertragungstechnik zum Outdoor-DSLAM ausgebaut werden. Unter den Unternehmen, die Konzepte einreichten, finden sich Kleinunternehmen, mittelständische Anbieter und Konzerne. Die Spanne der unverbindlich genannten Wirtschaftlichkeitslücken ist den unterschiedlichen Technologien entsprechend recht groß.

Für die Bewertung der unterschiedlichen Konzepte und die Gestaltung des weiteren Vorgehens zog die Verwaltung mit der STZ-Consulting Group einen Experten auf dem Gebiet der Telekommunikation als Berater hinzu. Dr. Kaack als Projektleiter nahm zunächst eine vertiefende Analyse der vorgelegten Konzepte vor und machte einen Vorschlag zum weiteren Vorgehen. Mit ausgewählten Betreibern wurden vertiefende Workshops durchgeführt, offene Fragen diskutiert und alternative Möglichkeiten erörtert. Ein wichtiger Punkt unter mehreren war dabei die Frage, ob und inwieweit vorhandene Infrastrukturen genutzt werden können, um die Kosten zu reduzieren. (Dieser Punkt betrifft natürlich nur solche Anbieter, die leitungsgebundene Konzepte verfolgen.)

Nach diesen Vertiefungen wurden die Konzepte weiterentwickelt und überarbeitet, bis abzusehen war, dass im Rahmen einer Ausschreibung Angebote vorgelegt würden, die zu den konzeptionellen Vorstellungen der Stadt passen und unter den wirtschaftlichen Rahmenbedingungen umsetzbar wären. Auf dieser Grundlage wurden mehrere Ausschreibungen vorbereitet, da sich bereits abzeichnete, dass die reservierten Mittel aus dem Konjunkturpaket II nicht ausreichen würden und auch mit nur einer Fördermaßnahme nach dem GAK-Programm (€ 200.000) keine ausreichende Finanzierung möglich sein würde.

Neben den Ausschreibungstexten, die jeweils wieder auf dem Stadtportal und der Landesseite IKT.NRW veröffentlicht wurden, konnten sich die Betreiber in einer Leistungsbeschreibung über das Ausbaugebiet und die Ergebnisse der Befragung informieren. Zusätzlich wurden neben den qualitativen Kriterien auch quantitative Bewertungskriterien aufgestellt, um die Beurteilung der gesamtwirtschaftlichen Auswirkungen zu erleichtern. Dazu gehört neben der Deckungslücke und prozentualen Korrekturfaktoren insbesondere die zusätzliche Kaufkraftabschöpfung durch unterschiedlich hohe Kundenkonditionen. Die Bewertungskriterien standen den interessierten Bietern natürlich auch während der Ausschreibungsfrist auf Anfrage zur Verfügung. Die Laufzeit der Ausschreibungen betrug jeweils zwei Monate, damit die interessierten Bieter sich bei der Deutschen Telekom über die vorhandene Infrastruktur informieren konnten.

Insgesamt wurden es drei Ausschreibungen für den Ausbau der Breitbandinfrastruktur. Die Ergebnisse erstaunten teilweise, da ein vorher sehr interessierter Netzbetreiber, mit dem man im Vorfeld viele Gespräche geführt hatte und der ein überzeugendes Konzept vorlegen konnte, überhaupt kein Angebot abgab. Die eingegangenen Angebote wurden durch den Berater analysiert und als Gutachten mit einer Vergabeempfehlung an die Verwaltung gereicht. Auf Basis der Bewertung fand der interne Meinungsbildungsprozess statt.

Schließlich wurde im ersten Schritt eine Vergabe für den Ausbau in Lindern, Müllendorf und Würm mit den aus dem Konjunkturpaket II reservierten Mitteln entschieden. Für die anderen ausgeschriebenen Ortschaften wurden zwei Förderanträge nach dem GAK-Programm erstellt und an die zuständige Bezirksregierung in Köln zur Prüfung übergeben. Bei Bewilligung der Förderanträge können dann von den 13 unterversorgten Stadtteilen immerhin 12 in den nächsten zwölf Monaten ausgebaut werden. Nur für den Stadtteil Beeck bleibt die Lösung noch offen, da für den Ausbau kein qualifiziertes Angebot vorgelegen hatte und die Mittel aus den drei Maßnahmen nicht ausreichten.

I.6.4 Kostenreduktion bei der Breitbandzuführung durch Richtfunk

Bei den Überlegungen und Ansätzen zur Breitbandversorgung der Orte zeigte sich schnell, dass die Verlegung von Leerrohren aufgrund der benötigten Streckenlängen unverhältnismäßig teuer werden würde. Selbst unter Berücksichtigung von Eigenleistungen durch städtische Mitarbeiter und den Bauhof konnte keine signifikante Kostenreduktion ausgemacht werden. Nur mit einer Verlegung im Beilauf zu anderen Tiefbaumaßnahmen wäre eine Leerrohrverlegung zu moderaten Kosten möglich gewesen. Solche Maßnahmen sind allerdings zeitnah nicht geplant.

Um die Anbindung der Orte trotzdem zu ermöglichen, wurde alternativ die Nutzung von Richtfunk geprüft. Mit Richtfunk fallen in der Regel niedrigere Investitionskosten an – zumindest dann, wenn kein hoher Mast errichtet werden muss oder die Geländetopografie keine Relais-Sender erforderlich macht. Für die drei notwendigen Strecken nach Lindern, Immendorf und Waurichen sind die Bedingungen optimal; es kann zumindest auf der einen Seite der Strecke auf bestehende Masten zurückgegriffen werden und es sind keine Relais-Sender erforderlich. Nur in den Stadtteilen selbst mussten geeignete Plätze für den Sendemast gesucht werden, die erstens auf kommunalem Grund liegen, die zweitens den Masten nicht zum Störfaktor der Wohnbebauung machen und die drittens trotzdem eine gute Anbindung an die zu errichtenden Outdoor-DSLAMs ermöglichen. Stadtverwaltung und Telekom konnten diese Fragestellung zur Zufriedenheit lösen, sodass die Alternative einer Richtfunkanbindung näher analysiert werden konnte.

Mit den Investitions- und Betriebskosten für die Richtfunkstrecken ließen sich erhebliche Kosten gegenüber einer Leerrohrverlegung einsparen, sodass die Finanzierung des Eigenanteils die Möglichkeiten der Kommune nicht überstrapaziert. Richtfunk ist eine seit vielen Jahren bewährte Funktechnologie, die aufgrund der hohen Strahlbündelung die Überbrückung auch längerer Strecken ermöglicht. Diese hohe Strahlbündelung erfordert zwar eine sehr präzise Ausrichtung der Antennen (und bei nicht verwindungssteifen hohen Masten kann es bei starkem Wind zu Verbindungsabbrüchen kommen), doch auf der anderen Seite ist der außerhalb des Strahls generierte „Elektrosmog“ wesentlich geringer als bei anderen Funklösungen. Moderne Richtfunktechnologien erreichen Übertragungsbandbreiten bis zu 2 GBit/s.

Für die in Geilenkirchen angebundenen Stadtteile gibt die damit mögliche Bandbreite ausreichend Zukunftssicherheit. Zudem können entlang der Ausbaustrecken in den nächsten Jahren Tiefbaumaßnahmen genutzt werden, um bei niedrigen Kosten Leerrohre mitzuverlegen. Danach kann man die Versorgung jederzeit von Richtfunk auf Glasfaser umstellen. Längerfristig spart das auch die bei Richtfunk anfallenden laufenden Betriebskosten in Höhe von üblichen € 5000 pro Strecke und Jahr.

I.6.5 Ergebnis: 12 von 13 Stadtteilen könnten ausgebaut werden

Das Breitbandvorhaben in Geilenkirchen ist unter verschiedenen Gesichtspunkten bemerkenswert. Im Gesamtergebnis können nach Abschluss der Projektarbeiten und bei Bewilligung der gestellten Förderanträge 12 von 13 unterversorgten Stadtteilen ausgebaut werden. Danach ist in den dann versorgten Ortsteilen überwiegend eine Bandbreite von 16 MBit/s verfügbar – ganz beachtlich, wenn man bedenkt, dass der Zugang derzeit in vielen Teilen < 1 MBit/s liegt! Der verbleibende unterversorgte Stadtteil Beeck kann im Zuge eines neuen Breitbandprojektes auch noch bearbeitet werden.

Mit dem vorgeschlagenen Ausbau wird die Bandbreite vom Netzknoten überwiegend per Glasfaser in die einzelnen Stadtteile verteilt. Dafür müssen insgesamt über 8000 m Leerrohre im Tiefbau verlegt werden. Aus Kostengründen werden drei Stadtteile via Richtfunk versorgt und es müssen 16 Outdoor-DSLAMs errichtet und in Betrieb genommen werden. Für eine Kommune von der Größe Geilenkirchens ist das eine schon bemerkenswerte Größenordnung.

Um dieses Großprojekt zu stemmen, greift die Stadt auf zwei Förderinstrumente zurück: das Konjunkturpaket II und das GAK-Programm. Die Maßnahme unter Nutzung des Konjunkturpakets für die Stadtteile Lindern, Müllendorf und Würm wurden Ende 2011 abgeschlossen. Die Förderung für die verbleibenden Ortsteile wurde auf zwei Maßnahmen aufgeteilt, da das GAK-Programm in Nordrhein-Westfalen Fördermittel nur bis zu einem Volumen von maximal € 200.000 gewährt (darüber hinausgehende Beträge gehen zulasten des kommunalen Haushalts). Wenn die beiden GAK-Anträge genehmigt werden, erhält die Stadt Geilenkirchen insgesamt (unter Einrechnung der Mittel aus dem Konjunkturpaket II) Zuschüsse in Höhe von € 470.000. So kann trotz angespannter Haushaltslage ein nachhaltiger Breitbandausbau ermöglicht werden, der den Bürgern und Betrieben im Stadtgebiet zugutekommt und die Attraktivität des Standortes auch langfristig absichert.

Allerdings ist die Geschichte damit noch nicht zu Ende.

I.6.6 Verzögerung durch bürokratische Probleme

Wie gesagt konnte der Breitbandausbau mit Mitteln aus dem Konjunkturpaket II in Lindern, Müllendorf und Würm bereits bis Ende 2011 erfolgreich umgesetzt werden. Für eine Förderbewilligung nach dem GAK-Programm reicht es allerdings nicht, die Projektinhalte entsprechend des Förderleitfadens zu erarbeiten: Die inhaltlich und formal erforderlichen Informationen konnten vollständig bereitgestellt werden, nur genügt es für eine Bewilligung nicht, dass die erforderlichen städtischen Eigenanteile im Haushalt bereitgestellt werden. Es muss ein beschlossener Haushalt vorliegen (und eine Bestätigung der Kommunalaufsicht).

In Geilenkirchen erfolgte dies erst so spät, dass in der Zwischenzeit die Bindefrist des ausgewählten Anbieters abgelaufen war und im Jahr 2011 keine Förderbewilligung mehr erfolgen konnte. Im Jahr 2012 wurden dann Nachverhandlungen mit dem Netzbetreiber aufgenommen. Da das Ergebnis nicht zufriedenstellend war, wurde der weitere Ausbau zurückgestellt.

Erst durch die Aktivitäten des Kreises Heinsberg und die Zusammenarbeit mit der Deutschen Glasfaser konnte der Breitbandausbau wieder aufgenommen werden. Bis Ende Mai 2013 konnte die geforderte Vorvertragsquote von 40 % in den Ortsteilen Beeck, Immendorf, Prummern, Süggerath und Waurichen erreicht werden. Hier wird der Ausbau mit Glasfaserhausanschlüssen in nächster Zeit beginnen. Der Ausbau in den verbleibenden Ortsteilen kann später bei Erreichen der Vorvertragsquote in Angriff genommen werden.

I.7 Haltern am See: erfolgreiche Nutzung der Fernwasserleitung

Während in der Kernstadt von Haltern am See zumindest über das Kabel-TV-Netz ein schneller Internet-Zugang mit 50 MBit/s und mehr kein Problem darstellt, sah dies in den anderen Stadtteilen teilweise viel schlechter aus. Schon Bandbreiten von 16 MBit/s waren nur in wenigen eng begrenzten Ortslagen verfügbar. Im Ortsteil Hullern war z.B. mit flächendeckend 384 kBit/s an eine schnelle Internet-Nutzung überhaupt nicht zu denken. Bei dieser Bandbreite sind gerade mal einfache Anwendungen wie E-Mail und Homebanking möglich. Angebote aus dem Entertainment-Bereich oder

Home-Office-Anwendungen mussten dagegen weitgehend entfallen. Auch nach EU-Definition war Hullern mit mehrheitlich < 2 MBit/s also vollständig unterversorgt. Diese Situation ist in der heutigen Zeit nur schwer akzeptabel, und der Wunsch nach einer besseren Versorgungssituation in der Bevölkerung von Hullern war nur zu verständlich.

I.7.1 Problem: hohe Entfernung und dünne Besiedlung

Die Verwaltung hatte die Aufforderung zum Handeln aufgegriffen und Gespräche mit einer Reihe von Netzbetreibern aufgenommen, allerdings ohne dabei auf einfache und finanzierbare Lösungen zu stoßen.

Die Stadt Haltern am See hat insgesamt ca. 38.000 Einwohner. In Hullern mit 2300 Einwohnern waren ca. 850 Haushalte unterversorgt. Der Ortsteil wird überwiegend als Wohnstandort genutzt, ist aber auch Sitz einer Reihe von kleineren Gewerbebetrieben, Freiberuflern und landwirtschaftlichen Betrieben. Als Netzbetreiber mit eigener leitungsgebundener Infrastruktur sind die Deutsche Telekom und Unitymedia im Stadtgebiet tätig.

Der Ortsteil Hullern liegt ca. 7 km Luftlinie vom Netzknoten entfernt. Das heißt: Für die Breitbandversorgung von Hullern ist zunächst diese Entfernung vom Netzknoten in der Kernstadt zu überbrücken. Die Zuleitung war seinerzeit noch in Kupfer ausgeführt und die Teilnehmeranschlussleitung im Stadtteil Hullern und seinen Ortsteilen ist wie in den meisten deutschen Kommunen als Kupferdoppelader realisiert. Durch die verteilte Besiedlung im Ortsteil Hullern mit ihren abgesetzten Siedlungen wie z. B. Antrup und Westrup sind auch in Hullern selbst lange Wegstrecken zu bewältigen. So beträgt die Entfernung von Hullern zur Siedlung Westrup in Luftlinie ca. 3,5 km. Die hierdurch bedingte Dämpfung in Kupferkabeln stellt für eine verlustarme Verteilung der Bandbreite in dem Stadtteil zusätzliche Herausforderungen.

Alle digitalen Signale werden je nach Übertragungsmedium unterschiedlich stark gedämpft, sodass nach einer unterschiedlich langen Strecke überhaupt kein Signal mehr ankommt. Die Dämpfung im Lichtwellenleiter ist sehr gering und ermöglicht die Überbrückung langer Wegstrecken, bis eine Verstärkung notwendig wird. Bei der Verlegung von Lichtwellenleitern in einer Kommune kann die Dämpfung in aller Regel völlig vernachlässigt werden. Anders sieht es bei der Übertragung über die häufig 40 Jahre oder ältere Kupferdoppelader aus. Diese Leitungen wurden ja ursprünglich nicht für hochfrequentes Datensignal konzipiert, sondern zur Übermittlung von analogen Sprachsignalen. Wie stark die Dämpfung im Kupferkabel tatsächlich ausfällt, hängt in der Praxis von verschiedenen Faktoren ab, z. B. vom Durchmesser und der Qualität des verlegten Kabels. Die Entfernung spielt dabei aber auf jeden Fall die entscheidende Rolle. Die Tabelle verdeutlicht beispielhaft, wie ein 50-MBit/s-Signal in der Teilnehmeranschlussleitung gedämpft wird: Schon nach 2 km verbleiben gerade mal 6 MBit/s.

Entfernung vom Knoten (m)	max. Bandbreite (MBit/s)
< 300	50
< 500	25
1000–1500	16
1300–2200	6
2600–4400	2
3100–5600	1

I.7.2 Begrenzte technologische Alternativen für den Ausbau

Generell gibt es verschiedene Möglichkeiten zur Verteilung eines Signals in einem Netz. Die bestehende Versorgung mit einem einfachen Kupferkabel war offensichtlich in Hullern nicht ausreichend. Auch die Verlegung von Koaxialkabeln ist für die Fernübertragung nur bedingt besser geeignet. Bei einer durchgängigen Verlegung von Koaxialkabeln bis in den Haushalt (wie dies bei Kabel-TV-Netzen üblich ist) sähe dies anders aus. Hierfür wären im Falle von Hullern sehr umfangreiche Tiefbauarbeiten in allen Straßen erforderlich, die hohe Investitionskosten mit sich bringen.

Als tragfähige Lösungen verbleiben Richtfunk und die Verlegung von Lichtwellenleiterkabeln bis in den Ort. Beide Technologien sind erprobt und ermöglichen die sichere Übertragung von Bandbreiten im Gigabit-Bereich über größere Entfernungen.

Ein „klassischer" Ausbau nach dem FTTC-Konzept mit der Verlegung von Glasfasern vom Netzknoten bis zu den Kabelverzweigern ist aufgrund der erforderlichen Tiefbaumaßnahmen teuer und führt zu einer hohen Wirtschaftlichkeitslücke. Dies hat sich auch nach den ersten Gesprächen der Stadtverwaltung mit potenziellen Betreibern bestätigt.

Für den Ausbau hatte die Stadt Haltern am See Mittel aus dem Zukunftsinvestitionsgesetz reserviert. Im Zuge der Umsetzung wurde ein öffentliches Markterkundungsverfahren durchgeführt, um abzufragen, ob ein Anbieter in den nächsten drei Jahren einen Ausbau ohne öffentliche Zuwendung plant.

I.7.3 Vielfältige Resonanz auf das Auswahlverfahren

Nach dem wenig ergiebigen Ausgang führte die Verwaltung am 20. 07. 2010 ein öffentliches Auswahlverfahren mit Einstellung auf der Ausschreibungsseite des Landesportals IKT.NRW und auf dem Stadtportal durch. Dabei wurden Konzepte und Anforderungen für einen flächendeckenden Ausbau mit einer Mindestbandbreite von 2 MBit/s eingefordert.

Bis zum Stichtag am 17. 09. 2010 wurden sechs Angebote eingereicht, die ein breites Spektrum unterschiedlicher Konzepte für die Verbesserung der Versorgung in Hullern vorschlagen. Dies reichte vom Angebot zur Nutzung von Satellitendiensten über WLAN-Funklösungen für den Hausanschluss bis zu Alternativen mit Schaltverteilern und dem Ausbau mit Glasfaser bis in die Teilorte von Hullern. Für die Analyse und Bewertung der Angebote zog die Stadtverwaltung Herrn Dr. Kaack von der STZ-Consulting Group hinzu.

Fast alle eingereichten Konzepte erfüllten die Mindestanforderungen für eine Umsetzung nach dem Zukunftsinvestitionsgesetz. Im Hinblick auf die erzielbaren Leistungen nach dem Ausbau, die Nachhaltigkeit für eine spätere Erweiterung der Bandbreite und natürlich im Hinblick auf die Höhe der Deckungslücke unterschieden sich die Konzepte erheblich.

Angebote auf der Basis von Schaltverteilern liegen zwar bei den Investitionskosten günstig, die langen Kupferstrecken hinter dem Schaltverteiler bis zu den einzelnen Siedlungen lassen allerdings eine höhere Dämpfung erwarten. Im Vergleich dazu konnte das Angebot der Deutschen Telekom für einen FTTC-Ausbau letztlich am meisten überzeugen, da direkt nach dem Ausbau flächendeckend eine hohe Bandbreite verfügbar ist – auch in den abgesetzten Siedlungen Antrup und Westrup. Zudem kann später die Glasfaserverlegung als „Verlängerung" bis zum Hausanschluss geplant werden.

I.7.4 Geringere Deckungslücke dank Fernwasserleitung

Die Umsetzung des ausgewählten Konzeptes erforderte Investitionen in Tiefbaumaßnahmen zur Verlegung von Leerrohren über eine Gesamtstrecke von 2000 m, das Einziehen von gut 9000 m Kabel und in den Ausbau der aktiven Übertragungstechnik. Hierfür wurden sechs der Kabelverzweiger zu Outdoor-DSLAMs ausgebaut. Die für den nahezu vollständigen Umbau des vorhandenen Telekommunikationsnetzes in Hullern erforderlichen Tiefbauarbeiten wurden durch regional ansässige Bauunternehmen realisiert. Die Kalkulation führte insbesondere aufgrund der Tatsache, dass eine vorhandene Leerrohrtrasse in Länge von 5000 m genutzt werden konnte, zu einer vergleichsweise niedrigen Deckungslücke. So wird ein nachhaltig zukunftssicherer und trotzdem wirtschaftlicher Ausbau möglich.

Für den Breitbandexperten Dr. Kaack ist Haltern am See ein gutes Beispiel dafür, dass sich die gezielte Suche nach vorhandenen Infrastrukturen für eine Kommune nachhaltig auszahlen kann. Auch bestätigt die Findung die These, dass Versorgungsunternehmen zukünftig eine zunehmend wichtigere Rolle beim Aufbau leistungsstarker Breitbandinfrastrukturen einnehmen werden. Versorgungsunternehmen sind mit ihren Infrastrukturen insbesondere innerhalb der Kommunen präsent. Für den Ausbau mit Glasfaser bis zum Hausanschluss kann die Infrastruktur zusätzlich zur eigenen Primärleistung (z.B. Strom) für den Hausanschluss genutzt werden, z.B. in Verbindung mit Sanierungsarbeiten. Hierbei sind durchaus Synergien zu realisieren, die allen Beteiligten erhebliche wirtschaftliche Vorteile bringen.

Dr. Kaack sieht das Breitbandprojekt für den Ortsteil Hullern insgesamt als vorbildlich an, auch wenn sich das Konzept und die Umsetzung nur in Ausnahmefällen unmittelbar auf andere Kommunen übertragen lassen. Für die Einwohner von Hullern und die dort ansässigen Betriebe jedenfalls ging die Zeit des langsamen Internets und der Unterversorgung Ende November 2011 zu Ende.

I.8 Kaarst: Breitbandausbau auch ohne Fördermittel

Die Stadt Kaarst ist in Teilen ebenso wie viele andere Kommunen nur unzureichend mit Breitband-Internet versorgt. Die betroffenen Stadtteile verlieren an Attraktivität als Wohn- und Gewerbestandort, und es sinken sowohl die Immobilienwerte als auch die erzielbaren Mieten – wenn Wohnungen ohne schnellen Breitbandzugang überhaupt vermietet werden können.

Von den Bürgerinnen und Bürgern ebenso wie von Unternehmern und Gewerbetreibenden aus den Ortsteilen Vorst und Holzbüttgen mit dem Gewerbegebiet Kaarster Kreuz wird schon seit einigen Jahren die Forderung erhoben, schnellere Internet-Geschwindigkeiten zu ermöglichen. Die bisherige Bandbreite liegt hier mehrheitlich < 2 MBit/s und somit unter der definierten Grenze der Grundversorgung und ist kaum für mehr als Online-Basisanwendungen geeignet.

Folgerichtig gründete sich schon 2008 in der Bürgerschaft eine Breitbandinitiative, um die Verwaltung bei der Umsetzung des Breitbandprojektes zu unterstützen. In der durch die Initiative seit Mitte 2009 durchgeführten Bürgerbefragung wurde von ca. 37 % eine Bandbreite von 16 MBit/s und von 31 % eine Bandbreite > 16 MBit/s gewünscht. Insgesamt ergeben sich 1775 unterversorgte Haushalte in Holzbüttgen und 1708 in Vorst, bei einem Durchschnittswert von 2,4 Personen pro Haushalt. Unter Berücksichtigung der in Deutschland durchschnittlichen Breitbanddurchdringung von über 58 % ergibt sich ein Wechsler- oder Upgrader-Potenzial von knapp 890 Anschlüssen in Holzbüttgen und 860 in Vorst.

I.8.1 Kein Förderprogramm passt für Kaarst

Um die Attraktivität der Stadtteile aufrechtzuerhalten, den Wegzug von Bürgern und Unternehmen zu verhindern und im Gegenteil Anreize für den Zuzug zu geben, war die Stadt bereit, zum zukunftssicheren Ausbau der Breitbandinfrastruktur beizutragen. Dies ist für Kaarst allerdings schwieriger als für andere Kommunen: Da Kaarst nicht in der für Nordrhein-Westfalen festgelegten Förderkulisse liegt, kann es keine Fördermittel aus dem GAK-Programm nutzen, mit dem bis Ende 2013 immerhin 75 %

der Wirtschaftlichkeitslücke abgedeckt werden können (bei einem Gesamtvolumen von € 200.000).

Auch der Versuch im Jahr 2010, den Ausbau mit Mitteln aus dem Zukunftssicherungsgesetz (Konjunkturpaket II) zu finanzieren, scheiterte an einer im Vergleich zu den verfügbaren Mitteln zu hohen Deckungslücke. Auf die bis zum 31. 10. 2010 durchgeführte Markterkundung meldete sich erwartungsgemäß kein Netzbetreiber, der in den folgenden drei Jahren einen Ausbau ohne Zuwendungen der Stadt geplant hätte.

I.8.2 Umsetzung nach GAK-Förderleitfaden

Um die vorhandenen Möglichkeiten zu prüfen, wurden Gespräche mit verschiedenen Netzbetreibern geführt. Zu einer Ausschusssitzung Anfang 2012 wurden dann Michael Fromm von BreitbandConsulting.NRW und Dr. Jürgen Kaack von der STZ-Consulting Group als Breitbandexperten eingeladen, um technische Alternativen und beihilferechtliche Rahmenbedingungen zu erläutern. Dabei erwies sich als wichtig, dass als langfristig nachhaltige Lösung in erster Linie Glasfaserhausanschlüsse zu sehen sind. Aufgrund der hierfür erforderlichen Tiefbauarbeiten und deren Kosten ist die Umsetzung allerdings nur über ca. zehn Jahre möglich. So bleibt für die schnelle Umsetzung in erster Linie der bewährte FTTC-Ausbau als Brückentechnologie, bei der Glasfaser bis an die Kabelverzweiger in den Ortsteilen verlegt und für die „letzte Meile“ weiter die vorhandene Kupferdoppelader genutzt wird.

Der Gemeinderat ist dem Vorschlag gefolgt, entsprechend dem europäischen Beihilferecht den Ausbau auf die unterversorgten Gebiete zu beschränken und die Vergabe nach einem transparenten und technologieneutral durchgeführten Auswahlverfahren vorzunehmen. Dr. Kaack unterstützte die Verwaltung im weiteren Verfahren mit der Erstellung des Textes zum Auswahlverfahren, das in der Zeit vom 06. 02. bis 10. 04. 2012 durchgeführt wurde. Im Sinne einer mittelfristigen Zukunftssicherung verfolgt es die Zielsetzung, in beiden Ortsteilen eine zukunftssichere Übertragungsrate von mindestens 16 MBit/s für die Mehrzahl der Haushalte und Betriebe zu ermöglichen.

Als Kriterien für die Bewertung der Angebote wurden festgelegt:

- Wirtschaftlichkeitslücke
- Zukunftssicherheit und Nachhaltigkeit
- Kundenkonditionen (Monatskosten und Einmalpreise)
- Leistungsmerkmale aus Kundensicht

Dr. Kaack analysierte dann die eingegangenen Angebote und empfahl in einem Vergabegutachten die Annahme des Angebots der Deutschen Telekom, die den Ausbau nach dem FTTC-Konzept in den Varianten ADSL-/VDSL-Mischbestückung und VDSL-only anbot. (Nur bei 3 % der Anschlüsse in Ortsrandlagen kann der Wert von 2 MBit/s aufgrund von Leitungslängen unterschritten werden; dieser Wert erfüllt aber die gestellten Anforderungen.)

Mit VDSL steht unmittelbar nach dem Ausbau je nach Entfernung eine Downstream-Bandbreite von bis zu 50 MBit/s für über 40 % der Anschlüsse zur Verfügung. Mit dem VDSL-only-Angebot für Holzbüttgen wird die Verfügbarkeit der Bandbreite weiter verbessert, sodass nur 3 % der Anschlüsse < 16 MBit/s nutzen können. Damit übererfüllt diese Variante die Anforderungen der Ausschreibung und schafft zusätzliche Zukunftssicherheit.

I.8.3 Mittelfristig ausreichende Versorgung mit VDSL

Je nach Länge und Qualität der verlegten Kupferdoppelader vom Kabelverzweiger bis zum Haushalt (TAL) und der damit verbundenen Signaldämpfung nimmt die Bandbreite mit zunehmender Entfernung vom Kabelverzweiger ab. Die Anbindung an das Backbone-Netz erfolgt ausschließlich über Glasfaserstrecken, auf den Einsatz von Richtfunk wird verzichtet.

Für die Leerrohrverlegung waren in Holzbüttgen Tiefbauarbeiten über 190 m erforderlich, alle mit versiegelten Oberflächen. In die Leerrohre wurden 1370 m Lichtwellenleiterkabel eingezogen. In Vorst wurden 5740 m Lichtwellenleiterkabel und 480 m Tiefbauarbeiten benötigt. In Holzbüttgen wurden mit den Glasfasertrassen sechs Kabelverzweiger angebunden und mit Multifunktionsgehäusen überbaut. In Vorst sind es bei der ausgewählten Variante mit Mischbestückung (ADSL und VDSL) zehn Kabelverzweiger, die mit Glasfaser angebunden und überbaut wurden.

Nach der Vergabeentscheidung des Stadtrates wurde ein Kooperationsvertrag mit der Telekom ausgehandelt, sodass nun seit Mitte 2013 in Holzbüttgen und Vorst eine zeitgemäß schnelle Internet-Nutzung möglich ist.

Das Beispiel von Kaarst zeigt, dass ein Ausbau auch ohne Fördermittel grundsätzlich möglich ist, wenn der kommunale Haushalt entsprechend geplant wird und die beihilferechtlichen Randbedingungen eingehalten werden. Mit einem FTTC-Konzept ist der spätere Ausbau mit Glasfaserhausanschlüssen nicht verbaut, da Glasfaser jetzt immerhin schon an 16 Stellen in den beiden Ortsteilen liegt. Werden zukünftig Microducts in Verbindung mit Sanierungsmaßnahmen im Beilauf bis zu den Hausanschlüssen verlegt, kann man in etwa zehn Jahren von der FTTC-Versorgung auf „echte" FTTB-Glasfaserhausanschlüsse umrüsten. Dann sind mit steigendem Bedarf auch Bandbreiten von 1 GBit/s möglich.

I.9 Nettetal: Technologie-Mix

Die Stadt Nettetal im niederrheinischen Kreis Viersen hat bei gut 41.400 Einwohnern eine für den ländlichen Raum typische schwache Internet-Versorgung: Die Download-Geschwindigkeit liegt bei mehrheitlich < 16 MBit/s. Höhere Geschwindigkeiten durch das DSL-Netz der Deutschen Telekom haben derzeit nur kleine, zentrale Teile von Kaldenkirchen, Lobberich und Breyell. Das Kabelnetz der PrimaCom Berlin GmbH ist (noch) nicht rückkanalfähig und LTE aufgrund der unmittelbaren Grenzlage zu den Niederlanden nur sehr unzureichend ausgebaut. Daneben sind über den Ka-Band-Satelliten DSL-Dienste mit bis zu 16 MBit/s verfügbar und über Mobilfunk UMTS-Anschlüsse von mehrheitlich deutlich unter 6 MBit/s. Insgesamt ist die Versorgung sowohl für die Haushalte als auch für die Betriebe nicht zufriedenstellend und auf keinen Fall zukunftssicher.

Die Stadtwerke Nettetal sehen in der Versorgung der Bürger, der Unternehmen sowie der freiberuflich und gewerblich Tätigen mit ausreichend schnellen Breitbandanschlüssen und Breitbanddiensten einen wichtigen Auftrag im Sinne der Daseinsvorsorge. Für ihren Geschäftsführer war die Versorgungslage schon seit Längerem nicht mehr akzeptabel und er startete Anfang 2012 ein Breitbandprojekt. Mit der Begleitung des Vorhabens wurde STZ-Consulting Group aus Erftstadt beauftragt. STZ analysierte daraufhin die Versorgungssituation in den Wohn- und Gewerbegebieten und erarbeitete ein stufenweises Ausbaukonzept, auf dessen Basis Verhandlungen mit potentiellen Netzbetreibern aufgenommen wurden. Für die Umsetzung bereitete STZ die beihilferechtlich erforderlichen Markterkundungs- und Auswahlverfahren vor und wertete sie aus.

I.9.1 Ausbau in den Wohngebieten

Im Stadtgebiet von Nettetal ist nur die Deutsche Telekom als Netzbetreiber flächendeckend vertreten, mit Bandbreiten von 2 bis 16 MBit/s. Der Kabelnetzbetreiber PrimaCom versorgt einen Großteil der Haushalte mit einem derzeit noch nicht rückkanalfähig ausgebauten Kabel-TV. Nicht versorgt sind die Außengebiete sowie Teile der größeren Stadtteile Kaldenkirchen und Lobberich.

Zur Verbesserung der Versorgungslage in den Wohngebieten nahmen die Stadtwerke Nettetal Verhandlungen mit Unitymedia auf. Im Ergebnis werden rechtzeitig vor Jahresende 2013 auf der Basis eines noch 2012 geschlossenen Kooperationsvertrages die mit Kabel-TV versorgten Teile von Nettetal mit DOCSIS 3.0 ausgebaut, sodass nach dem Ausbau alle Haushalte im Versorgungsgebiet 150 MBit/s nutzen können. Eine Voraussetzung ist der Aufbau der aktiven Netzkomponenten und eine Anbindung an das Backbone von Unitymedia. Hierzu wird eine neue Kabeltrasse für einen Lichtwellenleiter benötigt, deren Bau die Stadtwerke in der Zwischenzeit vorantreiben.

I.9.2 Versorgung der Gewerbegebiete

Alle Gewerbegebiete in Nettetal benötigen – mit unterschiedlicher Dringlichkeit – eine schnellere Breitbandanbindung. Der Ausbau der bestehenden Kabelnetze bringt für sie keine Verbesserung, da die Kabelnetzbetreiber in der Vergangenheit keine Kabelnetze in Gewerbegebieten verlegt hatten. Viele Unternehmen richteten bereits schriftliche Anforderungen an die Stadt, für eine schnellere Internet-Anbindung mit > 25 MBit/s zu sorgen. Auch im neuen interkommunalen Erschließungsgebiet VeNeTe wird für die erfolgreiche

Vermarktung der freien Flächen eine zukunftssichere Breitbandversorgung als notwendig angesehen. In allen Gewerbegebieten mit derzeit ca. 445 Unternehmen findet sich eine bunte Mischung von Branchen (Handwerk, Einzelhandel, Baugewerbe, produzierende Unternehmen, Nahrungsmittelhersteller und Maschinenbauunternehmen sowie Dienstleistungsbetriebe mit unterschiedlichen Schwerpunkten) und eine überwiegend mittelständische Unternehmensstruktur.

Die Stadtwerke Nettetal verlegen und betreiben bereits seit einer Reihe von Jahren zur Eigennutzung Kabelschutzrohre im Stadtgebiet oder haben im Rahmen von Tiefbauarbeiten vorsorglich Leerrohre mitverlegt. Somit erfüllen die Stadtwerke die Voraussetzung, um Infrastrukturen auf der Basis von Kabelschutzrohren und Dark-Fibre-Trassen zu betreiben. Aufgrund der vorhandenen Kompetenzen und im Sinne einer zukunftssicheren Umsetzung lag es nahe, für den Ausbau in den Gewerbegebieten direkt auf Glasfaserhausanschlüsse zu setzen. Da sich der Betrieb aktiver Netze von den Kernaktivitäten eines Stadtwerks unterscheidet und zur Umsetzung Kooperationen mit erfahrenen Breitbandunternehmen erforderlich sind, scheint die Ausgrenzung der breitbandnahen Aktivitäten in eine Tochtergesellschaft sinnvoll. Dabei verbleibt das Eigentum an den Schutzrohren bei den Stadtwerken.

Um in allen Gewerbegebieten von Nettetal ein Glasfasernetz bis zum Hausanschluss zu schaffen (FTTB oder FTTH), wird ein Netz passiver Kabelschutzrohre benötigt, in die die Lichtwellenleiterfasern vom Netzknoten (PoP) bis zum Hausanschluss eingeblasen werden. Damit die einzelnen über einen längeren Zeitpunkt verlegten Schutzrohre zu einem zusammenhängenden Netz werden, ist vor der Verlegung zwingend ein Masterplan für das gesamte Stadtgebiet zu erstellen. Der Masterplan berücksichtigt vorhandene Leerrohre und gestaltet die Zielnetztopologie mit einer Anbindung an zwei redundante Points of Presence, an denen die einzelnen Fasern gebündelt und an ein Backbone angeschlossen werden. Der Masterplan beschreibt den genauen Trassenverlauf vom PoP bis zum einzelnen Hausanschluss mit einem (weitgehend) durchgängigen Schutzrohr in Form eines Microducts. Die einzelnen Microducts werden auf dem Weg vom Hausanschluss mit anderen Microducts in Bündel zusammengeführt, die von einem äußeren

Schutzrohr umgeben werden. Der Masterplan berücksichtigt ebenfalls die zukünftigen Positionen der innerhalb der Trassenführung erforderlichen Muffen und Schächte, damit später Abzweige und einzelne Anschlüsse realisiert werden können.

Ein Markterkundungsverfahren vom 30. 11. 2012 bis zum 08. 01. 2013 ergab, dass kein Anbieter eine flächendeckende und zukunftssichere Breitbandversorgung ohne Beihilfe aufbauen würde. Aus diesem Grund waren die Stadtwerke Nettetal bereit, eine Beihilfe in Form der Bereitstellung des Leerrohrnetzes zu gewähren. Die Nutzung der Leerrohre wird technologieneutral für alle Nutzer leitungsgebundener Übertragungstechnologien zugesichert, sodass je nach Bedarf und eingesetzter Technologie symmetrische Bandbreiten > 25 MBit/s und mit Point-to-Point-Ethernet auch > 1 GBit/s bereitgestellt werden können. Das Leerrohrnetz wird interessierten Netzbetreibern im Rahmen eines Mietvertrages überlassen. Die öffentliche Ausschreibung erfolgte auf der Grundlage der „Rahmenregelung der Bundesregierung zur Bereitstellung von Leerrohren durch die öffentliche Hand zur Herstellung einer flächendeckenden Breitbandversorgung" (Bundesrahmenregelung Leerrohre).

Die NettCom GmbH legte zum Submissionstermin am 21. 08. 2013 ein Angebot für den Ausbau in den Gewerbegebieten mit ultraschnellen Breitbanddiensten vor. NettCom ist ein speziell für den Betrieb von Glasfaseranschlussnetzen gegründetes Unternehmen mit den Gesellschaftern Detel B.V. und Stadtwerke Nettetal GmbH.

Der Aufbau der Infrastrukturen für den aktiven Netzbetrieb erfolgt durch die NettCom unter Anmietung der von den Stadtwerken Nettetal geplanten und zu bauenden passiven Anschlussinfrastruktur auf der Basis von Microduct-Leerrohren zwischen dem Standort des Glasfaserknotens (PoP) und bis in die Gebäude der Betriebe in den ausgewählten Gewerbegebieten. Im vorgestellten Geschäftsmodell wird NettCom die Beleuchtung der Fasern übernehmen und den Datenverkehr über ein Backbone-Netz ermöglichen. Im geschützten Bereich des Glasfaserknotens wird eine technische Plattform betrieben, die Diensteanbietern einen diskriminierungsfreien Zugang ermöglicht.

NettCom bietet zur Vermeidung von Wettbewerb keine eigenen Dienste an und schließt keine Verträge mit Kunden. Dienstebetreiber können eine Vereinbarung mit NettCom schließen, um an die Diensteplattform angebunden zu werden und die Vermarktung auf eigenen Namen zu betreiben. Als erster Dienstebetreiber wird die Systemec GmbH an die Diensteplattform angebunden. Sie ist die deutsche Schwestergesellschaft der Systemec B.V., die in den Niederlanden erfolgreich Breitbandnetze betreibt und Geschäftskundendienste vermarktet.

NettCom verpflichtet sich in dem Angebot zur Sicherstellung eines offenen Zugangs für andere technisch geeignete und qualifizierte Dienstebetreiber und erfüllt damit die Anforderung der Bundesrahmenregelung Leerrohre, die von den Stadtwerken Nettetal im Auswahlverfahren verbindlich gefordert wurde. Die Leistungsbeschreibung und eine Übersicht über die Sicherheitsmaßnahmen lassen erkennen, dass bei entsprechender Umsetzung die Anforderungen an einen ausreichenden Standard für Datensicherheit und Datenschutz eingehalten werden.

I.9.3 Ausbau mit Vectoring

Unabhängig vom rückkanalfähigen Ausbau des PrimaCom-Kabelnetzes wird die Deutsche Telekom in den nächsten Jahren Teile von Nettetal mit dem neuen VDSL-Vectoring-Verfahren auf der Basis der vorhandenen Kupferdoppelader ausbauen. Damit werden in einem Umkreis von ca. 600 m um die Outdoor-DSLAMs Downstream-Geschwindigkeiten von 100 MBit/s erreicht. Bei der Vectoring-Technik müssen nahezu alle Kabelverzweiger mit Glasfaser angebunden und zu einem Outdoor-DSLAM überbaut werden, sodass auch die Randgebiete von einem Ausbau profitieren.

Im Vergleich zum Ausbau der Kabelnetze erreicht Vectoring eine größerflächige Versorgung. Dies kann in Nettetal insbesondere den nicht von PrimaCom erreichten Teilen zugutekommen. Allerdings bleibt es auch bei einem Vectoring-Ausbau bei einer zunehmenden Dämpfung der Signale in Abhängigkeit von der Länge der Kupferdoppelader zwischen Outdoor-DSLAM und Hausanschluss. Ab einer Entfernung von ca. 3 km vom Outdoor-DSLAM bleibt an Geschwindigkeit nicht viel mehr als die Grundversorgung mit 2 MBit/s.

Mit dem Vectoring Ausbau erhält die Bevölkerung von Nettetal eine leistungsfähige alternative Breitbandinfrastruktur mit vergleichbaren

Leistungswerten wie im Kabelnetz, sodass die Interessierten das für sie am besten geeignete Angebot auswählen können.

I.9.4 Technologien für zukunftssichere Lösungen

Ende 2013 wird sich an der Versorgung von Nettetal vieles zum Besseren ändern: Mit dem rückkanalfähigen Ausbau des PrimaCom-Netzes durch Unitymedia erhalten ca. 90 % der Haushalte sofort die Möglichkeit, 150 MBit/s zu nutzen. Durch den dann etwas später erfolgenden Vectoring-Ausbau durch die Deutsche Telekom werden einige zusätzliche Gebiete mitversorgt und in den Kernbereichen gibt es einen Wettbewerb auf der Basis unabhängiger Infrastrukturen, wie er eigentlich sonst nur in Großstädten zu finden ist.

Durch den Ausbau der Kabel- und Kupferdoppeladernetze wird für Nettetal ein guter Zwischenstand erreicht, mit Geschwindigkeiten, die deutlich über den bisherigen Werten liegen und den durchschnittlichen Bedarf für die nächsten fünf bis zehn Jahre gut decken werden. Allerdings steigt das übertragene Datenvolumen seit Jahren ständig an, in Deutschland aktuell um jährlich 18 %. Gleichzeitig erfordern neue Anwendungen schnellere Zugänge und Cloud-Lösungen für Betriebe und Haushalte funktionieren am besten mit schnellen Upstream-Anschlüssen.

Langfristig führt somit nichts an Glasfaserhausanschlüssen vorbei, die nahezu unbegrenzte Datenmengen fast verlustfrei transportieren können. Kein Medium ermöglicht physikalisch eine schnellere Übertragung als das Licht. Glasfaseranschlussnetze benötigen jedoch eine Infrastruktur aus Microduct-Leerrohren und erfordern somit Tiefbauarbeiten in allen Straßen bis zum Hausanschluss. Aufgrund der hiermit verbundenen Investitionskosten kann der Aufbau nur über Jahre verteilt und möglichst gemeinsam mit anderen Tiefbaumaßnahmen erfolgen. Die beiden aktuellen Ausbauvorhaben für die Wohngebiete sind daher ideale Brückentechnologien bis zur Schaffung von Glasfaseranschlussnetzen in vielleicht zehn Jahren.

In den Gewerbegebieten wurden in der Vergangenheit keine Kabelnetze verlegt, sodass die Betriebe nicht von der Aufrüstung der Kabelnetze profitieren. Es war daher nur folgerichtig, dass die Stadtwerke Nettetal sich direkt für den sukzessiven Ausbau aller Gewerbegebiete mit Glasfaseranschlussnetzen entschieden. Hierdurch wird auch über einen langen Zeitraum Zukunftssicherheit geschaffen und bereits zum Start sind symmetrische Bandbreiten von 2 bis 100 MBit/s verfügbar; auf Anfrage können auch Anschlüsse bis 10 GBit/s eingerichtet werden. Der Ausbau der Infrastrukturen wurde noch im Sommer begonnen und bereits im Spätherbst 2013 werden die ersten Betriebe an das ultraschnelle Netz angeschlossen.

I.10 Rheurdt: Ausbau mit oberirdischer Verlegung

Rheurdt gehört als kreisangehörige Gemeinde zum Kreis Kleve im Regierungsbezirk Düsseldorf und hat 6650 Einwohner. Die gesamte Gemeindefläche beträgt 30,01 km², über 87 % des Gemeindegebietes sind Grünflächen, Wald und landwirtschaftlich genutzte Flächen. Neben landwirtschaftlichen Betrieben ist hier auch eine Reihe von Gewerbetrieben angesiedelt. Rheurdt hat die Vorwahlen 02845 und 02833. Mit einer gelungenen Synthese aus Lebensqualität und Wirtschaftskraft kann die Kommune Rheurdt Unternehmern und Arbeitnehmern eine Vielfalt an Chancen und Möglichkeiten bieten.

Eigentlich ist die Breitbandversorgung in der Gemeinde Rheurdt in einigen Teilen gar nicht so schlecht. Immerhin sind in der Kerngemeinde sowohl die Deutsche Telekom als auch Unitymedia mit Breitbandanschlüssen vertreten, sodass bis zu 128 MBit/s im Downstream zur Verfügung stehen. Dies setzt allerdings voraus, dass in der jeweiligen Straße Kabel-TV verlegt worden ist. Während es bei Breitband über das Kabel-TV-Netz eine „digitale“ Aussage zur Verfügbarkeit gibt, hat die entfernungsabhängige Dämpfung in der Kupferdoppelader bei DSL eine langsame Abnahme der Bandbreite zur Folge. In einigen Teilen der Gemeinde sinkt die verfügbare Bandbreite dadurch auf DSL-light-Niveau, womit eine effiziente Internet-Nutzung nicht mehr möglich ist.

In Rheurdt waren zu Beginn des Projektes 355 Haushalte und Betriebe in den nördlichen und östlichen Teilen der Kerngemeinde sowie weitere 271 in den westlich gelegenen Bauernschaften Kengenen, Finkenberg und Saelhuysen mehrheitlich mit < 2 MBit/s unterversorgt. Die durchschnittlich verfügbare Bandbreite lag anhand der Ergebnisse einer Befragung bei allen Haushalten und Betrieben in den nördlichen und östlichen Gemeindeteilen knapp < 1 MBit/s, in den Bauernschaften bei immerhin 1,5 MBit/s.

Ein Ausbau des Kabel-TV-Netzes wäre aufgrund der erforderlichen Tiefbauarbeiten viel zu teuer geworden. Für einen nachhaltigen leitungsgebundenen Ausbau in den unterversorgten Gebieten blieb daher nur die Verlegung von Glasfaser bis zu den Kabelverzweigern und der Überbau mit Multifunktionsgehäusen (Outdoor-DSLAMs) nach dem FTTC-Konzept. Dies stellte sich für die nördlichen und östlichen Gebiete noch als eine Maßnahme mit vertretbarer Deckungslücke dar, wenn man die durch die Kerngemeinde verlaufende Haupttrasse verlängerte.

I.10.1 Spezifische Anforderungen aus der Befragung

Bei den privaten Nutzern sind aufgrund der veränderten Arbeitsbedingungen üblicherweise viele dabei, die als Selbstständige oder Angestellte auch von zu Hause berufsbedingte Arbeiten erledigen müssen, dies mit den zur Verfügung stehenden Bandbreiten aber oft nicht zufriedenstellend können. Auch die Bedürfnisse von Schülern und Studierenden führen bei unzureichender Versorgung mit Sicherheit zu Problemen.

In der Befragung spiegelt sich der Mix der Anwendungen mit 21 % gewerblichen Nutzern in den Bauernschaften (gegenüber 7 % in den nördlichen und östlichen Gemeindeteilen) und 48 % Home-Office-Nutzern in den Bauernschaften (44 % in den nördlichen und östlichen Gemeindeteilen). Die Differenzen der beiden Untersuchungsgebiete lassen sich vermutlich aus strukturellen Unterschieden und insbesondere dem mit 29 % höheren Anteil von (landwirtschaftlichen) Betrieben in den Bauernschaften begründen (in den nördlichen und östlichen Gemeindeteilen liegt das Verhältnis von Betrieben zu Haushalten bei 11 %).

Aufgrund fehlender technologischer Alternativen ist DSL die führende Technologie. Hier ist die Deutsche Telekom zusammen mit Resellern der führende Anbieter in den beiden unterversorgten Ortsteilen. Satelliten-DSL, Mobilfunkanbindung und regionale Funklösungen sind weitgehend unbedeutend. Kabel-TV, Satelliten-DSL und regionale Funklösungen wurden in beiden Gebieten nicht genannt. Mobilfunk wurde nur mit 6 bzw. 14 % (Bauernschaften) als Zugangstechnologie genannt. 18 % der Befragten aus den nördlichen und östlichen Ortsteilen machten keine Angabe zur Zugangstechnologie. Es ist zu vermuten, dass eine Reihe dieser Befragten aufgrund der fehlenden Breitbandverfügbarkeit tatsächlich keinen Breitbandvertrag hatten. In den Bauernschaften lagen der Anteil der unversorgten Anschlüsse bei ca. 3 % und der Anteil ohne Angabe zum Anbieter bei 10 %.

Die zu Projektbeginn verfügbare Bandbreite lag auf der Basis der Antworten bei durchschnittlich 0,926 MBit/s in den nördlichen und östlichen Gemeindeteilen und bei 1,567 MBit/s in den Bauernschaften. Dies steht in Übereinstimmung mit den Versorgungsangaben der Deutschen Telekom. Die schlechte Versorgungslage dokumentiert sich auch in der hohen Unzufriedenheit mit der derzeitigen Versorgung und einer hohen Wechselbereitschaft von 72 bis 78 %.

Über 90 % der Befragten gaben an, dass sie eine höhere Bandbreite benötigen. Dabei lag der Bedarf in den Bauernschaften trotz der etwas besseren Versorgung mit 97 % leicht höher. Die gewünschte Bandbreite lag bei allen Befragten zwischen 1 und > 50 MBit/s. Vermutlich mangels eigener Erfahrungen war die Nachfrage nach hohen Bandbreiten (> 26 MBit/s) mit ca. 13 % eher gering. Es ist zu vermuten, dass auf der Basis von Erfahrungen mit einer besseren Versorgung auch die Nachfrage nach höheren Bandbreiten steigt. Dies entspricht der Erfahrung in „entwickelten“ Breitbandmärkten, z.B. in Skandinavien oder in Ballungsgebieten.

Weil die Menschen in den nördlichen und östlichen Gemeindeteilen keine oder nur geringe eigene Breitbanderfahrungen hatten, ist es nicht erstaunlich, dass ein recht hoher Anteil von 43 % sich eine Bandbreite von „nur“ 6 bis 15 MBit/s wünschte. In den Bauernschaften mit ihrer heute vergleichsweise besseren Versorgung wären nur 25 % der Befragten mit einer Bandbreite von 6 bis 15 MBit/s zufrieden gewesen. Die größte Gruppe der Befragten in den Bauernschaften mit 56 % der Antworten wünschte sich 16 bis 25 MBit/s. Eine signifikante Anzahl der Antworten (ca. 13 %) aus beiden Bereichen gab eine Wunschbandbreite von > 26 MBit/s an, wie sie in größeren Städten und Ballungsgebieten heute dem Standard entspricht.

Die vergleichsweise bessere Versorgung in den Bauernschaften zeigte sich auch in der höheren Quote von Antworten, die nur eventuell (3 %) oder eher nicht (14 %) an höheren Bandbreiten interessiert sind. In den nördlichen und östlichen Gebieten können sich 4 % der Befragten einen höheren Bedarf nur „eventuell" vorstellen; ausschließen will das gar keiner.

Die durchschnittliche Wunschbandbreite betrug in beiden Bereichen > 15 MBit/s und lag somit in einem marktüblichen Rahmen. Auch die Angaben zur durchschnittlichen monatlichen Zahlungsbereitschaft spiegelten mit durchschnittlich € 30 bis 35 eine realistische Einschätzung des Marktpreises wider.

I.10.2 Schwierige Ausgangslage für den Breitbandausbau

Die Gemeinde wird aufgrund ihrer Lage aus getrennten Versorgungsrichtungen angebunden, die zwei unterschiedliche Vorwahlnummern zur Folge haben. Daher sollte auch der Ausbau diesen Versorgungsrichtungen folgen. Die ersten Kalkulationen im Rahmen der Markterkundung führten für die Bauernschaften zu einer Deckungslücke von deutlich über € 300.000, mit voraussichtlich mindestens € 150.000 Eigenanteil – zu viel für den Haushalt der Gemeinde. Auch eine Reduzierung der gewünschten 16 MBit/s hätte keine deutliche Reduktion der Investitionskosten gebracht. Auch konnte man nicht auf den Überbau eines der vier Kabelverzweiger verzichten, ohne die Leistung erheblich zu reduzieren.

Ohne eine Alternative hätte Rheurdt also auf den Ausbau in zwei der Bauernschaften verzichten oder statt einer leitungsgebundenen Lösung auf eine Funklösung als Brückentechnologie setzen müssen. Da aber gerade in den drei Bauernschaften neben 210 Haushalten auch 61 Betriebe dringend auf eine nachhaltige Verbesserung der Breitbandversorgung warteten, waren diese Alternativen auch für Herrn Kleinenkuhnen, den Bürgermeister der Gemeinde, nicht erstrebenswert.

I.10.3 Erhebliche Kostensenkung durch oberirdische Leitungsverlegung

In der von der Gemeinde in Auftrag gegebenen Kostenanalyse konnten schnell zwei Leerrohrtrassen für den Anlauf als Treiber identifiziert werden. Zum Ausbau der drei Bauernschaften hätten über 4 km Leerrohre verlegt werden müssen. Selbst unter Nutzung kostengünstiger Verlegungstechniken wie Einpflügen wären dadurch unverhältnismäßig hohe Kosten entstanden. Da zwei Versorgungsrichtungen ausgebaut werden mussten, wäre auch eine Richtfunkversorgung aufwendig geworden.

Als sparsame Verlegungstechnik blieb noch die oberirdische Verlegung von Lichtwellenleitern mithilfe von Masten. Auf diesem Weg konnte Rheurdt die Kosten von ca. € 50 bei unterirdischer Verlegung auf unter € 10 senken. Die oberirdische Verlegung ist zwar nicht die bevorzugte Variante und je nach Zuordnung der Straßen mit aufwendigen Genehmigungsverfahren verbunden. Da aber im Falle von Rheurdt die betreffenden Straßen der Gemeinde gehören und man keine wesentliche optische Beeinträchtigung erwartete, konnte dieser Weg eingeschlagen werden.

Die Deckungslücke war nun nur noch halb so hoch wie bei der Variante mit unterirdischer Verlegung; der Eigenanteil der Gemeinde sank auf gut € 40.000. Auf dieser Basis war ein Ausbau möglich. Dabei entstand im Hinblick auf die Leistungen an den Anschlüssen keine Beeinträchtigung und das leicht erhöhte Risiko einer Unterbrechung der Leitung war auch akzeptabel.

I.10.4 Förderantrag gestellt, Ausbau bis Ende 2013

Nach Abschluss der Projektarbeiten und einer vorläufigen Vergabeentscheidung im Gemeinderat wurde der Förderantrag fertiggestellt und an die Bezirksregierung weitergeleitet. Aufgrund der Landtagswahlen in Nordrhein-Westfalen hatte sich die Vergabeentscheidung zuerst bis Mitte 2012 verzögert. Mit einer Bindefristverlängerung durch den Netzbetreiber konnte der Kooperationsvertrag geschlossen werden. Ab Herbst 2013 wird nun die Internet-Geschwindigkeit im Gemeindegebiet deutlich steigen.

I.11 Kerken: Breitbandausbau in Streusiedlung und Straßendorf

Kerken gehört als kreisangehörige Gemeinde zum Kreis Kleve im Regierungsbezirk Düsseldorf und hat 12.556 Einwohner. Die gesamte Gemeindefläche beträgt 58 km², der überwiegende Teil des Gemeindegebietes sind Grünflächen, Wald und landwirtschaftlich genutzte Flächen. Kerken hat die

Vorwahlen 02833 und teilweise 02831. Im Gemeindegebiet sind eine Reihe von landwirtschaftlichen Betrieben und Gewerbetrieben angesiedelt.

Eigentlich ist die Breitbandversorgung in der Gemeinde Kerken in den beiden Siedlungsschwerpunkten Aldekerk und Nieukerk gar nicht schlecht. Immerhin sind in der Kerngemeinde durch die Deutsche Telekom Breitbandanschlüsse auf der Basis von VDSL verfügbar, sodass teilweise bis zu 30 MBit/s im Downstream genutzt werden können. Die Dämpfung in der Kupferdoppelader hat bei DSL jedoch eine entfernungsabhängige Abnahme der Bandbreite zur Folge. In einigen Teilen der Gemeinde sinkt die Bandbreite daher bis auf DSL-light-Niveau, bei der eine effiziente Internet-Nutzung nicht mehr möglich ist. Ausgehend von den Versorgungstabellen der Netzbetreiber und den Befragungsergebnissen zur Breitbandversorgung bei einer Unterversorgungsgrenze von 6 MBit/s sind in Eyll derzeit hochgerechnet 658 Anschlüsse nicht oder unterversorgt, in Rahm/Stenden sind es 945 und in Winternam/Poelyck 192 Anschlüsse. Insgesamt ergeben sich 1795 unterversorgte Anschlüsse, was einem Unterversorgungsgrad von ca. 75 % entspricht.

Sofern kein Netzbetreiber den Ausbau von Glasfaserhausanschlüssen in Kerken betreiben will, bleibt für einen nachhaltigen leitungsgebundenen Ausbau nur die Verlegung von Lichtwellenleitern bis zu den Kabelverzweigern in den unterversorgten Gebieten und deren Überbau mit Multifunktionsgehäusen (Outdoor-DSLAMs) nach dem FTTC-Konzept.

I.11.1 Erschwerter Ausbau aufgrund der Siedlungsstrukturen

Die Gemeinde wird aufgrund ihrer Lage aus getrennten Versorgungsrichtungen angebunden, die zwei unterschiedliche Vorwahlnummern zur Folge haben. Die drei Ausbaugebiete sind zudem insgesamt sechs Anschlussbereichen zugeordnet, die eine getrennte Planung und Berechnung erforderlich machen. In jedem Anschlussbereich liegen somit durchschnittlich nur rund 300 Anschlüsse!

Die Siedlungsstruktur in den unterversorgten Gebieten sorgt für zusätzliche Komplikationen. So ist der Ortsteil Stenden mit 10,67 km Länge gleichzeitig das längste Straßendorf in Nordrhein-Westfalen. Das Gebiet Winternam/

Poelyck ist eine Streusiedlung ohne Verdichtungsräume. Beide Siedlungsstrukturen sind durch lange Anschlussleitungen und wenige Anschlüsse in der Fläche gekennzeichnet. Für einen FTTC-Ausbau sind dies keine guten Voraussetzungen, da die Signaldämpfung zu stark abnehmenden Geschwindigkeiten führt. Es ist also absehbar, dass bei einem Ausbau der bestehenden Kabelverzweiger die Mindestanforderung an eine Versorgung zu 95 % nicht erreicht wird oder dass die Kosten (bei der Einrichtung zusätzlicher Kabelverzweiger) deutlich steigen werden.

I.11.2 Befragungsergebnisse: typische Versorgungslage im ländlichen Raum

Die Gemeinde Kerken hat vom 11. bis 29. 05. 2015 in den Ortsteilen Eyll, Rahm/Stenden und Winternam/Poelyck eine Bedarfsumfrage durchgeführt und hierzu Fragebögen an alle Haushalte und Betriebe verteilt. In Eyll haben 12 % der ca. 1102 Haushalte und Betriebe den Fragebogen ausgefüllt zurückgeschickt. Aus Rahm/Stenden sind es 28 % der ca. 1068 Haushalte und Betriebe, und aus Winternam/Poelyck haben 25 % der ca. 253 befragten Haushalte und Betriebe (von insgesamt 350) den Fragebogen zurückgeschickt.

Der Durchschnitt der Rücklaufquote liegt bei 22 %. Die deutlich niedrigere Rücklaufquote aus Eyll ist durch die dort bessere Versorgung begründet, die einen geringeren Bedarf zur Folge hat und daher auch eine geringere Neigung, einen Fragebogen auszufüllen: Eyll hat durchschnittlich 6 MBit/s und 31 % der Befragten bereits > 6 MBit/s (im Vergleich zu durchschnittlichen 3 MBit/s und ca. 20 % mit > 6 MBit/s in Rahm/Stenden und Winternam/Poelyck). Die etwa doppelt so schnelle Anbindung in Eyll ist somit wohl für die Halbierung der Rücklaufquote verantwortlich. Nichtsdestotrotz ist der Bedarf bei den gar nicht oder schwach versorgten 65 % der Befragten aus Eyll ebenso vorhanden wie in den beiden anderen Untersuchungsgebieten. In den drei Gebieten haben 35 Gewerbebetriebe den Fragbogen beantwortet, wobei Betriebe typischerweise zwei Anschlüsse haben. Insgesamt befinden sich in den drei Untersuchungsgebieten ca. 2350 Anschlüsse.

Aufgrund der Befragungsergebnisse liegen 59 Anschlüsse außerhalb der eigentlichen Siedlungsgebiete. In Eyll haben 17 Befragte (das entspricht 14 %

der Rückläufer) angegeben, dass sie knapp 1000 m außerhalb der Siedlungsgrenze wohnen. In Rahm/Stenden leben 10 der Befragten (3 % der Rückläufer) außerhalb, mit durchschnittlich 750 m Entfernung zur Siedlungsgrenze. In Winternahm/Poelyck sind es aufgrund der Siedlungsstruktur mit 32 der Befragten (52 %) verhältnismäßig viele Haushalte und Betriebe, die sich außerhalb der Ortschaft befinden, mit durchschnittlich 1150 m Distanz.

Der vergleichsweise hohe Anteil in Eyll und Winternam/Poelyck mit einem Wohnort außerhalb der Siedlung kann für die Umsetzung auf der Basis eines FTTC-Ausbaus (auf der Basis einer VDSL-Technologie) wegen der langen Anschlussleitungen kritisch werden. Typischerweise liegt die maximale Reichweite für einen VDSL-Dienst bei ca. 1500 m. Die Aufteilung des Siedlungsgebietes in Winternam/Poelyck auf die beiden Vorwahlbereiche 02831 und 02833 in Verbindung mit einer vergleichsweise niedrigen Zahl von insgesamt 253 Anschlüssen beeinträchtigt die Wirtschaftlichkeit eines FTTC-Ausbaus. Grundsätzlich kommt für die Betroffenen Satelliten-DSL in Betracht, sofern eine terrestrische Lösung aufgrund der Dämpfung keine befriedigende Bandbreite ermöglicht.

Weil es kaum technologische Alternativen gibt, ist DSL die führende Technologie, und die Deutsche Telekom erreicht zusammen mit Resellern (Vodafone, 1&1) in Eyll 95 %, in Rahm/Stenden 86 % und in Winternam/Poelyck 90 % der Haushalte. Satelliten-DSL und regionale Funklösungen sind bislang noch vergleichsweise unbedeutend. In Rahm/Stenden nutzen zwölf der Befragten eine Funklösung, und vier Befragte haben Satelliten-DSL; dies entspricht zusammen ca. 5 % der Anschlüsse. In Winternam/Poelyck nutzen vier der Befragten (2 %) eine Funklösung. Die Mobilfunkanbindung (UMTS, HSDPA oder LTE) wird in allen drei Gebieten nur von insgesamt vier Befragten genutzt und ist aufgrund der schwachen Leistung offensichtlich derzeit noch zu vernachlässigen. Die Deutsche Telekom alleine hat nach der Befragung die höchste Durchdringung in Winternam/Poelyck (79 %), in Eyll sind es vergleichbare 77 % , nur in Rahm/Stenden liegt der Telekom-Wert mit 68 % etwas niedriger. Die alternativen Festnetzanbieter erreichen recht homogene Quoten von 11 % bis 18 %. Deren Anschlüsse lassen keine andere Bandbreitenverfügbarkeit erkennen als die Telekom-Anschlüsse. Technologisch gesehen ist dies auch nicht zu erwarten.

Bei den privaten Nutzern finden sich aufgrund der veränderten Arbeitsbedingungen üblicherweise viele, die als Selbstständige oder Angestellte von zu Hause aus berufsbedingte Arbeiten erledigen müssen und dies mit den zur Verfügung stehenden Bandbreiten oft nicht zufriedenstellend können. Auch bei den Bedürfnissen von Schülern und Studierenden führt die heutige unzureichende Versorgung mit Sicherheit zu Problemen. In der Befragung spiegelt sich der Mix der Anwendungen wider: Es gibt maximal 10 % gewerbliche Nutzern in Eyll, 7 % in Rahm/Stenden und nur 6 % in Winternam/Poelyck im Vergleich zu 63 %, 52 % und 50 % mit einer Home-Office-Nutzung. Insgesamt liegt der Anteil der Home-Office-Anwendungen auf einem sehr hohen, aber nicht untypischen Wert für Kommunen im ländlichen Raum. Tatsächlich hat die Home-Office-Nutzung in den untersuchten Gebieten in Kerken eine höhere Bedeutung als die private Nutzung, die in Eyll bei 42 % liegt, in Rahm/Stenden bei 43 % und in Winternam/Poelyck bei 47 %. (Da eine Mehrfachnennung erlaubt war, kann die Summe über 100 % liegen.)

Der Anteil der Nichtnutzer unter den Fragebogenrückläufern ist mit 0 bis 4 % sehr gering, kann aber nicht automatisch als Indiz für eine außergewöhnlich intensive Internet-Nutzung in Kerken herangezogen werden. Im statistischen Mittel liegt die Internet-Nutzung in Deutschland bei ca. 76 % und es ist nicht anzunehmen, dass sie sich in Kerken signifikant vom Durchschnitt unterscheidet. Die sogenannten Nonliner werden den Fragebogen vermutlich seltener oder gar nicht ausgefüllt haben, sodass diese Werte nicht als repräsentativ zu betrachten sind, weil sich dadurch die Ergebnisse einseitig in Richtung einer höheren Internet-Nutzung verschoben haben.

Die heute verfügbare Bandbreite liegt auf der Basis der Befragungsergebnisse in Eyll bei durchschnittlich 6,1 MBit/s; Rahm/Stenden und Winternam/Poelyck liegen fast auf gleicher Höhe, aber mit durchschnittlich 3,0 MBit/s nur halb so hoch wie Eyll. Die Werte stehen unter Berücksichtigung der methodisch bedingten Unsicherheiten weitgehend in Übereinstimmung mit den Versorgungsangaben der Deutschen Telekom. Eine Bandbreite < 6 MBit/s ist heute allerdings nicht mehr ausreichend, um das Internet effizient nutzen zu können. Die schlechte Versorgungslage dokumentiert sich dementsprechend in einem hohen Bedarf an schnelleren Anschlüssen und in einer ausgeprägten Wechselbereitschaft: Je 81 % der Befragten in Eyll, Rahm/Stenden und in Winternam/Poelyck geben an, eine höhere Bandbreite zu benötigen. In Verbindung mit der Wechselbereitschaft, hochgerechnet auf die Gesamtzahl von Haushalten und Betrieben liegt der Bedarf in Eyll bei 769, in Rahm/Stenden bei 809 und in Winternam/Poelyck bei 265 Anschlüssen. Auch die Wechselbereitschaft liegt aufgrund der schlechten heutigen Versorgung in einem sehr engen Bereich von 68 bis 71 %.

Vergleicht man die auf die Gesamtbevölkerung (einschließlich der Betriebe) hochgerechneten Werte der Unterversorgung mit dem rechnerischen Bedarf an schnelleren Internet-Zugängen anhand der Angaben zu einer fehlenden Breitbandversorgung oder Bandbreiten < 6 MBit/s, so zeigt sich für Eyll ein im Vergleich zur tatsächlichen Versorgung höherer Bedarf, in Rahm/Stenden dagegen ergibt die Befragung einen geringen Bedarf, als anhand der Versorgung zu erwarten wäre. In Winternam/Poelyck zeigt sich im Rahmen der Unsicherheit eine weitgehende Übereinstimmung beider Ermittlungsmethoden. Die Gründe für die Abweichungen können anhand der Befragungsergebnisse nicht ermittelt werden. Für Eyll können die geringe Rücklaufquote und die vergleichsweise bessere Versorgung das Ergebnis verfälschen, sodass sich verstärkt Antworten von Haushalten und Betrieben mit hohem Bedarf auswirken.

Die durchschnittliche Wunschbandbreite ist in Eyll deutlich am höchsten und liegt bei 57 MBit/s, gefolgt von 43 MBit/s in Winternam/Poelyck und 35 MBit/s in Rahm/Stenden. Die vergleichsweise bessere Versorgung in Eyll schlägt sich auch in Kerken in Form einer Wunschbrandbreite nieder, die deutlich höher ist als in den beiden anderen Untersuchungsgebieten. Die durchschnittliche Wunschbandbreite von 45 MBit/s liegt im Vergleich zu anderen Verfahren vergleichsweise hoch, spiegelt aber den auch im ländlichen Raum in den letzten Jahren stark gestiegenen Bedarf an schnellen Internet-Zugängen wider. Im städtischen Umfeld sind solche Bandbreiten heute bereits fast durchgängig verfügbar.

Die Preisvorstellungen für die gewünschten Bandbreiten sind realistisch. Der mittlere Preis liegt bei ca. € 40 pro Monat. Am wenigsten wollen die Befragten in Eyll ausgeben (€ 38,87). In Rahm/Stenden sind es € 39,96, in Winternam/Poelyck sind vergleichsweise hohe Werte von € 48,39 festzustellen. Das Spektrum der angegebenen Preise liegt zwischen € 15 und € 150.

35 der insgesamt 479 ausgefüllten Fragebögen stammen von gewerblichen Nutzern; dies entspricht einem Anteil von nur 7 %. In den Untersuchungsgebieten findet sich kein ausgewiesenes Gewerbegebiet.

Es gibt bei einem Vergleich der Antworten keine signifikanten Unterschiede zwischen den Anforderungen der Betriebe und der Privathaushalte. Die Angaben zur benötigten Bandbreite liegen zwischen 6 und 100 MBit/s im Downstream, mit einem Schwerpunkt bei 50 MBit/s, der mit VDSL abgedeckt werden könnte. Anforderungen von 100 MBit/s werden von gewerblich Tätigen nur vereinzelt geäußert. Viele Netzbetreiber bieten spezifische Geschäftskundenprodukte mit einem erweiterten Leistungsspektrum und variablem Service Level, die allerdings mit Preisen vermarktet werden, die im Vergleich zu den Kosten für Privatkundenprodukte deutlich höher liegen (ab ca. € 400 pro Monat) und vermutlich für die Mehrzahl der gewerblichen Nutzer in den Untersuchungsbereichen zu teuer sind.

I.11.3 Mögliche Inbetriebnahme bis Ende 2017

In der öffentlichen Markterkundung, die die Gemeinde Kerken vom 12. 06. bis zum 15. 07. 2015 durchführte, meldete sich kein Anbieter, der innerhalb der nächsten 36 Monate einen flächendeckenden Breitbandausbau mit den geforderten Leistungsmerkmalen ohne Zuwendungen durchführen wollte, und daher wurde Marktversagen festgestellt. Auf dieser Basis startete am 09. 09. 2015 ein öffentliches, technologieneutrales Auswahlverfahren für den Ausbau der Breitbandinfrastruktur, mit einer Aufteilung der unterversorgten Gemeindeteile in drei Lose. Bis zum Submissionstermin am 09. 11. 2015 ging nur ein termingerechtes und vollständiges schriftliches Angebot bei der Vergabestelle der Gemeinde Kerken ein. Zunächst wurden sechs getrennte Angebote eingereicht, entsprechend den sechs unterschiedlichen Anschlussbereichen, die die drei Gebiete versorgen. Im Zuge der Prüfung stellte sich heraus, dass eines der sechs Gebiete schon im Zuge einer Ausbaumaßnahme in Geldern versorgt wird und somit entfallen kann.

Um eine zufriedenstellende Versorgung zu erzielen, müssen nicht nur die im Projektgebiet vorhandenen Kabelverzweiger ausgebaut werden, sondern es müssen noch zusätzliche errichtet und mit Glasfaser angebunden werden.

Insgesamt sieht die Planung die Verlegung von neuen Leerrohren über mehrere Kilometer vor. Der aufwendige Ausbau fordert natürlich seinen Preis in Form einer nicht unerheblichen Deckungslücke, was ohne Fördermittel vermutlich nicht zu stemmen wäre. Die Deckungslücke je Haushalt spiegelt die Siedlungsstruktur wider: Bei einer Haufendorfstruktur liegt sie bei den hierfür zu erwartenden typischen Werten, in einer Straßendorfstruktur steigt sie um ca. 25 % und in einer Streusiedlung auf mehr als das Doppelte!

Nach Abschluss der Projektarbeiten und einer vorläufigen Vergabeentscheidung im Gemeinderat wurden drei Förderanträge gestellt. Nach der noch ausstehenden Bewilligung durch den Fördergeber kann der Ausbau bis Ende 2017 fertiggestellt sein. Danach wird die Internet-Geschwindigkeit im Gemeindegebiet deutlich steigen; ca. 70 % der Anschlüsse werden dann Geschwindigkeiten von 25 bis 50 MBit/s nutzen können, eine deutliche Steigerung im Vergleich zu den heute anzutreffenden durchschnittlichen 3 bis 6 MBit/s. Die große Mehrzahl der Anschlüsse wird Geschwindigkeiten von 16 bis 25 MBit/s erhalten. Damit werden die in der Befragung gewünschten Bandbreiten zwar nicht ganz erreicht, aber es wird doch eine signifikante Verbesserung erzielt.

I.12 Olpe: Kreisweiter Vectoring-Ausbau mit Mitteln aus dem Bundesförderprogramm

Der Kreis Olpe gehört zum Regierungsbezirk Arnsberg in Nordrhein-Westfalen. Das Kreisgebiet umfasst rund 135.000 Einwohner und eine Fläche von 711 km². Zum Kreis Olpe gehören die sieben Städte und Gemeinden Attendorn, Drolshagen, Finnentrop, Kirchhundem, Lennestadt, Olpe und Wenden.

Olpe ist der einwohnerkleinste Kreis in Nordrhein-Westfalen. Geografisch ist der Kreis dem Sauerland zuzurechnen: eine ländliche Mittelgebirgslandschaft, geprägt von den Gebirgszügen des Ebbe- und Rothaargebirges. Aufgrund der Topografie befinden sich viele Siedlungsbereiche sowie Gewerbe- und Industriegebiete in schmalen Tälern. Viele Unternehmen haben ihre Standorte historisch bedingt nicht in ausgewiesenen Gewerbe- oder Industriegebieten, sondern in Mischgebieten.

Seit 2011 ist der Kreis Olpe Gesellschafter der Telekommunikationsgesellschaft Südwestfalen (TKG-SWF). Der TKG-SWF gehören der Hochsauerlandkreis, die Kreise Olpe, Soest und Siegen-Wittgenstein und der Märkische Kreis als Gesellschafter an. Die Gesellschaft hat in den vergangenen Jahren ein kommunales Breitbandrichtfunknetz aufgebaut und hat originär die Aufgabe, für die Versorgung von schlecht oder unversorgten Ortschaften und/oder Gewerbegebieten in den beteiligten Landkreisen zu sorgen.

Das 2011 formulierte Ziel der Schaffung einer flächendeckenden Breitbandgrundversorgung mit Übertragungsraten bis zu 6 MBit/s wurde durch den Aufbau der Richtfunkinfrastruktur weitgehend erreicht. Die Aktivitäten der TKG-SWF haben darüber hinaus in den vergangenen Jahren auch viele Investitionen privater Netzbetreiber in die Breitbandinfrastruktur ausgelöst oder vorangetrieben.

Im Rahmen seiner Beteiligung an der TKG-SWF profitiert der Kreis Olpe in vielfältiger Weise von deren Erfahrung und Know-how. Dazu gehören

- umfangreiche Beratungsleistungen für Kreise, Städte und Gemeinden,
- die Planungskompetenz mit übergeordneter Sichtweise, um Synergien zu identifizieren,
- der Zugriff auf Infrastrukturinformationen, Bedarfsmeldungen und (nachrichten-)technisches Fachwissen,
- die Möglichkeit der Inanspruchnahme von Wegerechten bei der Leitungsverlegung,
- die Vermarktung von mitnutzbaren Infrastrukturen,
- Mitgliedschaften in Verbänden und Expertengremien (z.B. VDE, IfKom, BREKO),
- erstklassige Kontakte und (Rahmen-)Verträge mit Netzbetreibern,
- eine kontinuierliche Evaluation des Netzausbaus aller Anbieter sowie
- ein beispielgebender Wissenstransfer zwischen den in Südwestfalen am Breitbandausbau Beteiligten.

Die Kooperation aller fünf südwestfälischen Kreise betont den Willen der Region, an der Verbesserung der Breitbandinfrastruktur bzw. der Errichtung von Hochleistungsnetzen aktiv mitzuwirken. Die Aktivitäten der TKG-SWF in Südwestfalen beruhen auf detaillierten Analysen der Versorgungslage. Dazu werden laufend Informationen aus Infrastrukturkatastern, Netzplänen der Anbieter und Versorgungsträger sowie Bedarfsmeldungen der Kommunen erhoben und ausgewertet.

Neben den Aktivitäten im Rahmen der TKG-SWF haben die kreisangehörigen Städte und Gemeinden im Rahmen ihrer finanziellen Möglichkeiten in den vergangenen Jahren auch in den Ausbau des leitungsgebundenen Breitbandnetzes investiert. Hierzu wurden in der Regel die Finanzierungsmöglichkeiten über die GAK-Förderung genutzt (Richtlinie über die Gewährung von Zuwendungen zur Förderung der Breitbandversorgung ländlicher Räume des Ministerium für Klimaschutz, Umwelt, Landwirtschaft, Natur- und Verbraucherschutz des Landes Nordrhein-Westfalen). Über dieses Förderprogramm wird die Wirtschaftlichkeitslücke beim Ausbau von Orten mit weniger als 10.000 Einwohnern und einer Unterversorgung mit weniger als 6 MBit/s Downloadgeschwindigkeit gefördert. Der Fördersatz beträgt 75 % bei maximalen Projektkosten von € 500.000. In der Regel wurde jeweils ein Ausbau in Kooperation mit der Deutschen Telekom realisiert.

Besonders die Gewerbe- und Industriegebiete verfügen über eine vergleichsweise schlechte Breitbandanbindung. Zur Anbindung an einen Kabelverzweiger müssen häufig längere Strecken zurückgelegt werden, die stets mit einem Leistungsabfall einhergehen. Vereinzelt sind Unternehmen zwar durch individuelle Glasfaseranschlüsse angebunden, die damit verbundenen hohen Kosten sind jedoch für die Mehrzahl der kleinen und mittleren Unternehmen nicht zu bewältigen.

Im Folgenden wird die Eignung von typischen Geschäftsmodellen für eine Umsetzung im Kreis Olpe diskutiert, unter Berücksichtigung der derzeitigen Ausgangslage und der Ergebnisse aus dem Interessenbekundungsverfahren.

I.12.1 Ausbau mit Zuwendungen (Deckungslücke)

Ein Ausbau unter Gewährung einer Deckungslücke ist ein für den Kreis gangbarer Weg. Er lässt im Hinblick auf die Ausbautechnologie (FTTC oder FTTB) alle Wege offen, und Stadtwerke können ihre Infrastrukturelemente einbringen, sofern es für die geplante Ausbauoption sinnvoll und wirtschaftlich ist. Im Rahmen des Interessenbekundungsverfahrens sind drei

Konzeptangebote für einen FTTC-Ausbau eingegangen, die voraussichtlich die gestellten Anforderungen erfüllen. Eine Unsicherheit besteht noch bei der Zertifizierung des VULA-Vorproduktes für Vectoring. Es ist aber mit einer kurzfristigen Lösung zu rechnen, sodass auch die Zielstellung einer Inbetriebnahme bis Ende 2018 möglich ist.

I.12.2 Ausbau unter Nutzung vorhandener Infrastrukturen

Zur Vorbereitung der Interessenbekundung wurden die im Kreisgebiet vorhandenen Infrastrukturen ermittelt und können Netzbetreibern zur Nutzung angeboten werden. Hierzu ist eine bilaterale Vereinbarung zwischen dem Inhaber der Infrastrukturen und dem interessierten Netzbetreiber zu treffen. Der Kreis kann Kontakte vermitteln und Verhandlungen moderierend begleiten.

I.12.3 Ausbau mit bürgerschaftlichem Engagement

Ein Ausbau mit bürgerschaftlichem Engagement ist vorwiegend in kleinen, dörflich geprägten Gemeinden erfolgreich umsetzbar. Im Hinblick auf den Abstimmaufwand ist die Umsetzung zudem zeitintensiv. Für das vom Kreis Olpe beabsichtigte Vorhaben eines kreisweiten Ausbaus der verbleibenden weißen NGA-Flecken erscheint ein Ausbau mit bürgerschaftlichem Engagement als nicht zielführend und wird nicht weiter verfolgt.

I.12.4 Ausbau mit Stadtwerken

Im Kreisgebiet von Olpe gibt es kein Stadtwerkeunternehmen, das eine unternehmerische Ausrichtung im TK-Segment hat. Auch haben sich im Interessenbekundungsverfahren keine Stadtwerke gemeldet, die einen flächendeckenden Ausbau in einzelnen oder allen weißen NGA-Flecken planen. Für die Stadtwerke verbleibt auf jeden Fall die Möglichkeit, vorhandene Leerrohrinfrastrukturen zur Verfügung zu stellen. Als eigenständiges Geschäftsmodell für den Breitbandausbau im Kreisgebiet stellt es keine Option dar und wird nicht weiter verfolgt.

I.12.5 Motivation von Netzbetreibern zum Ausbau

In den vergangenen Jahren hat es vonseiten des Kreises immer wieder Kontakte und Gespräche mit Netzbetreibern gegeben, die auf den Ausbau schwach versorgter Gebiete zielen. Es hat anders als in anderen Kreisen keine erfolgversprechenden Ansätze für eine flächendeckende Umsetzung gegeben, und auch die Markterkundung hat nur in wenigen Gebieten eine Bereitschaft zu einem privatwirtschaftlichen Ausbau gezeigt. Die betreffenden Gebiete wurden aus der weiteren Projektarbeit herausgenommen. Da es keine erkennbaren Ansätze für einen privatwirtschaftlichen Ausbau im Kreis Olpe gibt, wird dieses Vorgehen zugunsten der Gewährung einer Beihilfe nicht weiter verfolgt.

I.12.6 Kooperationen mit Infrastrukturbetreibern

Mit der Interessenbekundung wurden auch Infrastrukturbetreiber angesprochen, die auf der Basis der vorhandenen Trassen einen Ausbau in einigen oder allen weißen Flecken im Kreisgebiet vornehmen könnten. Auf die Markterkundung hat sich ein Energieversorger mit einem FTTC-Ausbau-Konzept gemeldet. Da nicht nur die passive Infrastruktur angeboten wird, sondern auch Netz- und Dienstebetrieb, fällt das Konzept unter die Kategorie eines Ausbaus unter Gewährung einer Zuwendung.

I.12.7 Netzaufbau in Verbindung mit Sanierungsarbeiten

Die Nutzung von Synergien beim Ausbau von Breitbandinfrastrukturen ist grundsätzlich geeignet, um Kosteneinsparungen bei Tiefbauarbeiten zu erzielen. Ein Ausbau nach diesem Geschäftsmodell kann langfristig zu nahezu flächendeckenden Anschlussnetzen führen, die z. B. für einen FTTB-Ausbau genutzt werden können. Die Umsetzung des Netzausbaus durch Synergien setzt jedoch voraus, dass es eine Betreiberinstitution im Kreis gibt, die einen Netzplan beauftragt und den Ausbau koordiniert. Auch für die Verlegung in Verbindung mit Sanierungsarbeiten ist ein Budget für die Erstellung einer Netzplanung, die Verlegung der Leerrohrbündel und die Dokumentation der verlegten Infrastruktur erforderlich.

Diese Voraussetzungen sind im Kreis Olpe nicht gegeben. Zudem kann ein solcher Ausbau erst nach über zehn Jahren sichtbare Ergebnisse bringen, zumal die Verlegung in Sanierungsgebieten nur in Ausnahmefällen mit weißen NGA-Flecken zusammenfällt. Ein flächendeckender Ausbau nach diesem Modell ist bis zum Ende des Jahres 2018 auf keinen Fall möglich, sodass diese Option nicht weiter verfolgt wird.

I.12.8 Gründung einer Infrastrukturinstitution (Betreibermodell)

Im Interessenbekundungsverfahren gab es kein Konzeptangebot oder eine Interessenbekundung auf Basis des Betreibermodells, sodass eine valide Abwägung im Vergleich zu vorliegenden Konzepten nicht möglich ist. Der FTTB-Ausbau stellt unbestritten die nachhaltigste und im Hinblick auf zukünftige Anforderungen zukunftssicherste Variante dar. Können keine Synergien aus einer über viele Jahre im Beilauf erfolgenden Verlegung von Leerrohrsystemen (Microducts) genutzt werden, wird eine Verlegung allerdings wesentlich teurer als ein Ausbau nach dem Deckungslückenmodell.

Im Kreis Olpe gibt es derzeit weder eine Institution, die den Aufbau und Betrieb einer FTTB-Anschlussnetzinfrastruktur übernehmen könnte, noch die hierfür erforderliche politische Beschlussfassung und Budgetbereitstellung. Als Voraussetzung für eine unternehmerische Beschäftigung wäre neben diesen Aspekten die Erstellung eines technischen Netzplans zu leisten, der bei der topografischen Struktur im Kreis mit Kosten im Bereich von voraussichtlich ca. € 500.000 verbunden wäre und dessen Umsetzung mindestens ein Jahr benötigen würde. Für das Ziel 2018 ist das Betreibermodell im Kreis Olpe kein geeignetes Instrument.

Da neben der auch bei einer Förderbewilligung nicht gegebenen Wirtschaftlichkeit im laufenden Betrieb eine geeignete Infrastrukturbetreiberinstitution fehlt und keine politische Entscheidung für einen FTTB-Ausbau vorliegt, wird dieses Modell für den NGA-Ausbau im Kreis Olpe nach den Vorgaben aus dem Bundesförderprogramm nicht weiter verfolgt.

I.12.9 Vorgehen bis zur Stellung eines Förderantrags

2015 wurde ein Infrastrukturkataster als zentrales Instrument zur Erfassung von bestehenden und zukünftigen Infrastrukturdaten erarbeitet. Das Infrastrukturkataster basiert auf einem Geoinformationssystem und erfasst z.B. die vorhandenen Leerrohrkapazitäten unterschiedlicher Netzbetreiber im Kreisgebiet. Dazu zählen z.B. vorhandene Glasfaserleitungen, Leerrohre, Funkmasten und Richtfunkstrecken. Die Daten stammen von Infrastrukturinhabern verschiedenster Branchen, insbesondere von Unternehmen der Energiewirtschaft und der Telekommunikation. Daneben fließen Daten über geeignete Infrastrukturen der öffentlichen Hand in die Datenbasis des Infrastrukturatlas ein. Auch geeignete Baumaßnahmen (Straßenbaumaßnahmen, Geh- und Radwege, Kanal-/Abwassersanierungen) sollen fortlaufend von Kommunen und den regionalen Netzbetreibern mitgeteilt und eingepflegt werden.

Das System dient als Koordinations- und Planungswerkzeug für Netzplanung und Netznutzung, als Tool für das Leerrohrmanagement der Kommunen und Unternehmen und auch als Informationssystem für Kommunen und Anbieter. Zukünftig können die im Rahmen des Netzausbaus mitverlegten Leerrohre vollständig abgebildet werden, um durch den kurz- und mittelfristigen Einzug von Breitbandkabeln bzw. Glasfasern eine spätere Versorgung mit Breitbanddiensten zu vereinfachen bzw. kostengünstiger zu gestalten und damit zur Verbesserung der Wirtschaftlichkeit vorhandener und neu entstehender Netze beizutragen.

Das Instrument steht dem Kreis Olpe inzwischen zur Verfügung, um Ist-Bestände und Bedarfe für Breitbandnetze zu ermitteln sowie einen effizienten Ausbau von Telekommunikationsnetzen zu koordinieren und zu planen. Ausbaukosten können ebenfalls grob kalkuliert werden. Das Infrastrukturkataster ist somit auch ein wichtiges Monitoring-Instrument, um gegebenenfalls im Hinblick auf die Zielerreichung sowie die Einhaltung von Zeitplänen durch die verschiedenen Anbieter und Kooperationspartner nachsteuern zu können.

Auf Basis der vorhandenen Daten wurde zunächst die Versorgungssituation im Kreis Olpe systematisch erfasst. Auf dieser Grundlage wurde ein

Markterkundungsverfahren durchgeführt, an dem sich die Deutsche Telekom sowie der Kabelnetzbetreiber Unitymedia beteiligt haben. Sämtliche Angaben der Netzbetreiber wurden in das Infrastrukturkataster übernommen, sodass nach Abschluss des Markterkundungsverfahrens alle unterversorgten Gebiete im Sinne der NGA-Rahmenrichtlinie vollständig dargestellt werden können.

In Abstimmung mit allen sieben kreisangehörigen Städten und Gemeinden wurden die potenziellen Ausbaugebiete identifiziert. Berücksichtigt wurde bei der Auswahl die Maßgabe, dass nach einem geförderten Ausbau mindestens 85 % der Haushalte eine Versorgung mit 50 MBit/s und mehr erhalten sollen. Dies wäre aufgrund der örtlichen Gegebenheiten im Kreis Olpe in einigen Siedlungsbereichen (z. B. Aussiedlerhöfe, kleine Weiler) nur mit einem FTTB-Ausbau zu realisieren. Diese sind daher im Ausbaugebiet nicht berücksichtigt. Zum Ausbaugebiet gehören insgesamt 104 Siedlungs-/Ortsteilbereiche bzw. Gewerbe-/Industriegebiete mit einer Gesamtfläche von 15,98 km². In diesen Gebieten finden sich knapp 11.000 Haushalte und 1600 Gewerbebetriebe. Bei der Bemessung der Gesamtfläche ist zu berücksichtigen, dass die Ausbaugebiete nahezu parzellenscharf definiert wurden und darüber hinaus keine freien Flächen einbezogen sind. Insbesondere alle unterversorgten Gewerbe- und Industriegebiete wurden zum Erhalt und zur Stärkung der vorhandenen Wirtschaftsstruktur im Kreis Olpe einbezogen.

Am 18. 12. 2015 wurde ergänzend zur Markterkundung ein Interessenbekundungsverfahren auf dem Breitbandportal des Bundes veröffentlicht. Mit Abschluss des Verfahrens liegen mehrere Interessenbekundungen von Netzbetreibern vor, die im Rahmen eines Wirtschaftlichkeitslückenmodells einen Netzausbau im Kreis Olpe anbieten. Interessenbekundungen für ein Betreibermodell sind nicht eingegangen. Auf Basis der eingegangenen Interessenbekundungen sowie eigener Kalkulationen wurden die notwendigen Daten für den Förderantrag berechnet sowie die notwendige Wirtschaftlichkeitsbetrachtung vorgenommen.

Ein Letter of Intent des Ministeriums für Wirtschaft, Energie, Industrie, Mittelstand und Handwerk des Landes Nordrhein-Westfalen (MWEIMH) zur Übernahme einer Kofinanzierung in Höhe von 40 % der Gesamtausgaben liegt bereits vor.

Das Projekt wurde und wird regelmäßig mit allen politischen Gremien im Kreis Olpe rückgekoppelt und evaluiert. Dabei richtet sich der Blick auch auf einen weitergehenden FTTB-/FTTH-Ausbau im Kreisgebiet Olpe. Insbesondere im Hinblick auf eine ausreichende, zukunftssichere Versorgung der Gewerbebetriebe ist der nun zunächst angestrebte FTTC-Ausbau ein weiterer, jedoch für eine zügige Verbesserung der Versorgung unverzichtbarer Zwischenschritt.

I.12.10 Förderbescheid und weitere Vorgehensweise

Zum Termin des ersten Förderaufrufs am 29. 01. 2016 wurde ein Förderantrag in Berlin eingereicht. Fragen, die im Rahmen von Nachforderungen gestellt wurden, konnten termingerecht beantwortet werden und am 28. 04. 2016 erhielt der Kreis Olpe einen vorläufigen Förderbescheid über 50 % der Deckungslücke für den kreisweiten Ausbau.

Im weiteren Verlauf ist der Förderantrag an das Land Nordrhein-Westfalen zur Kofinanzierung zu erarbeiten und hierfür die Deckungslücke nach den Kommunen aufzuteilen, damit die im Haushaltssicherungsverfahren befindliche Kommune eine von 40 auf 50 % erhöhte Kofinanzierung erhalten kann. Anschließend ist das Vergabeverfahren vorzubereiten und zu veröffentlichen. Nach Auswertung der Ergebnisse können die endgültigen Förderanträge gestellt und nach deren Bewilligung Kooperationsvereinbarungen mit den ausgewählten Netzbetreibern geschlossen werden. Wenn diese Schritte und der Infrastrukturausbau ohne Probleme verlaufen, wird das Kreisgebiet von Olpe bis Ende 2018 zu 95 % mit schnellen Internet-Zugängen versorgt sein.

Anlage II: Rechtsgrundlagen und Förderprogramme

Förderprogramme für den Breitbandausbau unterscheiden zum Teil zwischen dem Ausbau in ländlichen und gewerblichen Gebieten sowie zwischen Unterversorgung und NGA-Ausbau. Die Förderprogramme basieren auf wenigen rechtlichen Grundlagen und Verordnungen, die europaweite Gültigkeit haben. Dies sind insbesondere die Allgemeine Gruppenfreistellungsverordnung (AGVO), die EU-Breitbandleitlinien und für Deutschland die NGA-Rahmenregelung.

Zu den derzeit wichtigsten Förderprogrammen gehören zur Sicherstellung der Grundversorgung die Gemeinschaftsaufgabe Küstenschutz und Agrarentwicklung (GAK), für den Ausbau der Infrastrukturen in Gewerbegebieten das Regionale Wirtschaftsförderungsprogramm (RWP) und für den bundesweiten NGA-Ausbau in Wohn- und Gewerbegebieten die Förderung zur Unterstützung des Breitbandausbaus in der Bundesrepublik Deutschland. Eine Sonderrolle kann für einige Kommunen das Kommunalinvestitionsförderungsgesetz (KInvFG) spielen. Neben den Förderrichtlinien sind für die Umsetzung die zugehörigen Leitfäden von Bedeutung.

Links zu wichtigen Dokumenten zur Breitbandförderung:

- Allgemeine Gruppenfreistellungsverordnung (AGVO): http://eur-lex.europa.eu/legal-content/DE/TXT/PDF/?uri=CELEX:32014R0651&from=DE
- Leitlinien der EU für die Anwendungen der Vorschriften über staatliche Beihilfen im Zusammenhang mit dem schnellen Breitbandausbau (EU-Breitbandleitlinien): http://eur-lex.europa.eu/LexUriServ/LexUriServ.do?uri=OJ:C:2013:025:0001:0026:de:PDF
- Rahmenregelung der Bundesrepublik Deutschland zur Unterstützung des Aufbaus einer flächendeckenden Next Generation Access (NGA)-Breitbandversorgung (NGA-Rahmenregelung): http://www.bmvi.de/SharedDocs/DE/Anlage/Digitales/breitbandfoerderung-nga-rahmenregelung.pdf
- Richtlinie über die Gewährung von Zuwendungen zur Förderung der Breitbandversorgung ländlicher Räume (GAK):

https://recht.nrw.de/lmi/owa/br_bes_text?anw_nr=1&gld_nr=7&ugl_nr=7817&bes_id=12165&val=12165&ver=7

- Leitfaden zur Umsetzung der Breitbandförderung im ländlichen Raum (GAK NRW): http://www.breitband.nrw.de/assets/Publikationen/Finanzierung/GAK_Leitfaden/151120 %20Breitband-Leitfaden %29.pdf
- Regionales Wirtschaftsförderungsprogramm des Landes Nordrhein-Westfalen – Infrastrukturrichtlinie (RWP NRW Infrastruktur): http://www.wirtschaft.nrw.de/wirtschaft/strukturfoerderung/foerderung_von_regionen/RWP-Dokumente-Downloadbereich/RWP-Infrastrukturrichtlinie-10_03_16.pdf
- Leitfaden zur Umsetzung der Breitbandförderung nach dem Regionalen Wirtschaftsprogramm Nordrhein-Westfalen (RWP): http://www.wirtschaft.nrw.de/wirtschaft/strukturfoerderung/foerderung_von_regionen/RWP_neue-Dokumente_15_08/Leitfaden_BB_2015_08_14.pdf
- Kommunalinvestitionsförderungsgesetz (KInvFG): http://www.gesetze-im-internet.de/kinvfg/index.html
- Richtlinie „Förderung zur Unterstützung des Breitbandausbaus in der Bundesrepublik Deutschland“ (NGA-Förderprogramm): http://www.bmvi.de/SharedDocs/DE/Anlage/Digitales/foerderrichtlinie-breitbandausbau.pdf
- Leitfaden zur Umsetzung der Richtlinie „Förderung zur Unterstützung des Breitbandausbaus in der Bundesrepublik Deutschland“ (Förderrichtlinie): http://www.bmvi.de/SharedDocs/DE/Anlage/Digitales/leitfaden-zum-bundesfoerderprogramm.pdf

Anlage III: Glossar

ADSL Asynchrones DSL: schneller → Download, langsamer → Upload (→ SDSL).

Bandbreite Übertragungsgeschwindigkeit der Internet-Verbindung in Bit pro Sekunde (Bit/s).

bidirektional Datenübertragung in beide Richtungen (Synonym: rückkanalfähig).

Bit/s Maßeinheit für die Datenübertragungsgeschwindigkeit (→ Bandbreite).

Bluetooth Funkschnittstelle, über die Mobiltelefone, PDAs, Computer, Drucker und andere Peripheriegeräte über kurze Distanz kommunizieren können.

Breitbandkabel Fernsehkabel, mit dem Daten in zwei Richtungen übertragen werden können (→ bidirektional). Neben TV wird auch Internet und Telefonie realisiert.

Deckungslücke Eine Deckungslücke ermittelt der Netzbetreiber, für den ein Breitbandausbau aus eigenen Mitteln unwirtschaftlich ist. In die Deckungslücke gehen die Investitionskosten für den Netzausbau ein sowie die Betriebskosten für einen Zeitraum von sieben Jahren; gegengerechnet werden die in diesem Zeitraum zu erwartenden Mehrumsätze.

DOCSIS 3.0 Data Over Cable Service Interface Specification: Standard zur Übertragung von Internet- und Telefoniesignalen über das Koaxialkabel. DOCSIS 3.0 steht für den aktuellen, z.B. von Unitymedia genutzten Übertragungsstandard mit bis zu 150 MBit/s im → Downstream.

Downstream, Download Herunterladen von Daten aus dem Internet, z.B. Software-Updates, Zugriff auf Websites (→ Upstream).

DSL Digital Subscriber Line („Digitale Anschlussleitung“): Über vorhandene Kupferleitungen des Telefonanschlusses können Daten übertragen werden (→ ADSL, → SDSL, → VDSL).

DSLAM Digital Subscriber Line Access Multiplexer: Teil der → DSL-Infrastruktur. Das DSL-Modem des Endkunden wird über den DSLAM mit dem Hauptverteiler verbunden und stellt die Internet-Verbindung her (→ Outdoor-DSLAM).

FTTB Fiber to the Building: → Glasfaserkabel bis in den Keller eines Hauses; dort erfolgt die optisch-elektrische Umsetzung der Signale, die Weiterverteilung im Haus erfolgt über → WLAN oder → LAN-Kabel.

FTTC Fiber to the Curb: → Glasfaserkabel bis zum Bürgersteig vor einem Haus.

FTTH Fiber to the Home: → Glasfaserkabel bis in Wohnungen und Büros zu den Internet-fähigen Geräten.

GAK Förderprogramm „Gemeinschaftsaufgabe zur Verbesserung der Agrarstruktur und des Küstenschutzes“ aus EU-Mitteln, das für die Finanzierung des Breitbandausbaus in unterversorgten Wohngebieten genutzt werden kann. Das GAK-Programm ist beihilferechtlich notifiziert.

GIS Geoinformationssystem: digitales System zur Erfassung und Analyse räumlicher Daten in hoher Genauigkeit.

Glasfaser Über Glasfaserkabel (Lichtwellenleiter/LWL) werden Informationen durch eine Codierung von gebündelten Lichtstrahlen übermittelt. Als Lichtquelle wird an beiden Enden eine Laserquelle genutzt. Damit ist eine sehr große Bandbreite bei geringer Störanfälligkeit über weite Entfernungen möglich. Hochgeschwindigkeitsnetze werden damit gebaut.

GPON Gigabit Passive Optical Network beschreibt die Ausgestaltung eines passiven Glasfasernetzes, die 2003 von der ITU standardisiert wurde. Bei dieser Lösung werden die von den Hausanschlüssen kommenden Fasern in einem Glasfaserverzweiger (Splitter) zusammengefasst und die Signale von dort über eine gemeinsame Faser zur Vermittlungsstelle geführt.

GPRS General Packet Radio Service: Standard zur Datenübertragung im Mobilfunk: Falls → UMTS nicht zur Verfügung steht, kann auf das langsame GPRS ausgewichen werden.

GSM Global System for Mobile Communications: Standard für volldigitale Mobilfunknetze: → UMTS und → HSDPA basieren darauf.

Hauptverteiler Der Hauptverteiler (HVt) ist die zentrale Stelle im Ortsnetz; von hier führt die Verbindung über die → Kabelverzweiger zum Endkunden. Die Entfernung vom Hauptverteiler entscheidet bei einer Kupferdoppelader in Verbindung mit der Kupferleitungsqualität, welche → DSL-Bandbreite beim Hausanschluss ankommt.

HSDPA High Speed Downlink Packet Access: ein verbessertes → UMTS-übertragungsverfahren, mit dem Datenraten von mehreren MBit/s möglich sind.

Hybridlösung Breitbandversorgung unter Einsatz verschiedener Technologien, z.B. durch → Richtfunkanbindung eines Ortes und kabelgebundene Anbindung der Endkunden.

ISDN Integrated Services Digital Network: Mit ISDN kann auf zwei Leitungen telefoniert oder gesurft werden; maximale Geschwindigkeit: 128 kBit/s.

Kabelverzweiger Ein Kabelverzweiger (KVz) ist ein Schrank, der Kabelleitungen innerhalb eines Telefonortsnetzes verteilt. Über Kabel ist er mit dem → Hauptverteiler der

Ortsvermittlungsstelle verbunden. (In Deutschland stehen Hunderttausende in den Straßen.)

LAN Local Area Network: das örtliche, leitungsgebundene Netz innerhalb eines Gebäudes.

Letzte Meile Letzter Abschnitt des Netzes bis zum Endkunden: das Netz zwischen Kabelverteiler/Ortsvermittlungsstelle/→ Hauptverteiler bis zum Endgerät.

LTE Long Term Evolution: Mobilfunkstandard und → UMTS-Nachfolger, der mit bis zu 300 MBit/s deutlich höhere → Download-Raten erreichen kann.

LWL Lichtwellenleiter → Glasfaser

Masterplan Ein technischer Netzausbauplan (auf Basis eines → GIS-Systems), in dem Netzknoten, Backbone-Anbindung und Trassenverlauf in den Straßen (einschließlich Muffen und Schächten) und Konfektionierung der → Microduct-Bündel verzeichnet sind. Der Masterplan enthält noch keine Details für eine Tiefbauausschreibung.

MBit/s 1.000.000 Bit werden innerhalb einer Sekunde übertragen.

Microduct Kleine Kabelschutzrohre mit einem Durchmesser zwischen 25 und 100 mm zum Einziehen einzelner → Glasfaserkabel, insbesondere zur Errichtung von → NGA-Hausanschlussnetzen mit Glasfaserkabeln zwischen Netzknoten und Hausanschluss.

MSAN Multi-Service Access Node: Übertragungstechnik als Grundlage zur Nutzung von Störsignaltechniken. MSAN wird zur Realisierung von → Vectoring benötigt. Mit MSAN gibt es nur noch einen Typ von Port-Karten in den Multifunktionsgehäusen statt der bisher gemischten Bestückung mit → ADSL- und → VDSL-Karten

MPLS Multiprotocol Label Switching: verbindet Vorteile von verbindungsorientierten mit verbindungslosen Netzen zur Erreichung einer schnelleren Verarbeitung eines Paketes durch eine vereinfachte Adressierung. Mit MPLS können verfügbare Bandbreiten besser ausgelastet werden.

NGA Next Generation Access: NGA steht für Netzwerktechnologien im Anschlussnetz zur Ermöglichung von Internet-Verbindungen mit mindestens 50 MBit/s (im engeren Sinne auf der Basis einer paket- statt leitungsvermittelten Signalübertragung).

Outdoor-DSLAM Im Freien stehender → DSLAM in einem Multifunktionsgehäuse (MfG) mit eigener Stromversorgung und Kühlung.

PoP Point of Presence ist ein Knotenpunkt innerhalb eines Kommunikationssystems, der Teilnehmeranschlüsse z. B. mit Fernverkehrsnetzen verbindet. In der klassischen Telefonie wird der PoP als Vermittlungsstelle bezeichnet. Im Daten- und

Internet-Verkehr ermöglicht der PoP Verbindungen zu verschiedenen Vermittlungsstellen und schafft eine Anpassung an die Datenraten und Übertragungsmedien. Mithilfe des Routings können Signale an andere Telekommunikationsanbieter übergeben werden.

POTS Plain Old Telephone Service beschreibt die analoge Telefonie auf der Kupferdoppelader als ursprünglichen und einfachsten Kommunikationsdienst. Im Zuge der Digitalisierung und dem Umstieg auf die → VoIP-Telefonie wird die analoge Telefonie in den nächsten Jahren abgeschaltet.

Powerline Internet-Zugang mit modulierten Signalen über das Stromkabel, primär zur Inhouse- oder Campus-Vernetzung.

RAM Rate Adaptive Mode: Ein → DSL-Anschluss im RAM-Modus schöpft die maximal mögliche Geschwindigkeit aus; ohne RAM wird die Datenrate technisch limitiert.

Richtfunk Technik zur Fernübertragung von Daten mit Funkwellen zwischen zwei festen Punkten. Richtfunk kann in entlegene Orte Breitband-Internet bringen, das lokal wieder kabelgebunden verteilt wird.

rückkanalfähig → bidirektional

RWP Regionales Wirtschaftsförderungsprogramm: Mit dem RWP können in Nordrhein-Westfalen im Rahmen der EU-Gemeinschaftsaufgaben Maßnahmen zum Breitbandausbau in unterversorgten Gewerbegebieten finanziert werden, sofern das Gewerbegebiet in der ausgewiesenen Förderkulisse liegt.

Satellitenbreitband Drahtlose Internet-Nutzung per Satellit: Der → Upstream muss entweder per Telefonleitung erfolgen oder bei → bidirektionalen Verbindungen über den Satelliten.

SDSL Synchrones → DSL: Die Datenübertragung ist in beide Richtungen (→ Upload/→ Download) gleich schnell (→ ADSL).

SOL Strategic Outdoor Location: ein → DSLAM als strategischer Punkt zur Erschließung innerhalb eines Ortsteils; das bedeutet, dass benachbarte → Kabelverzweiger nicht einzeln umgebaut werden müssen.

Standleitung/Direktverbindung Permanente und feste Internet-Verbindung, in der Regel durch eine eigene → Glasfaser-Punkt-zu-Punkt-Verbindung, aber auch auf der Basis von Kupferleitungen möglich.

TAL Die Teilnehmeranschlussleitung ist die Verbindung von der letzten aktiven Netzkomponente bis zum Hausabschlusspunkt. Sie besteht aus einer rein passiven Übertragungsstrecke. In → DSL-Netzen beschreibt es die Kupferdoppelader zwischen

→ Kabelverzweiger und Hausabschluss; in Glasfasernetzen ist es die Glasfasertrasse vom Glasverzweiger zum Hausanschluss .

Triple Play Telefon, Internet und TV von einem Anbieter.

UMTS Universal Mobile Telecommunications System: Mobilfunkstandard, mit dem Datenübertragungsraten von wenigen → MBit/s möglich sind.

Upstream, Upload Datenübertragung vom Endkunden ins Internet (z. B. Hochladen von Internet-Seiten, Versand von E-Mails)

Vectoring Eine neue Übertragungstechnik für → VDSL, bei der neue Kanalkarten in den Multifunktionsgehäusen der → Outdoor-DSLAMs eingesetzt werden. Durch ein neuartiges Störsignalunterdrückungsprotokoll werden mit Vectoring Übertragungsraten bis 100 MBit/s im → Downstream und bis zu 40 MBit/s im → Upstream erreicht.

VDSL Very High Speed Digital Subscriber Line: eine Weiterentwicklung von → DSL, Geschwindigkeiten bis zu 75 MBit/s sind damit möglich.

Video on Demand „Video auf Abruf": Digitale Videos können bei Bedarf per Internet heruntergeladen werden. Dafür ist ein Breitbandanschluss mit mehreren → MBit/s nötig.

VoIP Voice over IP („Telefonie per Internet"): Sprachdaten werden am Computer/Router digitalisiert und per Internet übertragen; zunehmend als Standard für die Sprachübertragung im Festnetz genutzt.

VPN Virtual Private Network: ein virtuelles, geschlossenes Kommunikationsnetz, etwa für die sichere Anbindung von externen Mitarbeitern.

VULA Virtual Unbundled Local Access: Vorprodukt für die → Vectoring-Technologie, die anderen Netzbetreibern einen offenen Zugang ermöglichen soll.

Wirtschaftlichkeitslücke Die Wirtschaftlichkeitslücke entspricht der → Deckungslücke für Gebiete, die nach den Kalkulationen eines Betreibers für einen Ausbau unwirtschaftlich sind.

WiMAX Worldwide Interoperability for Microwave Access: eine Funktechnik für Breitband-Internet, die in lizenzierten Frequenzbändern und in lizenzfreien Bändern (> 5 GHz) betrieben wird. In Deutschland gibt es fünf lizenzierte Netzbetreiber: Clearwire, Inquam Broadband, DBD Deutsche Breitbanddienste, Televersa und MGM Production Group.

WLAN Wireless → LAN: Funkstandard für drahtlose Internet-Verbindung mit einer Reichweite bis 300 m. Viele Laptops und Mobilgeräte werden per WLAN an Router oder Hotspots angebunden (Frequenzbänder 2,4 GHz und > 51 GHz).

Über STZ-Consulting Group

STZ-Consulting Group ist eine Unternehmensberatung, die Unternehmen und Kommunen bei der Bewältigung von Veränderungsprozessen unterstützt, von der Entwicklung tragfähiger Konzepte bis zur Umsetzung. Die Partner der STZ-Consulting Group haben langjährige Erfahrungen aus operativer Führungstätigkeit in Unternehmen, der Gründung und dem Aufbau von Unternehmen sowie aus der Beratung.

- Konzeptionelle Stärken für die Gestaltung von Geschäftsmodellen nach den Erfordernissen des Marktes
- Unternehmensplanung vom Markt her
- Gestaltung von Kooperationen zur Effizienzsteigerung und der Reduktion von Risiken
- Unterstützung bei der Durchführung von Wachstumsvorhaben
- Erprobte Markteintrittsstrategien und zielgruppengerechte Produktgestaltung
- Planung tragfähiger Innovationen
- Umsetzbare Vertriebsstrategien
- Gutachten zu Geschäftskonzepten
- Coaching für Unternehmer und Führungskräfte
- Gestaltung des Breitbandausbaus in der Fläche
- Innovative Konzepte für den Breitbandausbau

Kontakt:
STZ-Consulting Group
Dr. Jürgen Kaack
Kolibristr. 37
D-50374 Erftstadt
Telefon: 02235-988 776
Web: http://www.stz-consulting.de
Blog: http://stz-consulting.mydesignblog.de
FB: https://www.facebook.com/STZ.Consulting